Ley de Sociedades de Capital

Biblioteca de Textos Legales

CONSEJO ASESOR

Ignacio Arroyo Martínez
Rodrigo Bercovitz Rodríguez-Cano
Enrique Gimbernat Ordeig
Juan Martín Queralt

Ley de Sociedades de Capital

Texto refundido aprobado por Real Decreto Legislativo 1/2010, de 2 de julio

Edición preparada por
IGNACIO ARROYO MARTÍNEZ
Catedrático de Derecho Mercantil
en la Universidad Autónoma de Barcelona.
Abogado
JOSÉ-ALEJO RUEDA MARTÍNEZ
Catedrático de Derecho Mercantil
en la Universidad de Oviedo

DÉCIMA CUARTA EDICIÓN

tecnos

1.ª edición, 2010
2.ª edición, enero de 2011
3.ª edición, noviembre de 2011
4.ª edición, 2012
5.ª edición, 2013
6.ª edición, 2014
7.ª edición, febrero de 2015
8.ª edición, septiembre de 2015
9.ª edición, 2016
10.ª edición, 2017
11.ª edición, 2018
12.ª edición, 2021
13.ª edición, 2022
14.ª edición, 2024

Diseño de cubierta: J. M. Domínguez y J. Sánchez Cuenca

PAPEL DE FIBRA
CERTIFICADA

ISBN: 978-84-309-8851-8
Depósito Legal: M-15896-2024

Printed in Spain

ÍNDICE SISTEMÁTICO

APÉNDICE

APÉNDICE

PRÓLOGO A LA DÉCIMA CUARTA EDICIÓN

Atendiendo a las constantes reformas legislativas en materia mercantil, se ofrece, de nuevo, esta obra *Ley de Sociedades de Capital*, que, como ya es tradicional en cada edición actualizada, se reseñan las principales novedades legislativas que han afectado a esa norma:

La Ley 18/2022, de 28 de septiembre, de creación y crecimiento de empresas deroga el título XII y las disposiciones adicionales 4.ª, 5.ª y 6.ª, modifica los artículos 4.º, 5.º, 23 y la disposición adicional 8.ª y se suprime el artículo 4.º bis. Con esta norma se cambia la regulación actual con el fin de poder crear una Sociedad de Responsabilidad Limitada con un capital social de un euro. Además, pretende facilitar e impulsar su constitución de forma rápida, ágil y telemática, a través del Centro de Información y Red de Creación de Empresas.

La nueva Ley 6/2023, de 17 de marzo, de los Mercados de Valores y de los Servicios de Inversión modifica los artículos 23, 407 y añade el capítulo VIII bis al título XIV. A la luz de la reciente evolución de la financiación empresarial, la nueva norma ha considerado oportuno introducir una reforma en la Ley de Sociedades de Capital con el fin de ofrecer seguridad jurídica a la utilización de empresas con un propósito especial de adquisición. Se trata de asegurar transparencia y protección de los inversores en las SPAC (*Special Purpose Acquisition Company*), especialmente de los socios minoritarios. Al mismo tiempo, se pretende garantizar la adecuada protección del capital del inversor permitiendo a tal efecto que la SPAC utilice como mecanismo de reembolso, bien un derecho estatutario de separación, o bien la emisión de acciones rescatables.

La Ley 11/2023, de 8 de mayo, de trasposición de Directivas de la Unión Europea en materia de accesibilidad de determinados productos y servicios, migración de personas altamente cualificadas, tributaria y digitalización de actuaciones notariales y registrales, modifica el capítulo II del título II, el artículo 213, y añade el artículo 20 bis, 22 bis y el capítulo III bis al título II. En esencia se modifica, el régimen de constitución telemática vigente en nuestro ordenamiento jurídico para poder cumplir con el mandato del legislador europeo con el fin de establecer un procedimiento íntegramente *online*. Se trata de destinar tal fórmula, tanto al momento de constitución, como a las modificaciones societarias posteriores, así como al registro de sucursales por parte de solicitantes que sean ciudadanos o ciudadanas de la Unión Europea.

El Real Decreto-ley 5/2023, de 28 de junio que modifica los artículos 160.*g*), 194.1, 199.*b*), 346.3, 461 y 462.

IGNACIO ARROYO MARTÍNEZ
y JOSÉ-ALEJO RUEDA MARTÍNEZ
Catedráticos de Derecho Mercantil

Barcelona-Oviedo, 4 de junio de 2024

PRÓLOGO A LA PRIMERA EDICIÓN

El 1 de septiembre de 2010 entró en vigor el Texto Refundido de la Ley de Sociedades de Capital, TRLSC (*BOE* n.º 161, de 3 de julio). No hace falta decir que se trata de una norma fundamental que conforma la estructura jurídica de las empresas españolas. Veamos, brevemente, su alcance y significación.

I

El alcance hay que medirlo en términos económicos. Y es notorio que prácticamente la totalidad de las empresas españolas se acogen al modelo de sociedad mercantil capitalista, lo que da idea del alcance casi universal de la reforma. El modelo personalista de las sociedades colectiva y comanditaria, que valoran al socio más por lo que es que por lo que tiene, son residuales, por lo demás ancladas en el Código de Comercio vigente de 1885. Por el contrario, la sociedad de responsabilidad limitada (SL) y la sociedad anónima (SA) son los modelos preferidos por el empresario español para ejercer la actividad empresarial bajo fórmulas societarias. A la ventaja de la limitación del riesgo, pues el socio no responde personalmente de las deudas sociales, se une la separación entre propiedad y gestión, dejando claro también que, por un lado, el trabajo es un factor de la producción externo a la estructura societaria (modelo capitalista puro), y por otro lado, el empresario, además de ser factor de la producción y corresponderle el resultado próspero o adverso del negocio, se identifica con el capital social, pues como se ha definido, en expresión que ha hecho fortuna, «la SA o la SL es un capital con personalidad jurídica».

Por lo que se refiere al significado de la nueva Ley, bastarán tres observaciones. Una, es cierto que el Real Decreto Legislativo 1/2010, que aprueba el TRLSC, es extenso pues abarca 528 artículos, y deroga íntegramente la LSA de 1989 y la LSRL de1995, y algunos preceptos del Código de Comercio (arts. 151 a 157) y de la Ley del Mercado de Valores (arts. 111 a 117), pero no es menos cierto que las innovaciones de fondo son irrelevantes. Dos, la autorización parlamentaria al Gobierno se limitaba a regularizar, aclarar y armonizar las leyes vigentes para redactar un texto refundido sobre sociedades de capital; por tanto, no dejaba margen para introducir reformas de calado normativo. Y tres, siguen cuestiones importantes pendientes, pudiendo decirse que la verdadera reforma de las sociedades mercantiles no ha concluido.

a)   Ordenación de las materias no es otra cosa que redactar un nuevo sistema. La Ley resulta ahora más lógica y comprensiva. La mera lectura del índice, estructurado en catorce títulos (disposiciones generales, constitución, aportaciones, participaciones sociales y acciones, junta general, administradores, cuentas anuales, modificación de los estatutos, separación y exclusión de socios, disolución y liquidación, obligaciones, sociedad nueva empresa, sociedad anónima europea y sociedades anónimas cotizadas), da una idea cabal de las materias reguladas.

b)   El mandato de aclarar las disposiciones exige pulir la redacción y despejar las dudas de interpretación suscitadas en la aplicación de las leyes ahora derogadas. Aunque es difícil decir con exactitud hasta dónde puede llegar la aclaración, parece evidente que en eso consiste la tarea genuina de la jurisprudencia; por tanto, el texto refundido puede suprimir o añadir algunos términos para mejorar la inteligencia del precepto, mas no puede introducir criterios o principios distintos de los anteriores.

c)   El tercer mandato, y al mismo tiempo limitación, es la armonización, complementario de la aclaración y exigido por la regularización o sistemática. Un texto refundido debe ser congruente, empleando siempre la misma terminología. En ese sentido se han suprimido la mayoría de las remisiones y se han regulado de manera común o única títulos que no justifican un trato diverso en las sociedades de capital. Concretamente, los referidos a las competencias de la junta general, la disolución y liquidación de las sociedades.

II

El texto refundido también ha dejado al margen el arduo problema tipológico. En efecto, la SL sigue siendo el tipo social cerrado, familiar e híbrido entre sociedad capitalista y personalista. Y el más utilizado por el empresario español, pues encaja con el modelo corriente de pequeña y mediana empresa que caracteriza a nuestro sistema económico, como así lo demuestra el número de 1.140.820 de SL frente a las 109.330 SA, según estadísticas del año 2009. Por su parte, la SA sigue siendo un tipo social abierto, más rígido y claramente capitalista, aunque flexible, ratificando así su polivalencia funcional. Y correlativamente dejó de ser el tipo social mercantil más socorrido: en el mismo año 2009 se constituyeron 1.826 SA frente a las 98.177 SL. No obstante, la Ley de Sociedades de Capital permite que los estatutos sociales conviertan la SA en una sociedad cerrada, cercana a la SL, gracias a las restricciones estatutarias a la libre transmisibilidad de las acciones. Y por lo que hace a la sociedad en comandita por acciones, sigue siendo un tipo residual, prácticamente en desuso en la casuística empresarial española.

Con todo, existe una novedad formal importante cual es la regulación de la SA cotizada, que se perfila como un modelo rígido e institucional, pues, más que de una agrupación de personas o socios interesados en la gestión social, se trata de una mera técnica de inversión colectiva, que exige normas rígidas preestablecidas, cuyo régimen jurídico no puede quedar al albur de la autonomía de la voluntad. La regulación procede de la Ley del Mercado de Valores de 28 de julio de 1988, cuyo título X (arts. 111 a 117), relativo a sociedades cotizadas, ha sido «importado» y por tanto derogado, excepto los apartados 2 y 3 del artículo 114 y los artículos 116 y 116 bis. Sin embargo, lo que refunde y deroga dista mucho de ser una regulación completa de la SA cotizada.

III

Por último, conviene destacar algunos aspectos considerados novedosos y decir algo sobre lo que queda por reformar.

Entre las novedades, el artículo 160 enumera las materias competencia de la junta, sin distinguir entre SA y SL. La unificación es correcta si no fuera porque ahora se ha omitido la letra *c*) del artículo 44 LSL, que decía: «La autorización a los administradores para el ejercicio del cargo, por cuenta propia o ajena, del mismo, análogo o complementario género de actividad que constituya el objeto social.» ¿Significa la omisión que ha desaparecido tan importante competencia? Entendemos que no, aunque puede dar lugar a interpretaciones diversas.

Asimismo, el artículo 175 dispone que, si en la convocatoria de la junta general no figurase el lugar de celebración, se entenderá que ha sido convocada para su celebración en el domicilio social. Ahora se mantiene el criterio ya sancionado por la jurisprudencia que, acertadamente, salvaba la validez de la junta celebrada en el domicilio social, cuando en la convocatoria se había omitido la referencia al lugar concreto de la celebración, por lo demás requisito imprescindible.

Otra cuestión es la omisión de la expresión genérica «deberes de fidelidad» impuesto a los administradores (art. 127 bis LSA) pero en contrapartida se redactan minuciosamente la prohibición de aprovechar oportunidades de negocio (art. 237), las situaciones de conflicto (art. 229) y la prohibición de competencia (art. 230).

Y en cuanto a la reforma pendiente, el legislador debe acometer cuanto antes la regulación de los grupos de sociedades, regulados sólo a efectos de consolidación de cuentas, reformar las sociedades personalistas introduciendo un tipo mercantil general, al modo, por ejemplo, de la *società semplice* italiana, y decidir la cuestión tipológica: si reserva la SA para la sociedad cotizada y la SL como modelo típico de la sociedad mercantil capitalista no cotizada.

Prof. Ignacio Arroyo Martínez

Barcelona, enero de 2011

REAL DECRETO LEGISLATIVO 1/2010, DE 2 DE JULIO, POR EL QUE SE APRUEBA EL TEXTO REFUNDIDO DE LA LEY DE SOCIEDADES DE CAPITAL

(*B.O.E.* núm. 161, de 3 de julio de 2010; corrección de errores en *B.O.E.* núm. 210, de 30 de agosto)

EXPOSICIÓN DE MOTIVOS

I

El presente real decreto legislativo cumple con la previsión recogida en la disposición final séptima de la Ley 3/2009, de 3 de abril, sobre modificaciones estructurales de las sociedades mercantiles, que habilita al Gobierno para que, en el plazo de doce meses, proceda a refundir en un único texto, bajo el título de «Ley de Sociedades de Capital», las normas legales que esa disposición enumera. De este modo se supera la tradicional regulación separada de las formas o tipos sociales designadas con esa genérica expresión, que ahora, al ascender a título de la ley, alcanza rango definidor.

La división en dos leyes especiales del régimen jurídico de las sociedades anónimas y de las sociedades de responsabilidad limitada no fue consecuencia tanto del proceso de descodificación cuanto del hecho de que la extensión de la normativa no permitía la inclusión de esos regímenes jurídicos dentro del Código de Comercio de 1885, que dedicaba pocos artículos a las sociedades anónimas y que, por razón del momento en que se elaboró, desconocía a las sociedades de responsabilidad limitada. Se promulgaron así las leyes de 1951 y de 1953 —la primera de ellas de notable perfección técnica para la época en que fue promulgada— como textos legales independientes, característica que se ha mantenido desde entonces como rasgo de la legislación societaria española. En lugar de la regulación en una única ley, el legislador ha afrontado en momentos sucesivos y de forma separada la articulación de la disciplina de las sociedades de capital.

Esta dualidad o incluso pluralidad de «continentes» —cuando la Ley 19/1989, de 25 de julio, decide que la nueva regulación de las sociedades comanditarias por acciones se incluya en el Código, y cuando la Ley 26/2003, de 17 de julio, introduce un título nuevo, el título X, en la Ley del Mercado de Valores, dedicado a las sociedad anónimas cotizadas— no habría suscitado especiales problemas si el «contenido» estuviera suficientemente coordinado. Aunque el legislador ha tratado de conseguir esa coordinación, bien a través de la técnica de la repetición de normas —que, sin embargo, no siempre es absoluta—, bien con el recurso al instrumento de las remisiones, el resultado no ha sido plenamente satisfactorio. Además, tras las grandes reformas realizadas a finales del pasado siglo —la ya citada Ley 19/1989, de 25 de julio y la Ley 2/1995, de 23 de marzo—, existen descoordinaciones, imperfecciones y lagunas respecto de las cuales doctrina y jurisprudencia han ofrecido soluciones legales divergentes sin que exista razón suficiente.

De ahí que las Cortes Generales hayan considerado necesario encomendar al Gobierno la elaboración de un texto refundido de las normas legales sobre sociedades de capital, reuniendo en un texto único el contenido de esas dos leyes especiales, con la importante adición de aquella parte de la Ley del Mercado de Valores que regula los aspectos más puramente societarios de las sociedades anónimas con valores admitidos a negociación en un mercado secundario oficial y con la adición de los artículos que el Código mercantil dedica a la comanditaria por acciones, forma social derivada, de muy escasa utilización en la práctica. Un único cuerpo legal debe contener la totalidad de la regulación legal general de las sociedades de capital, sin más excepción que la derivada de la propia Ley de modificaciones estructurales —en la que se contiene la habilitación—, cuyo contenido, por estar referido a toda clase de sociedades mercantiles, incluidas las «sociedades de personas», no podía incluirse, sin alguna incoherencia, en esa refundición. Se trata de una tarea de extraordinaria importancia por cuanto que la gran mayoría de las sociedades constituidas y operantes en nuestro país o son limitadas o son anónimas; pero se trata también de una tarea que entraña no pocas dificultades.

II

Las Cortes Generales han establecido el método y, al mismo tiempo, los límites del encargo al poder ejecutivo: ese único texto legal debe ser el resultado de la regularización, la aclaración y la armonización de los plurales textos legales antes señalados. La refundición no puede limitarse, pues, a una mera yuxtaposición de artículos, sino que exige desarrollar una compleja actuación en pos de ese triple objetivo, en el que, por razón del interés general, descansa la decisión legal. Al redactar el texto refundido, el Gobierno no se ha limitado a reproducir las normas legales objeto de la refundición, sino que ha debido incidir en esa normativa en una delicada labor para cumplir fielmente la encomienda recibida.

Regularizar significa ajustar, reglar o poner en orden. Al servicio de esa regularización se ha modificado, en ocasiones, la sistemática, a la vez que se han intentado reducir las imperfecciones de las proposiciones normativas. Naturalmente, el texto refundido contiene la integridad de lo que refunde. Ni se han suprimido aquellas partes que la experiencia ha podido evidenciar obsoletas; ni se han modificado las soluciones arbitradas por la ley aunque la práctica haya puesto en duda la eficiencia y destacado el coste de aplicación; ni se han incorporado reglas que todavía no han alcanzado reconocimiento legislativo anticipando la previsible solución. Pero un texto refundido que saliera a la luz sin esa imperativa regularización traicionaría los términos de la habilitación conferida.

Junto a la regularización, la habilitación exige aclarar, es decir, eliminar, en la medida de lo posible, las dudas de interpretación que suscitan los textos legales, determinando el exacto alcance de las normas. En ocasiones —las menos—, la propia sistemática permite conseguir ese resultado; las más de las veces se necesita precisar lo que la norma dice con eliminación de aquello que dificulta la comprensión, la modificación de fórmulas poco logradas o la incorporación de los elementos indispensables para facilitar la inteligencia. De este modo, en lugar de proceder a reformar los textos legales, se concreta el sentido de las normas, perfeccionando el conjunto sin necesidad de sustituciones.

En fin, el mandato de armonización impone la supresión de divergencias de expresión legal, unificando y actualizando la terminología, e impone sobre todo superar las discordancias derivadas del anterior proceso legislativo. En este sentido, el texto refundido ha procedido a una muy importante generalización o extensión normativa de soluciones originariamente establecidas para una sola de las sociedades de capital, evitando no sólo remisiones, sino también tener que acudir a razonamientos en búsqueda de identidad de razón. Esta armonización era particularmente necesaria en lo referente a la determinación de la competencia de la junta general y, sobre todo, en lo relativo a la disolución y liquidación de las sociedades de capital, pues contrastaba el muy envejecido capítulo IX de la Ley de sociedades anónimas con el mucho más moderno capítulo X de la Ley de sociedades de responsabilidad limitada, que se ha tomado como base para la refundición.

III

Ese triple criterio puede conducir a resultados positivos en un sistema legislativo como el español en el que las sociedades de responsabilidad limitada —con mucho, las que concitan la preferencia de los operadores económicos— se han configurado tradicionalmente más como unas anónimas simplificadas y flexibles que como sociedades personalistas en las que los socios gocen del beneficio de responsabilidad por las deudas contraídas en nombre de la sociedad. En España las limitadas no son una anónima «por fuera» y una colectiva «por dentro». A pesar del sincretismo del régimen jurídico de las sociedades de responsabilidad limitada, en el que se combinan elementos procedentes de muy distintos modelos legislativos, prevalece en ese régimen la adscripción a la matriz común de las sociedades de capital, con estructura corporativa relativamente rígida. El éxito en la práctica española de esa tradicional opción de política legislativa pone de manifiesto el acierto de los legisladores de 1953 y de 1995, siendo pocos los casos en los que, dentro del límite infranqueable representado por las normas imperativas y por los principios configuradores, la autonomía privada ha decidido añadir algún tinte personalista.

Esta unidad sustancial entre las distintas formas de las sociedades de capital se aprecia con mayor claridad, si cabe, por la sistemática del texto refundido, que ha renunciado a una posible división entre «partes generales» y «partes especiales», articulando los textos por razón de materias, con las oportunas generalizaciones, sin perjuicio de consignar, dentro de cada capítulo o sección, o incluso dentro de cada artículo, las especialidades de cada forma social cuando real y efectivamente existieran. Con todo, el intérprete podrá apreciar que la imposibilidad de franquear los límites de la habilitación deja abiertos interrogantes acerca del sentido de algunas soluciones diferentes por razón de la forma social elegida.

IV

En el plano teórico la distinción entre las sociedades anónimas y las sociedades de responsabilidad limitada descansa en una doble característica: mientras que las primeras son sociedades naturalmente abiertas, las sociedades de responsabilidad limitada son sociedades esencialmente cerradas; mientras que las primeras son sociedades con un rígido sistema de defensa del capital social, cifra de retención y, por ende, de garantía para los acreedores sociales, las segundas, en ocasiones, sustituyen esos mecanismos de defensa —a veces más formales que efectivos— por regímenes de responsabilidad, con la consiguiente mayor flexibilidad de la normativa. No procede ahora hacer pronósticos sobre el futuro del capital como técnica de tutela de los terceros —tema que sólo será posible afrontar

adecuadamente en el marco supranacional de la Unión Europea—, pero sí interesa señalar que esa contraposición tipológica entre sociedades abiertas y sociedades cerradas no es absoluta, por cuanto que, como la realidad enseña, la gran mayoría de las sociedades anónimas españolas —salvo, obviamente, las cotizadas— son sociedades cuyos estatutos contienen cláusulas limitativas de la libre transmisibilidad de las acciones. El modelo legal subyacente no se corresponde con el modelo real, y esta circunstancia ha sido tenida en cuenta por el legislador español y ha debido ser tomada en consideración a la hora de elaborar el texto refundido. Se produce así, en ese plano de la realidad, una superposición de formas sociales, en el sentido de que para unas mismas necesidades —las que son específicas de las sociedades cerradas— se ofrece a la elección de los particulares dos formas sociales diferentes, concebidas con distinto grado de imperatividad, sin que el sentido de esa dualidad pueda apreciarse siempre con claridad. De este modo queda sin respuesta la pregunta de cuál debe ser en el futuro la relación entre las dos formas principales de las sociedades de capital y la de si el tránsito de una a otra debe respetar los requisitos establecidos para la transformación o si se debe facilitar a través de técnicas más ágiles y sencillas. Más que una rígida contraposición por razón de la forma social elegida, la distinción esencial radicaría en tener o no la condición de sociedad cotizada. El importante papel de las sociedades cotizadas en los mercados de capitales hace necesaria una intervención pública en la actividad económica orientada por una parte a la protección al inversor y por otra a la estabilidad, eficiencia y buen funcionamiento de los mercados financieros.

En este sentido, hay que tener en cuenta que la regulación de las sociedades cotizadas quedará sistematizada, por una parte, en este texto refundido, para recoger los aspectos económicos eminentemente societarios y, por otra, en la Ley 24/1988, de 28 de julio, del Mercado de Valores, donde aparece la regulación de la vertiente financiera de este tipo de sociedades, presidida fundamentalmente por el principio de transparencia para asegurar el buen funcionamiento de los mercados y la protección al inversor.

V

El texto refundido nace —y es importante destacarlo— con decidida voluntad de provisionalidad; nace con el deseo de ser superado pronto, convirtiéndose así en un peldaño más de la escala hacia el progreso del Derecho. De un lado, porque no es aventurado afirmar que, en el inmediato futuro, el legislador debe afrontar importantes reformas de la materia, con la revisión de algunas soluciones legales tradicionales, con la ampliación de la dinámica de los deberes fiduciarios de los administradores, con la más detallada regulación de las sociedades cotizadas y con la creación de un Derecho sustantivo de los grupos de sociedades, confinados hasta ahora en el régimen de las cuentas consolidadas y en esas normas episódicas dispersas por el articulado. De otro lado, porque es aspiración general que la totalidad del Derecho general de las sociedades mercantiles, incluido el aplicable a las sociedades personalistas, se contenga en un cuerpo legal unitario, con superación de la persistente pluralidad legislativa, que el presente texto refundido reduce pero no elimina. En este sentido los trabajos de la Comisión General de Codificación para la elaboración de un Código de las Sociedades Mercantiles o incluso de un nuevo Código Mercantil al servicio de las exigencias de la imprescindible unidad de mercado, habrán de ser valorados por el Gobierno a fin de decidir el tiempo y el modo de tan ambiciosa reforma.

En su virtud, a propuesta del Ministro de Justicia y de la Ministra de Economía y Hacienda, de acuerdo con el Consejo de Estado y previa deliberación del Consejo de Ministros en su reunión del día 2 de julio de 2010, dispongo:

Artículo único. *Aprobación del texto refundido de la Ley de Sociedades de Capital.*—Se aprueba el texto refundido de la Ley de Sociedades de Capital, al que se incorpora el contenido de la sección 4.ª del título I del libro II del Código de Comercio de 1885, relativa a las sociedades comanditarias por acciones; el Real Decreto Legislativo 1.564/1989, de 22 de diciembre, por el que se aprueba el texto refundido de la Ley de Sociedades Anónimas; la Ley 2/1995, de 23 de marzo, de Sociedades de Responsabilidad Limitada; y el contenido del título X de la Ley 24/1988, de 28 de julio, del Mercado de Valores, relativo a las sociedades anónimas cotizadas.

DISPOSICIÓN DEROGATORIA

Única. *Derogación de normas.*—Se derogan las siguientes disposiciones:

1.º La sección 4.ª del título I del libro II (artículos 151 a 157) del Código de Comercio de 1885, relativa a la sociedad en comandita por acciones.

2.º El Real Decreto Legislativo 1.564/1989, de 22 de diciembre, por el que se aprueba el texto refundido de la Ley de Sociedades Anónimas.

3.º La Ley 2/1995, de 23 de marzo, de Sociedades de Responsabilidad Limitada.

4.º El título X (artículos 111 a 117) de la Ley 24/1988, de 28 de julio, del Mercado de Valores, relativo a las sociedades cotizadas, con excepción de los apartados 2 y 3 del artículo 114 y los artículos 116 y 116 bis.

DISPOSICIONES FINALES

1.ª *Título competencial.*— El texto refundido de la Ley de Sociedades de Capital se dicta en uso de la competencia exclu-

---

Disp. Final 1.ª: El art. 149.1.6.ª de la Constitución Española (*BOE* núm. 311.1, de 29 de diciembre de 1978) dispone lo siguiente:

«*Art. 149.* 1. El Estado tiene competencia exclusiva sobre las siguientes materias:

»[...]

»6.ª Legislación mercantil, penal y penitenciaria; legislación procesal, sin perjuicio de las necesarias especialidades que en este orden se deriven de las particularidades del derecho sustantivo de las Comunidades Autónomas.»

siva del Estado en materia de legislación mercantil, de conformidad con lo establecido en el artículo 149.1.6.ª de la Constitución Española.

2.ª *Autorización al Ministro de Justicia.*—Se autoriza al Ministro de Justicia para la modificación de las referencias a la numeración contenida en el Reglamento del Registro Mercantil, aprobado por Real Decreto 1.784/1996, de 19 de julio, de los artículos de los textos de las disposiciones que se derogan por la que corresponde a los contenidos en el texto refundido de la Ley de sociedades de capital.

3.ª *Entrada en vigor.*—El presente real decreto legislativo y el texto refundido que aprueba entrarán en vigor el 1 de septiembre de 2010, excepto el artículo 515 que no será de aplicación hasta el 1 de julio de 2011.

TEXTO REFUNDIDO DE LA LEY DE SOCIEDADES DE CAPITAL

ÍNDICE

Disp. Final 2.ª: A día de hoy aún no se han modificado las referencias indicadas en el Reglamento del Registro Mercantil.

TÍTULO PRIMERO

Disposiciones generales*

CAPÍTULO PRIMERO

LAS SOCIEDADES DE CAPITAL

Artículo 1.º *Sociedades de capital.*—1. Son sociedades de capital la sociedad de responsabilidad limitada, la sociedad anónima y la sociedad comanditaria por acciones.

2. En la sociedad de responsabilidad limitada, el ca-

---

* Téngase en cuenta el artículo 3 del Real Decreto-ley 34/2020, de 17 de noviembre, de medidas urgentes de apoyo a la solvencia empresarial y al sector energético, y en materia tributaria (*B.O.E.* núm. 303, de 18 de noviembre de 2020).

«Art. 3.º Medidas extraordinarias aplicables a las personas jurídicas de Derecho privado.

»1. Excepcionalmente, durante el año 2021, a las sociedades de capital previstas en el artículo 1 del Real Decreto Legislativo 1/2010, de 2 de julio, por el que se aprueba el texto refundido de la Ley de Sociedades de Capital, se les aplicarán las siguientes medidas:

»*a*) En el caso de las sociedades anónimas, aunque los estatutos no lo hubieran previsto, el consejo de administración podrá prever en la convocatoria de la junta general la asistencia por medios telemáticos y el voto a distancia en los términos previstos en los artículos 182 y 189 del Real Decreto Legislativo 1/2010, de 2 de julio, y del artículo 521 del mismo texto legal, en el caso de las sociedades anónimas cotizadas, así como la celebración de la junta en cualquier lugar del territorio nacional.

»*b*) En el caso de las sociedades de responsabilidad limitada y comanditaria por acciones, aunque los estatutos no lo hubieran previsto, podrán celebrar la junta general por videoconferencia o por conferencia telefónica múltiple, siempre que todas las personas que tuvieran derecho de asistencia o quienes los representen dispongan de los medios necesarios, el secretario del órgano reconozca su identidad, y así lo exprese en el acta, que remitirá de inmediato a las direcciones de correo electrónico.

»2. Excepcionalmente, durante el año 2021, aunque los estatutos no lo hubieran previsto, las juntas o asambleas de asociados o de socios del resto de personas jurídicas de Derecho privado (asociaciones, sociedades civiles y sociedades cooperativas) podrán celebrarse por videoconferencia o por conferencia telefónica múltiple siempre que todas las personas que tuvieran derecho de asistencia o quienes los representen dispongan de los medios necesarios, el secretario del órgano reconozca su identidad, y así lo exprese en el acta, que remitirá de inmediato a las direcciones de correo electrónico.

»3. Excepcionalmente, durante el año 2021, aunque los estatutos no lo hubieran previsto, las reuniones del patronato de las fundaciones podrán celebrarse por videoconferencia o por conferencia telefónica múltiple, siempre que todos los miembros del órgano dispongan de los medios necesarios, el secretario del órgano reconozca su identidad, y así lo exprese en el acta, que remitirá de inmediato a las direcciones de correo electrónico de cada uno de los concurrentes.»

pital, que estará dividido en participaciones sociales, se integrará por las aportaciones de todos los socios, quienes no responderán personalmente de las deudas sociales.

3. En la sociedad anónima el capital, que estará dividido en acciones, se integrará por las aportaciones de todos los socios, quienes no responderán personalmente de las deudas sociales.

4. En la sociedad comanditaria por acciones, el capital, que estará dividido en acciones, se integrará por las aportaciones de todos los socios, uno de los cuales, al menos, responderá personalmente de las deudas sociales como socio colectivo.

Art. 2.º *Carácter mercantil.*—Las sociedades de capital, cualquiera que sea su objeto, tendrán carácter mercantil.

Art. 3.º *Régimen legal.*—1. Las sociedades de capital, en cuanto no se rijan por disposición legal que les sea específicamente aplicable, quedarán sometidas a los preceptos de esta ley.

2. Las sociedades comanditarias por acciones se regirán por las normas específicamente aplicables a este tipo social y, en lo que no esté en ellas previsto, por lo establecido en esta ley para las sociedades anónimas.

Art. 4.º *Capital social mínimo.*—1. El capital de la sociedad de responsabilidad limitada no podrá ser inferior a un euro y se expresará precisamente en esa moneda.

Mientras el capital de las sociedades de responsabilidad limitada no alcance la cifra de tres mil euros, se aplicarán las siguientes reglas:

Deberá destinarse a la reserva legal una cifra al menos igual al 20 por 100 del beneficio hasta que dicha reserva junto con el capital social alcance el importe de tres mil euros.

En caso de liquidación, voluntaria o forzosa, si el patrimonio de la sociedad fuera insuficiente para atender el pago de las obligaciones sociales, los socios responderán solidariamente de la diferencia entre el importe de tres mil euros y la cifra del capital suscrito.

2. El capital social de la sociedad anónima no podrá ser inferior a sesenta mil euros y se expresará precisamente en esa moneda.

Art. 4.º: Modificado por la Ley 18/2022, de 28 de septiembre, de creación y crecimiento de empresas (*B.O.E.* núm. 234, de 29 de septiembre de 2022).

V. arts. 4.º bis, 5.º2 y 23.*d*) (párr. 1.º) del presente T.R.

Art. 4.º bis. *Sociedades en régimen de formación sucesiva.*—[...]

Art. 5.º *Prohibición de capital inferior al mínimo legal.*— No se autorizarán escrituras de constitución de sociedad de capital que tengan una cifra de capital social inferior al legalmente establecido, ni escrituras de modificación del capital social que lo dejen reducido por debajo de dicha cifra, salvo que sea consecuencia del cumplimiento de una ley.

CAPÍTULO II

DENOMINACIÓN, NACIONALIDAD Y DOMICILIO

SECCIÓN 1.ª

Denominación

Art. 6.º *Indicación del tipo social.*—1. En la denominación de la sociedad de responsabilidad limitada deberá figurar necesariamente la indicación «Sociedad de Responsabilidad Limitada», «Sociedad Limitada» o sus abreviaturas «S.R.L.» o «S.L.».

2. En la denominación de la sociedad anónima deberá figurar necesariamente la indicación «Sociedad Anónima» o su abreviatura «S.A.».

3. La sociedad comanditaria por acciones podrá utilizar una razón social, con el nombre de todos los socios colectivos, de alguno de ellos o de uno solo, o bien una denominación objetiva, con la necesaria indicación de «Sociedad comanditaria por acciones» o su abreviatura «S. Com. por A.».

Art. 7.º *Prohibición de identidad.*—1. Las sociedades de capital no podrán adoptar una denominación idéntica a la de cualquier otra sociedad preexistente.

2. Reglamentariamente podrán establecerse ulteriores requisitos para la composición de la denominación social.

SECCIÓN 2.ª

Nacionalidad

Art. 8.º *Nacionalidad.*— Serán españolas y se regirán

Art. 4.º bis: Suprimido por la Ley 18/2022, de 28 de septiembre, de creación y crecimiento de empresas (*B.O.E.* núm. 234, de 29 de septiembre de 2022).
Art. 5.º: Modificado por la Ley 18/2022, de 28 de septiembre, de creación y crecimiento de empresas (*B.O.E.* núm. 234, de 29 de septiembre de 2022).

por la presente ley todas las sociedades de capital que tengan su domicilio en territorio español, cualquiera que sea el lugar en que se hubieran constituido.

SECCIÓN 3.ª

Domicilio

Art. 9.º *Domicilio.*—1. Las sociedades de capital fijarán su domicilio dentro del territorio español en el lugar en que se halle el centro de su efectiva administración y dirección, o en el que radique su principal establecimiento o explotación.

2. Las sociedades de capital cuyo principal establecimiento o explotación radique dentro del territorio español deberán tener su domicilio en España.

Art. 10. *Discordancia entre domicilio registral y domicilio real.*—En caso de discordancia entre el domicilio registral y el que correspondería según el artículo anterior, los terceros podrán considerar como domicilio cualquiera de ellos.

Art. 11. *Sucursales.*—1. Las sociedades de capital podrán abrir sucursales en cualquier lugar del territorio nacional o del extranjero.

2. Salvo disposición contraria de los estatutos, el órgano de administración será competente para acordar la creación, la supresión o el traslado de las sucursales.

SECCIÓN 4.ª*

Página web

Art. 11 bis. *Página web de la sociedad.*—1. Las sociedades de capital podrán tener una página web corporativa. Esta página será obligatoria para las sociedades cotizadas.

2. La creación de una página web corporativa deberá acordarse por la junta general de la sociedad. En la convocatoria de la junta, la creación de la página web deberá figurar

---

Art. 9.º: V. art. 10 del presente T.R.

* Sección 4.ª añadida, con sus arts. 11 bis (modificado), 11 ter y 11 quáter (ambos añadidos), conforme al art. 1.º uno de la Ley 1/2012, de 22 de junio, de simplificación de las obligaciones de información y documentación de fusiones y escisiones de sociedades de capital (*B.O.E.* núm. 150, de 23 de junio).

Art. 11 bis: Añadido conforme al art. 1.º uno de la Ley 25/2011, de 1 de agosto, de reforma parcial de la Ley de Sociedades de Capital y de incorporación de la Directiva 2007/36/CE, del Parlamento Europeo y del Consejo, de 11 de julio, sobre el ejercicio de determinados derechos de los accionistas de sociedades cotizadas (*B.O.E.*

expresamente en el orden del día de la reunión. Salvo disposición estatutaria en contrario, la modificación, el traslado o la supresión de la página web de la sociedad será competencia del órgano de administración.

3. El acuerdo de creación de la página web se hará constar en la hoja abierta a la sociedad en el Registro Mercantil competente y será publicado en el *Boletín Oficial del Registro Mercantil*.

El acuerdo de modificación, de traslado o de supresión de la página web se hará constar en la hoja abierta a la sociedad en el Registro Mercantil competente y será publicado en el *Boletín Oficial del Registro Mercantil*, así como en la propia página web que se ha acordado modificar, trasladar o suprimir durante los treinta días siguientes a contar desde la inserción del acuerdo.

La publicación de la página web de la sociedad en el *Boletín Oficial del Registro Mercantil* será gratuita.

Hasta que la publicación de la página web en el *Boletín Oficial del Registro Mercantil* tenga lugar, las inserciones que realice la sociedad en la página web no tendrán efectos jurídicos.

Los estatutos sociales podrán exigir que, antes de que se hagan constar en la hoja abierta a la sociedad en el Registro Mercantil, estos acuerdos se notifiquen individualmente a cada uno de los socios.

Art. 11 ter. *Publicaciones en la página web.*—1. La sociedad garantizará la seguridad de la página web, la autenticidad de los documentos publicados en esa página, así como el acceso gratuito a la misma con posibilidad de descarga e impresión de lo insertado en ella.

2. La carga de la prueba del hecho de la inserción de documentos en la página web y de la fecha en que esa inserción haya tenido lugar corresponderá a la sociedad.

3. Los administradores tienen el deber de mantener lo insertado en la página web durante el término exigido por la ley, y responderán solidariamente entre sí y con la sociedad frente a los socios, acreedores, trabajadores y terceros de los

núm. 184, de 2 de agosto), y redactado de nuevo conforme al art. 1.°uno de la Ley 1/2012, de 22 de junio, de simplificación de las obligaciones de información y documentación de fusiones y escisiones de sociedades de capital (*B.O.E.* núm. 150, de 23 de junio).

V. art. 173.1 y 2 del presente T.R.

Art. 11 ter: Añadido conforme al art. 1.°uno de la Ley 1/2012, de 22 de junio, de simplificación de las obligaciones de información y documentación de fusiones y escisiones de sociedades de capital (*B.O.E.* núm. 150, de 23 de junio).

perjuicios causados por la interrupción temporal de acceso a esa página, salvo que la interrupción se deba a caso fortuito o de fuerza mayor. Para acreditar el mantenimiento de lo insertado durante el término exigido por la ley será suficiente la declaración de los administradores, que podrá ser desvirtuada por cualquier interesado mediante cualquier prueba admisible en Derecho.

4. Si la interrupción de acceso a la página web fuera superior a dos días consecutivos o cuatro alternos, no podrá celebrarse la junta general que hubiera sido convocada para acordar sobre el asunto a que se refiera el documento inserto en esa página, salvo que el total de días de publicación efectiva fuera igual o superior al término exigido por la ley. En los casos en los que la ley exija el mantenimiento de la inserción después de celebrada la junta general, si se produjera interrupción, deberá prolongarse la inserción por un número de días igual al que el acceso hubiera estado interrumpido.

Art. 11 quáter. *Comunicaciones por medios electrónicos.*—Las comunicaciones entre la sociedad y los socios, incluida la remisión de documentos, solicitudes e información, podrán realizarse por medios electrónicos siempre que dichas comunicaciones hubieran sido aceptadas por el socio. La sociedad habilitará, a través de la propia web corporativa, el correspondiente dispositivo de contacto con la sociedad que permita acreditar la fecha indubitada de la recepción así como el contenido de los mensajes electrónicos intercambiados entre socios y sociedad.

CAPÍTULO III

La sociedad unipersonal

SECCIÓN 1.ª

La sociedad unipersonal

Art. 12. *Clases de sociedades de capital unipersonales.*—Se entiende por sociedad unipersonal de responsabilidad limitada o anónima:

a) La constituida por un único socio, sea persona natural o jurídica.

b) La constituida por dos o más socios cuando todas las participaciones o las acciones

---

Art. 11 quáter: Añadido conforme al art. 1.°uno de la Ley 1/2012, de 22 de junio, de simplificación de las obligaciones de información y documentación de fusiones y escisiones de sociedades de capital (*B.O.E.* núm. 150, de 23 de junio).

hayan pasado a ser propiedad de un único socio. Se consideran propiedad del único socio las participaciones sociales o las acciones que pertenezcan a la sociedad unipersonal.

Art. 13. *Publicidad de la unipersonalidad.*—1. La constitución de una sociedad unipersonal, la declaración de tal situación como consecuencia de haber pasado un único socio a ser propietario de todas las participaciones sociales o de todas las acciones, la pérdida de tal situación o el cambio del socio único como consecuencia de haberse transmitido alguna o todas las participaciones o todas las acciones, se harán constar en escritura pública que se inscribirá en el Registro Mercantil. En la inscripción se expresará necesariamente la identidad del socio único.

2. En tanto subsista la situación de unipersonalidad, la sociedad hará constar expresamente su condición de unipersonal en toda su documentación, correspondencia, notas de pedido y facturas, así como en todos los anuncios que haya de publicar por disposición legal o estatutaria.

Art. 14. *Efectos de la unipersonalidad sobrevenida.*—

1. Transcurridos seis meses desde la adquisición por la sociedad del carácter unipersonal sin que esta circunstancia se hubiere inscrito en el Registro Mercantil, el socio único responderá personal, ilimitada y solidariamente de las deudas sociales contraídas durante el período de unipersonalidad.

2. Inscrita la unipersonalidad, el socio único no responderá de las deudas contraídas con posterioridad.

SECCIÓN 2.ª

Régimen jurídico de la sociedad unipersonal

Art. 15. *Decisiones del socio único.*—1. En la sociedad unipersonal el socio único ejercerá las competencias de la junta general.

2. Las decisiones del socio único se consignarán en acta, bajo su firma o la de su representante, pudiendo ser ejecutadas y formalizadas por el propio socio o por los administradores de la sociedad.

Art. 16. *Contratación del socio único con la sociedad unipersonal.*—1. Los contratos

---

Art. 13.2: V. art. 17 del presente T.R.
Art. 14: V. art. 17 del presente T.R.

celebrados entre el socio único y la sociedad deberán constar por escrito o en la forma documental que exija la ley de acuerdo con su naturaleza, y se transcribirán a un libro-registro de la sociedad que habrá de ser legalizado conforme a lo dispuesto para los libros de actas de las sociedades. En la memoria anual se hará referencia expresa e individualizada a estos contratos, con indicación de su naturaleza y condiciones.

2. En caso de concurso del socio único o de la sociedad, no serán oponibles a la masa aquellos contratos comprendidos en el apartado anterior que no hayan sido transcritos al libro-registro y no se hallen referenciados en la memoria anual o lo hayan sido en memoria no depositada con arreglo a la ley.

3. Durante el plazo de dos años a contar desde la fecha de celebración de los contratos a que se refiere el apartado primero, el socio único responde-rá frente a la sociedad de las ventajas que directa o indirectamente haya obtenido en perjuicio de ésta como consecuencia de dichos contratos.

Art. 17. *Especialidades de las sociedades unipersonales públicas.*—A las sociedades de responsabilidad limitada o anónimas unipersonales cuyo capital sea propiedad del Estado, Comunidades Autónomas o Corporaciones locales, o de organismos o entidades de ellos dependientes, no serán de aplicación lo establecido en el apartado segundo del artículo 13, el artículo 14 y los apartados 2 y 3 del artículo 16.

CAPÍTULO IV

LOS GRUPOS DE SOCIEDADES

Art. 18. *Grupos de sociedades.*—A los efectos de esta ley,

Art. 16.2 y 3: V. art. 17 del presente T.R.

Art. 18: El art. 42 del Código de Comercio, redactado conforme al art. 1.ºdos de la Ley 16/2007, de 4 de julio, de reforma y adaptación de la legislación mercantil en materia contable para su armonización internacional con base en la normativa de la Unión Europea (*B.O.E.* núm. 160, de 5 de julio, dispone lo siguiente:

«*Art. 42.* 1. Toda sociedad dominante de un grupo de sociedades estará obligada a formular las cuentas anuales y el informe de gestión consolidados en la forma prevista en esta sección.

»Existe un grupo cuando una sociedad ostente o pueda ostentar, directa o indirectamente, el control de otra u otras. En particular, se presumirá que existe control cuando una sociedad, que se calificará como dominante, se encuentre en relación con otra sociedad, que se calificará como dependiente, en alguna de las siguientes situaciones:

»*a*) Posea la mayoría de los derechos de voto.

se considerará que existe grupo de sociedades cuando concurra alguno de los casos establecidos en el artículo 42 del Código de Comercio, y será sociedad dominante la que ostente o pueda ostentar, directa o indirectamente, el control de otra u otras.

TÍTULO II

La constitución de las sociedades de capital

CAPÍTULO PRIMERO

DISPOSICIONES GENERALES

Art. 19. *La constitución de las sociedades.*—1. Las sociedades de capital se constituyen por contrato entre dos o más personas o, en caso de sociedades unipersonales, por acto unilateral.

2. Las sociedades anónimas podrán constituirse también en forma sucesiva por suscripción pública de acciones.

Art. 20. *Escritura pública e inscripción registral.*—La cons-

---

»*b*) Tenga la facultad de nombrar o destituir a la mayoría de los miembros del órgano de administración.

»*c*) Pueda disponer, en virtud de acuerdos celebrados con terceros, de la mayoría de los derechos de voto.

»*d*) Haya designado con sus votos a la mayoría de los miembros del órgano de administración, que desempeñen su cargo en el momento en que deban formularse las cuentas consolidadas y durante los dos ejercicios inmediatamente anteriores. En particular, se presumirá esta circunstancia cuando la mayoría de los miembros del órgano de administración de la sociedad dominada sean miembros del órgano de administración o altos directivos de la sociedad dominante o de otra dominada por ésta. Este supuesto no dará lugar a la consolidación si la sociedad cuyos administradores han sido nombrados, está vinculada a otra en alguno de los casos previstos en las dos primeras letras de este apartado.

»A los efectos de este apartado, a los derechos de voto de la entidad dominante se añadirán los que posea a través de otras sociedades dependientes o a través de personas que actúen en su propio nombre pero por cuenta de la entidad dominante o de otras dependientes o aquellos de los que disponga concertadamente con cualquier otra persona.

»2.   La obligación de formular las cuentas anuales y el informe de gestión consolidados no exime a las sociedades integrantes del grupo de formular sus propias cuentas anuales y el informe de gestión correspondiente, conforme a su régimen específico.

»3.   La sociedad obligada a formular las cuentas anuales consolidadas deberá incluir en ellas, a las sociedades integrantes del grupo en los términos establecidos en el apartado 1 de este artículo, así como a cualquier empresa dominada por éstas, cualquiera que sea su forma jurídica y con independencia de su domicilio social.

titución de las sociedades de capital exigirá escritura pública, que deberá inscribirse en el Registro Mercantil.

Art. 20 bis. *Definiciones.*— A las normas contenidas en este título se aplicarán las definiciones que se enuncian seguidamente:

1) «Medio de identificación electrónica»: un medio de identificación electrónica tal como se define en el artículo 3, punto 2, del Reglamento (UE) n.º 910/2014 del Parlamento Europeo y del Consejo y la Ley 6/2020, de 11 de noviembre, reguladora de determinados aspectos de los servicios electrónicos de confianza.

2) «Sistema de identificación electrónica»: un sistema de identificación electrónica tal como se define en el artículo 3, punto 4, del Reglamento (UE) n.º 910/2014 y la Ley 6/2020, de 11 de noviembre, reguladora de determinados aspectos de los servicios electrónicos de confianza.

3) «Medios electrónicos»: los equipos electrónicos utilizados para el tratamiento, incluida la compresión digital, y el almacenamiento de datos, a través de los cuales la información se envía desde la fuente y se recibe en su destino, siendo esa información enteramente transmitida, canalizada y recibida del modo establecido por la legislación española.

»4. La junta general de la sociedad obligada a formular las cuentas anuales consolidadas deberá designar a los auditores de cuentas que habrán de controlar las cuentas anuales y el informe de gestión del grupo. Los auditores verificarán la concordancia del informe de gestión con las cuentas anuales consolidadas.

»5. Las cuentas consolidadas y el informe de gestión del grupo habrán de someterse a la aprobación de la junta general de la sociedad obligada a consolidar simultáneamente con las cuentas anuales de esta sociedad. Los socios de las sociedades pertenecientes al grupo podrán obtener de la sociedad obligada a formular las cuentas anuales consolidadas los documentos sometidos a la aprobación de la Junta, así como el informe de gestión del grupo y el informe de los auditores. El depósito de las cuentas consolidadas, del informe de gestión del grupo y del informe de los auditores de cuentas en el Registro Mercantil y la publicación del mismo se efectuarán de conformidad con lo establecido para las cuentas anuales de las sociedades anónimas.

»6. Lo dispuesto en la presente sección será de aplicación a los casos en que voluntariamente cualquier persona física o jurídica formule y publique cuentas consolidadas. Igualmente se aplicarán estas normas, en cuanto sea posible, a los supuestos de formulación y publicación de cuentas consolidadas por cualquier persona física o jurídica distinta de las contempladas en el apartado 1 del presente artículo.»

Art. 20 bis: Introducido por la Ley 11/2023, de 8 de mayo, de trasposición de Directivas de la Unión Europea en materia de accesibilidad de determinados productos y servicios, migración de personas altamente cualificadas, tributaria y digitalización de actuaciones notariales y registrales; y por la que se modifica la Ley 12/2011, de 27 de mayo, sobre responsabilidad civil por daños nucleares o producidos por materiales radiactivos.

4) «Constitución»: todo el proceso de la fundación de una sociedad con arreglo a la presente ley, incluidos el otorgamiento de la escritura de constitución, así como todas las fases necesarias para la inscripción de la sociedad en el registro.

5) «Registro de una sucursal»; el proceso que conduce a la publicidad de documentos e información relativos a una sucursal de nueva apertura en un Estado miembro.

6) «Modelo»; modelo electrónico de constitución de una sociedad elaborado por los Estados miembros de conformidad con su Derecho nacional y que se utiliza para la constitución en línea de sociedades con arreglo al artículo 26 bis.

CAPÍTULO II

CONSTITUCIÓN DE SOCIEDADES*

Art. 21. *Otorgamiento de la escritura de constitución.*—La escritura de constitución de las sociedades de capital deberá ser otorgada por todos los socios fundadores, sean personas físicas

o jurídicas, por sí o por medio de representante, quienes habrán de asumir la totalidad de las participaciones sociales o suscribir la totalidad de las acciones.

Art. 22. *Contenido de la escritura de constitución.*—1. En la escritura de constitución de cualquier sociedad de capital se incluirán, al menos, las siguientes menciones:

a) La identidad del socio o socios.

b) La voluntad de constituir una sociedad de capital, con elección de un tipo social determinado.

c) Las aportaciones que cada socio realice o, en el caso de las anónimas, se haya obligado a realizar, y la numeración de las participaciones o de las acciones atribuidas a cambio.

d) Los estatutos de la sociedad.

e) La identidad de la persona o personas que se encarguen inicialmente de la administración y de la representación de la sociedad.

2. Si la sociedad fuera de responsabilidad limitada, la escritura de constitución de-

---

* Se modifica la rúbrica por el art. 39.2 de la Ley 11/2023, de 8 de mayo, de trasposición de Directivas de la Unión Europea en materia de accesibilidad de determinados productos y servicios, migración de personas altamente cualificadas, tributaria y digitalización de actuaciones notariales y registrales; y por la que se modifica la Ley 12/2011, de 27 de mayo, sobre responsabilidad civil por daños nucleares o producidos por materiales radiactivos.

terminará el modo concreto en que inicialmente se organice la administración, si los estatutos prevén diferentes alternativas.

3. Si la sociedad fuera anónima, la escritura de constitución expresará, además, la cuantía total, al menos aproximada, de los gastos de constitución, tanto de los ya satisfechos como de los meramente previstos hasta la inscripción.

Art. 22 bis. *Constitución de sociedades en línea.*—Las sociedades de responsabilidad limitada podrán ser constituidas mediante el procedimiento íntegramente en línea sin perjuicio de la posibilidad de utilizar cualquier otro tipo de procedimiento legalmente establecido. También podrán realizarse en línea las demás operaciones inscribibles y las dirigidas al cumplimiento de obligaciones legales de la vida de dichas sociedades.

En el procedimiento íntegramente en línea para la constitución de una sociedad de responsabilidad limitada, los otorgantes podrán utilizar en la escritura pública notarial el modelo de constitución con estatutos tipo, cuyo contenido se determinará reglamentariamente.

No podrá utilizarse el procedimiento íntegramente en línea cuando la aportación de los socios al capital social se realice mediante aportaciones que no sean dinerarias.

Tanto la constitución de la sociedad como las operaciones en línea se regirán por lo dispuesto en el presente título y en la normativa sectorial que le sea de aplicación.

Art. 23. *Estatutos sociales.*—En los estatutos, que han de regir el funcionamiento de las sociedades de capital, se hará constar:

a) La denominación de la sociedad.

b) El objeto social, determinando las actividades que lo integran.

c) El domicilio social.

d) El capital social, las participaciones o las acciones en que se divida, su valor nominal y su numeración correlativa. En

---

Art. 22 bis: Introducido por la Ley 11/2023, de 8 de mayo, de trasposición de Directivas de la Unión Europea en materia de accesibilidad de determinados productos y servicios, migración de personas altamente cualificadas, tributaria y digitalización de actuaciones notariales y registrales; y por la que se modifica la Ley 12/2011, de 27 de mayo, sobre responsabilidad civil por daños nucleares o producidos por materiales radiactivos.

Art. 23: Modificado por la Ley 6/2023, de 17 de marzo, de los Mercados de Valores y de los Servicios de Inversión.

el caso de las sociedades de responsabilidad limitada en régimen de formación sucesiva, en tanto la cifra de capital sea inferior al mínimo fijado en el artículo 4, los estatutos contendrán una expresa declaración de sujeción de la sociedad a dicho régimen. Los Registradores Mercantiles harán constar, de oficio, esta circunstancia en las notas de despacho de cualquier documento inscribible relativo a la sociedad, así como en las certificaciones que expidan.

Si la sociedad fuera de responsabilidad limitada expresará el número de participaciones en que se divida el capital social, el valor nominal de las mismas, su numeración correlativa y, si fueran desiguales, los derechos que cada una atribuya a los socios y la cuantía o la extensión de estos.

Si la sociedad fuera anónima expresará las clases de acciones y las series, en caso de que existieran; la parte del valor nominal pendiente de desembolso, así como la forma y el plazo máximo en que satisfacerlo; y si las acciones están representadas por medio de títulos, o por medio de anotaciones en cuenta o mediante sistemas basados en tecnología de registros distribuidos. En caso de que se representen por medio de títulos, deberá indicarse si son las acciones nominativas o al portador y si se prevé la emisión de títulos múltiples.

e) El modo o modos de organizar la administración de la sociedad, el número de administradores o, al menos, el número máximo y el mínimo, así como el plazo de duración del cargo y el sistema de retribución, si la tuvieren.

En las sociedades comanditarias por acciones se expresará, además, la identidad de los socios colectivos.

f) El modo de deliberar y adoptar sus acuerdos los órganos colegiados de la sociedad.

Art. 24. *Comienzo de las operaciones.*—1. Salvo disposición contraria de los estatutos, las operaciones sociales darán comienzo en la fecha de otorgamiento de la escritura de constitución.

2. Los estatutos no podrán fijar una fecha anterior a la del otorgamiento de la escritura, excepto en el supuesto de transformación.

Art. 25. *Duración de la sociedad.*—Salvo disposición contraria de los estatutos, la sociedad tendrá duración indefinida.

Art. 26. *Ejercicio social.*— A falta de disposición estatutaria se entenderá que el ejercicio social termina el treinta y uno de diciembre de cada año.

Art. 27. *Ventajas de los fundadores de las sociedades anónimas.*—1. En los estatutos de las sociedades anónimas los fundadores y los promotores de la sociedad podrán reservarse derechos especiales de contenido económico, cuyo valor en conjunto, cualquiera que sea su naturaleza, no podrá exceder del 10 por 100 de los beneficios netos obtenidos según balance, una vez deducida la cuota destinada a la reserva legal y por un período máximo de diez años. Los estatutos habrán de prever un sistema de liquidación para los supuestos de extinción anticipada de estos derechos especiales.

2. Estos derechos podrán incorporarse a títulos nominativos distintos de las acciones.

Art. 28. *Autonomía de la voluntad.*—En la escritura y en los estatutos se podrán incluir, además, todos los pactos y condiciones que los socios fundadores juzguen conveniente establecer, siempre que no se opongan a las leyes ni contradigan los principios configuradores del tipo social elegido.

Art. 29. *Pactos reservados.*—Los pactos que se mantengan reservados entre los socios no serán oponibles a la sociedad.

Art. 30. *Responsabilidad de los fundadores.*—1. Los fundadores responderán solidariamente frente a la sociedad, los socios y los terceros de la constancia en la escritura de constitución de las menciones exigidas por la ley, de la exactitud de cuantas declaraciones hagan en aquélla y de la adecuada inversión de los fondos destinados al pago de los gastos de constitución.

2. La responsabilidad de los fundadores alcanzará a las personas por cuya cuenta hayan obrado éstos.

CAPÍTULO III

LA INSCRIPCIÓN REGISTRAL

SECCIÓN 1.ª

La inscripción

Art. 31. *Legitimación para la solicitud de inscripción.*—Los socios fundadores y los administradores de la sociedad tendrán las facultades necesarias para la presentación de la escritura de constitución en el Regis-

---

Art. 29: V. S.T.S. (Civil) 659/2016, de 25 de febrero.

tro Mercantil y, en su caso, en los de la Propiedad y de Bienes Muebles, así como para solicitar o practicar la liquidación y hacer el pago de los impuestos y gastos correspondientes.

Art. 32. *Deber legal de presentación a inscripción.*—1. Los socios fundadores y los administradores deberán presentar a inscripción en el Registro Mercantil la escritura de constitución en el plazo de dos meses desde la fecha del otorgamiento y responderán solidariamente de los daños y perjuicios que causaren por el incumplimiento de esta obligación.

2. La inscripción de la escritura de constitución y de todos los demás actos relativos a la sociedad podrán practicarse previa justificación de que ha sido solicitada o realizada la liquidación de los impuestos correspondientes al acto inscribible.

Art. 33. *Efectos de la inscripción.*—Con la inscripción la sociedad adquirirá la personalidad jurídica que corresponda al tipo social elegido.

Art. 34. *Intransmisibilidad de participaciones y acciones*

antes de la inscripción.—Hasta la inscripción de la sociedad o, en su caso, del acuerdo de aumento de capital social en el Registro Mercantil, no podrán transmitirse las participaciones sociales, ni entregarse o transmitirse las acciones.

Art. 35. *Publicación.*—Una vez inscrita la sociedad en el Registro Mercantil, el registrador mercantil remitirá para su publicación, de forma telemática y sin coste adicional alguno, al *Boletín Oficial del Registro Mercantil*, los datos relativos a la escritura de constitución que reglamentariamente se determinen.

SECCIÓN 2.ª

Sociedad en formación

Art. 36. *Responsabilidad de quienes hubiesen actuado.*—Por los actos y contratos celebrados en nombre de la sociedad antes de su inscripción en el Registro Mercantil, responderán solidariamente quienes los hubiesen celebrado, a no ser que su eficacia hubiese quedado condicionada a la inscripción y, en su caso, posterior

---

Art. 35: Redactado conforme al art. 6.º uno del Real Decreto-ley 13/2010, de 3 de diciembre, de actuaciones en el ámbito fiscal, laboral y liberalizadoras para fomentar la inversión y la creación de empleo (*B.O.E.* núm. 293, de 3 de diciembre).
Art. 36: V. art. 38.2 del presente T.R.

asunción de los mismos por parte de la sociedad.

Art. 37. *Responsabilidad de la sociedad en formación.*—1. Por los actos y contratos indispensables para la inscripción de la sociedad, por los realizados por los administradores dentro de las facultades que les confiere la escritura para la fase anterior a la inscripción y por los estipulados en virtud de mandato específico por las personas a tal fin designadas por todos los socios, responderá la sociedad en formación con el patrimonio que tuviere.

2. Los socios responderán personalmente hasta el límite de lo que se hubieran obligado a aportar.

3. Salvo que la escritura o los estatutos sociales dispongan otra cosa, si la fecha de comienzo de las operaciones coincide con el otorgamiento de la escritura fundacional, se entenderá que los administradores están facultados para el pleno desarrollo del objeto social y para realizar toda clase de actos y contratos.

Art. 38. *Responsabilidad de la sociedad inscrita.*—1. Una vez inscrita, la sociedad quedará obligada por aquellos actos y contratos a que se refiere el artículo anterior así como por los que acepte dentro del plazo de tres meses desde su inscripción.

2. En ambos supuestos cesará la responsabilidad solidaria de socios, administradores y representantes a que se refieren los dos artículos anteriores.

3. En el caso de que el valor del patrimonio social, sumado al importe de los gastos indispensables para la inscripción de la sociedad, fuese inferior a la cifra del capital, los socios estarán obligados a cubrir la diferencia.

SECCIÓN 3.ª

Sociedad devenida irregular

Art. 39. *Sociedad devenida irregular.*—1. Una vez verificada la voluntad de no inscribir la sociedad y, en cualquier caso, transcurrido un año desde el otorgamiento de la escritura sin que se haya solicitado su inscripción, se aplicarán las normas de la sociedad colectiva o, en su caso, las de la sociedad civil si la sociedad en formación hubiera iniciado o continuado sus operaciones.

Art. 37: V. art. 38.1 y 2 del presente T.R.
Art. 38: V. art. 39.2 del presente T.R.

2. En caso de posterior inscripción de la sociedad no será de aplicación lo establecido en el apartado segundo del artículo anterior.

Art. 40. *Derecho del socio a instar la disolución.*—En caso de sociedad devenida irregular, cualquier socio podrá instar la disolución de la sociedad ante el juez de lo mercantil del lugar del domicilio social y exigir, previa liquidación del patrimonio social, la cuota correspondiente, que se satisfará, siempre que sea posible, con la restitución de sus aportaciones.

CAPÍTULO III BIS

LA CONSTITUCIÓN
ELECTRÓNICA DE LA SOCIEDAD
DE RESPONSABILIDAD
LIMITADA (CONSTITUCIÓN
EN LÍNEA)

Art. 40 bis. *Modelos electrónicos para la constitución electrónica.*—El Ministerio de Industria, Comercio y Turismo conjuntamente con el Ministerio de Justicia, procederán a introducir las modificaciones necesarias en el Documento Único Electrónico, estatutos tipo y escritura pública estandarizada e incluirlos en su respectiva sede electrónica. Estos documentos habrán de ser accesibles, también, a través de la pasarela digital única europea. Se preverá además un nudo de comunicación con la plataforma notarial.

Tales documentos modelos deberán de estar redactados en español, en las lenguas cooficiales y en inglés. El otorgamiento de la escritura pública y su inscripción, se realizará conforme a la normativa notarial y registral, respectivamente.

Art. 40 ter. *Aportaciones.*—1. Las aportaciones dinerarias serán efectuadas mediante un instrumento de pago electrónico de amplia disposición en la Unión Europea. El instrumento ha de permitir la identificación de la persona que realizó el pago y debe ser proporcionado por un prestador de servicios de pago electrónico o entidad financiera establecida en un Estado miembro.

Capítulo III BIS, arts. 40 bis a 40 quinquies: Introducido por la Ley 11/2023, de 8 de mayo, de trasposición de Directivas de la Unión Europea en materia de accesibilidad de determinados productos y servicios, migración de personas altamente cualificadas, tributaria y digitalización de actuaciones notariales y registrales; y por la que se modifica la Ley 12/2011, de 27 de mayo, sobre responsabilidad civil por daños nucleares o producidos por materiales radiactivos.

2. La documentación, valoración y transmisión de las aportaciones dinerarias serán instrumentadas electrónicamente. El notario, sin perjuicio de la calificación registral, conforme a las reglas generales, comprobará, asimismo, cuando sea necesario, que se ha acreditado la realidad y, en su caso, la valoración de las aportaciones efectuadas al capital social de la sociedad.

3. No obstante, de acuerdo con lo establecido en el apartado 2 del artículo 62 no será necesario acreditar la realidad de las aportaciones dinerarias en la constitución de sociedades de responsabilidad limitada si los fundadores manifiestan en la escritura que responderán solidariamente frente a la sociedad y frente a los acreedores sociales de la realidad de las mismas.

Art. 40 quáter. *Registro mercantil e inscripción.*—El Registro Mercantil competente para recibir la escritura pública de constitución y sus anexos documentales electrónicos será el del domicilio social de la sociedad que se constituya.

El procedimiento de constitución en línea, cuando se utilicen escrituras en formato estandarizado con campos codificados y estatutos tipo, se llevará a cabo en el plazo de las seis horas hábiles contadas desde el día siguiente al de la fecha del asiento de presentación o, en su caso, al de la fecha de devolución del documento retirado; a estos efectos se consideran horas hábiles las que queden comprendidas dentro del horario de apertura fijado para los registros. En los demás casos, la calificación e inscripción se llevará a cabo en un plazo máximo de cinco días laborables contados desde el siguiente al de la fecha del asiento de presentación o, en su caso, al de la fecha de devolución del documento retirado. Si la inscripción definitiva se practica vigente el asiento de presentación los efectos se retrotraerán a esta fecha.

En caso de existencia de causa justificada por razones técnicas o por especial complejidad del asunto que impida el cumplimento de dicho plazo, el Registrador mercantil deberá notificar esta circunstancia al interesado.

Art. 40 quinquies. *Excepciones.*—1. La constitución electrónica de la sociedad, en la observancia de los requisitos establecidos por los artículos precedentes, se llevará a cabo íntegramente en línea y sin necesidad de que los fundadores comparezcan presencialmente ante el notario. No obstante:

i) por razones de interés público y en orden a evitar cualquier falsificación de identidad, el notario podrá, a los efectos de comprobar la identidad exacta del fundador, requerir la comparecencia física del interesado por una sola vez.

ii) del mismo modo dicha comparecencia física podrá ser exigida por el notario en orden a la completa comprobación de la capacidad del otorgante y, en su caso, sus efectivos poderes de representación.

En estos supuestos, el notario deberá anexar a la escritura los motivos por los que se ha exigido la presencia de los comparecientes.

2. Esta presencia física no impedirá que las restantes etapas y elementos del procedimiento electrónico de constitución de la sociedad puedan ser completadas electrónicamente.

CAPÍTULO IV

LA CONSTITUCIÓN SUCESIVA DE LA SOCIEDAD ANÓNIMA

Art. 41. *Ámbito de aplicación.*—Siempre que con anterioridad al otorgamiento de la escritura de constitución de la sociedad anónima se haga

una promoción pública de la suscripción de las acciones por cualquier medio de publicidad o por la actuación de intermediarios financieros, se aplicarán las normas previstas en este título.

Art. 42. *Programa de fundación.*—1. En la fundación por suscripción pública, los promotores comunicarán a la Comisión Nacional del Mercado de Valores el proyecto de emisión y redactarán el programa de fundación, con las indicaciones que juzguen oportunas y necesariamente con las siguientes:

a) El nombre, apellidos, nacionalidad y domicilio de todos los promotores.

b) El texto literal de los estatutos que, en su caso, deban regir la sociedad.

c) El plazo y condiciones para la suscripción de las acciones y, en su caso, la entidad o entidades de crédito donde los suscriptores deberán desembolsar la suma de dinero que estén obligados a entregar para suscribirlas. Deberá mencionarse expresamente si los promotores están o no facultados para, en caso de ser necesario, ampliar el plazo de suscripción.

Art. 42.1: V. art. 43.3 del presente T.R.

d) En el caso de que se proyecten aportaciones no dinerarias, en una o en varias veces, el programa hará mención suficiente de su naturaleza y valor, del momento o momentos en que deban efectuarse y, por último, del nombre o denominación social de los aportantes. En todo caso, se mencionará expresamente el lugar en que estarán a disposición de los suscriptores la memoria explicativa y el informe técnico sobre la valoración de las aportaciones no dinerarias previsto en esta ley.

e) El Registro Mercantil en el que se efectúe el depósito del programa de fundación y del folleto informativo de la emisión de acciones.

f) El criterio para reducir las suscripciones de acciones en proporción a las efectuadas, cuando el total de aquéllas rebase el valor o cuantía del capital, o la posibilidad de constituir la sociedad por el total valor suscrito, sea éste superior o inferior al anunciado en el programa de fundación.

2. El programa de fundación terminará con un extracto en el que se resumirá su contenido.

Art. 43. *Depósito del programa.*—1. Los promotores, antes de realizar cualquier publicidad de la sociedad proyectada, deberán aportar a la Comisión Nacional del Mercado de Valores una copia completa del programa de fundación a la que acompañarán un informe técnico sobre la viabilidad de la sociedad proyectada y los documentos que recojan las características de las acciones a emitir y los derechos que se reconocen a sus suscriptores. Asimismo aportarán un folleto informativo, cuyo contenido se ajustará a lo previsto por la normativa reguladora del mercado de valores.

El programa deberá ser suscrito por todos los promotores, cuyas firmas habrán de legitimarse notarialmente. El folleto habrá de ser suscrito, además, por los intermediarios financieros que, en su caso, se encarguen de la colocación y aseguramiento de la emisión.

2. Los promotores deberán asimismo depositar en el Registro Mercantil un ejemplar impreso del programa de fundación y del folleto informativo. A tales documentos acompañarán el certificado de su depósito previo ante la Comisión Nacional del Mercado de Valores.

Por medio del *Boletín Oficial del Registro Mercantil* se hará público tanto el hecho del depósito de los indicados documentos como la posibilidad de su consulta en la Comisión Nacional del Mercado de Valores o en el propio Registro Mercantil y un extracto de su contenido.

3. En toda publicidad de la sociedad proyectada se mencionarán las oficinas de la Comisión del Mercado de Valores y del Registro Mercantil en que se ha efectuado el depósito del programa de fundación y del folleto informativo, así como las entidades de crédito mencionadas en la letra *c*) del apartado primero del artículo anterior en las que se hallarán a disposición del público que desee suscribir acciones ejemplares impresos del folleto informativo.

Art. 44. *Suscripción y desembolso de acciones.*—1. La suscripción de acciones, que no podrá modificar las condiciones del programa de fundación y del folleto informativo, deberá realizarse dentro del plazo fijado en el mismo, o del de su prórroga, si la hubiere, previo desembolso de un 25 por 100, al menos, del importe nominal de cada una de ellas, que deberá depositarse a nombre de la sociedad en la entidad o entidades de crédito que al efecto se designen. Las aportaciones no dinerarias, en caso de haberlas, se efectuarán en la forma prevista en el programa de fundación.

2. Los promotores, en el plazo de un mes contado desde el día en que finalizó el de suscripción, formalizarán ante notario la lista definitiva de suscriptores, mencionando expresamente el número de acciones que a cada uno corresponda, su clase y serie, de existir varias, y su valor nominal, así como la entidad o entidades de crédito donde figuren depositados a nombre de la sociedad el total de los desembolsos recibidos de los suscriptores. A tal efecto, entregarán al fedatario autorizante los justificantes de dichos extremos.

Art. 45. *Indisponibilidad de las aportaciones.*—Las aportaciones serán indisponibles hasta que la sociedad quede inscrita en el Registro Mercantil, salvo para los gastos de notaría, de registro y fiscales que sean imprescindibles para la inscripción.

Art. 46. *Boletín de suscripción.*—1. La suscripción de acciones se hará constar en un documento que, mencionando la expresión «boletín de suscripción», se extenderá por duplicado y contendrá, al menos, las siguientes indicaciones:

a) La denominación de la futura sociedad y la referencia a la Comisión Nacional del Mercado de Valores y al Registro Mercantil donde se hayan depositado el programa de fundación y el folleto informativo, así como la indicación del *Bo-*

letín *Oficial del Registro Mercantil* en el que se haya publicado su extracto.

b) El nombre y apellidos o la razón o denominación social, la nacionalidad y el domicilio del suscriptor.

c) El número de acciones que suscribe, el valor nominal de cada una de ellas y su clase y serie, si existiesen varias.

d) El importe del valor nominal desembolsado.

e) La expresa aceptación por parte del suscriptor del contenido del programa de fundación.

f) La identificación de la entidad de crédito en la que, en su caso, se verifiquen las suscripciones y se desembolsen los importes mencionados en el boletín de suscripción.

g) La fecha y firma del suscriptor.

2. Un ejemplar del boletín de suscripción quedará en poder de los promotores, entregándose un duplicado al suscriptor con la firma de uno de los promotores, al menos, o la de la entidad de crédito autorizada por éstos para admitir las suscripciones.

Art. 47. *Convocatoria de la junta constituyente.*—1. En el plazo máximo de seis meses contados a partir del depósito del programa de fundación y del folleto informativo en el Registro Mercantil, los promotores convocarán mediante carta certificada y con quince días de antelación, como mínimo, a cada uno de los suscriptores de las acciones para que concurran a la junta constituyente, que deliberará en especial sobre los siguientes extremos:

a) Aprobación de las gestiones realizadas hasta entonces por los promotores.

b) Aprobación de los estatutos sociales.

c) Aprobación del valor que se haya dado a las aportaciones no dinerarias, si las hubiere.

d) Aprobación de los beneficios particulares reservados a los promotores, si los hubiere.

e) Nombramiento de las personas encargadas de la administración de la sociedad.

f) Designación de la persona o personas que deberán otorgar la escritura fundacional de la sociedad.

2. En el orden del día de la convocatoria se habrán de transcribir, como mínimo, todos los asuntos anteriormente expuestos. La convocatoria habrá de publicarse, además, en el *Boletín Oficial del Registro Mercantil.*

Art. 48. *Junta constituyente.*—1. La junta estará presidida por el promotor que aparezca como primer firmante del programa de fundación y, en su ausencia, por el que elijan los restantes promotores. Actuará de secretario el suscriptor que elijan los asistentes.

2. Para que la junta pueda constituirse válidamente, deberá concurrir a ella, en nombre propio o ajeno, un número de suscriptores que represente, al menos, la mitad del capital suscrito. La representación para asistir y votar se regirá por lo establecido en esta ley.

3. Antes de entrar en el orden del día se confeccionará la lista de suscriptores presentes en la forma prevista en esta ley.

Art. 49. *Adopción de acuerdos.*—1. Cada suscriptor tendrá derecho a los votos que le correspondan con arreglo a su aportación.

2. Los acuerdos se tomarán por una mayoría integrada, al menos, por la cuarta parte de los suscriptores concurrentes a la junta, que representen, como mínimo, la cuarta parte del capital suscrito.

En el caso de que pretendan reservarse derechos especiales para los promotores o de que existan aportaciones no dinerarias, los interesados no podrán votar en los acuerdos que deban aprobarlas. En estos dos

supuestos bastará la mayoría de los votos restantes para la adopción de acuerdos.

3. Para modificar el contenido del programa de fundación será necesario el voto unánime de todos los suscriptores concurrentes.

Art. 50. *Acta de la junta constituyente.*—Las condiciones de constitución de la junta, los acuerdos adoptados por ésta y las protestas formuladas en ella se harán constar en un acta firmada por el suscriptor que ejerza las funciones de secretario, con el visto bueno del presidente.

Art. 51. *Escritura e inscripción en el Registro Mercantil.*—1. En el mes siguiente a la celebración de la junta, las personas que hayan sido designadas al efecto otorgarán escritura pública de constitución de la sociedad, con sujeción a los acuerdos adoptados por la junta y a los demás documentos justificativos.

2. Los otorgantes tendrán las facultades necesarias para hacer la presentación de la escritura, tanto en el Registro Mercantil como en el de la Propiedad y en el de Bienes Muebles, y para solicitar o practicar la li-

---

Art. 51: V. art. 52 del presente T.R.

quidación y hacer el pago de los impuestos y gastos respectivos.

3. La escritura será, en todo caso, presentada para su inscripción en el Registro Mercantil del domicilio de la sociedad dentro de los dos meses siguientes a su otorgamiento.

Art. 52. *Responsabilidad de los otorgantes.*—Si hubiese retraso en el otorgamiento de la escritura de constitución o en su presentación a inscripción en el Registro Mercantil, las personas a que se refiere el artículo anterior responderán solidariamente de los daños y perjuicios causados.

Art. 53. *Obligaciones anteriores a la inscripción.*—1. Los promotores responderán solidariamente de las obligaciones asumidas frente a terceros con la finalidad de constituir la sociedad.

2. Una vez inscrita, la sociedad asumirá las obligaciones contraídas legítimamente por los promotores y les reembolsará de los gastos realizados, siempre que su gestión haya sido aprobada por la junta constituyente o que los gastos hayan sido necesarios.

3. Los promotores no podrán exigir estas responsabilidades de los simples suscriptores, a menos que éstos hayan incurrido en dolo o culpa.

Art. 54. *Responsabilidad de los promotores.*—Los promotores responderán solidariamente frente a la sociedad y frente a terceros de la realidad y exactitud de las listas de suscripción que han de presentar a la junta constituyente; de los desembolsos iniciales exigidos en el programa de fundación y de su adecuada inversión; de la veracidad de las declaraciones contenidas en dicho programa y en el folleto informativo, y de la realidad y la efectiva entrega a la sociedad de las aportaciones no dinerarias.

Art. 55. *Consecuencias de la no inscripción.*—En todo caso, transcurrido un año desde el depósito del programa de fundación y del folleto informativo en el Registro Mercantil sin haberse procedido a inscribir la escritura de constitución, los suscriptores podrán exigir la restitución de las aportaciones realizadas con los frutos que hubieran producido.

CAPÍTULO V

LA NULIDAD DE LA SOCIEDAD

Art. 56. *Causas de nulidad.*—1. Una vez inscrita la sociedad, la acción de nulidad sólo podrá ejercitarse por las siguientes causas:

a) Por no haber concurrido en el acto constitutivo la voluntad efectiva de, al menos, dos socios fundadores, en el caso de pluralidad de éstos o del socio fundador cuando se trate de sociedad unipersonal.

b) Por la incapacidad de todos los socios fundadores.

c) Por no expresarse en la escritura de constitución las aportaciones de los socios.

d) Por no expresarse en los estatutos la denominación de la sociedad.

e) Por no expresarse en los estatutos el objeto social o ser éste ilícito o contrario al orden público.

f) Por no expresarse en los estatutos la cifra del capital social.

g) Por no haberse desembolsado íntegramente el capital social, en las sociedades de responsabilidad limitada; y por no haberse realizado el desembolso mínimo exigido por la ley, en las sociedades anónimas.

2. Fuera de los casos enunciados en el apartado anterior no podrá declararse la inexistencia ni la nulidad de la sociedad ni tampoco declararse su anulación.

Art. 57. *Efectos de la declaración de nulidad.*—1. La sentencia que declare la nulidad de la sociedad abre su liquidación, que se seguirá por el procedimiento previsto en la presente ley para los casos de disolución.

2. La nulidad no afectará a la validez de las obligaciones o de los créditos de la sociedad frente a terceros, ni a la de los contraídos por éstos frente a la sociedad, sometiéndose unas y otros al régimen propio de la liquidación.

3. En las sociedades de responsabilidad limitada, cuando la sociedad sea declarada nula por no haberse desembolsado íntegramente el capital social, los socios estarán obligados a desembolsar la parte que hubiera quedado pendiente. En las sociedades anónimas, cuando el pago a terceros de las obligaciones contraídas por la sociedad declarada nula así lo exija, los socios estarán obligados a desembolsar la parte que hubiera quedado pendiente.

Art. 56.1.f): Letra redactada conforme al art. 1.ºtres de la Ley 25/2011, de 1 de agosto, de reforma parcial de la Ley de Sociedades de Capital y de incorporación de la Directiva 2007/36/CE del Parlamento Europeo y del Consejo, de 11 de julio, sobre el ejercicio de determinados derechos de los accionistas de sociedades cotizadas (*B.O.E.* núm. 184, de 2 de agosto).

TÍTULO III

Las aportaciones sociales

CAPÍTULO PRIMERO

LAS APORTACIONES
SOCIALES

SECCIÓN 1.ª

Disposiciones generales

Art. 58. *Objeto de la aportación.*—1. En las sociedades de capital sólo podrán ser objeto de aportación los bienes o derechos patrimoniales susceptibles de valoración económica.

2. En ningún caso podrán ser objeto de aportación el trabajo o los servicios.

Art. 59. *Efectividad de la aportación.*—1. Será nula la creación de participaciones sociales y la emisión de acciones que no respondan a una efectiva aportación patrimonial a la sociedad.

2. No podrán crearse participaciones o emitirse acciones por una cifra inferior a la de su valor nominal.

Art. 60. *Título de la aportación.*—Toda aportación se entiende realizada a título de propiedad, salvo que expresamente se estipule de otro modo.

SECCIÓN 2.ª

*Aportaciones dinerarias
y aportaciones
no dinerarias*

Subsección 1.ª

Aportaciones dinerarias

Art. 61. *Aportaciones dinerarias.*—1. Las aportaciones dinerarias deberán establecerse en euros.

2. Si la aportación fuese en otra moneda, se determinará su equivalencia en euros con arreglo a la ley.

Art. 62. *Acreditación de la realidad de las aportaciones.*—1. Ante el notario autorizante de la escritura de constitución

---

Art. 62: Redactado de nuevo por la Ley 11/2018, de 28 de diciembre, por la que se modifica el Código de Comercio, el texto refundido de la Ley de Sociedades de Capital aprobado por el Real Decreto Legislativo 1/2010, de 2 de julio, y la Ley 22/2015, de 20 de julio, de Auditoría de Cuentas, en materia de información no financiera y diversidad (*B.O.E.* núm. 314, de 29 de diciembre de 2018).

o de ejecución de aumento del capital social o, en el caso de las sociedades anónimas, de aquellas escrituras en las que consten los sucesivos desembolsos, deberá acreditarse la realidad de las aportaciones dinerarias mediante certificación del depósito de las correspondientes cantidades a nombre de la sociedad en entidad de crédito, que el notario incorporará a la escritura, o mediante su entrega para que aquél lo constituya a nombre de ella.

2. No obstante lo anterior, no será necesario acreditar la realidad de las aportaciones dinerarias en la constitución de sociedades de responsabilidad limitada si los fundadores manifiestan en la escritura que responderán solidariamente frente a la sociedad y frente a los acreedores sociales de la realidad de las mismas.

3. La vigencia de la certificación será de dos meses a contar de su fecha.

4. En tanto no transcurra el período de vigencia de la certificación, la cancelación del depósito por quien lo hubiera constituido exigirá la previa devolución de la certificación a la entidad de crédito emisora.

Subsección 2.ª

Aportaciones no dinerarias

Art. 63. *Aportaciones no dinerarias.*—En la escritura de constitución o en la de ejecución del aumento del capital social deberán describirse las aportaciones no dinerarias con sus datos registrales si existieran, la valoración en euros que se les atribuya, así como la numeración de las acciones o participaciones atribuidas.

Art. 64. *Aportación de bienes muebles o inmuebles.*—Si la aportación consistiese en bienes muebles o inmuebles o derechos asimilados a ellos, el aportante estará obligado a la entrega y saneamiento de la cosa objeto de la aportación en los términos establecidos por el Código Civil para el contrato de compraventa, y se aplicarán las reglas del Código de Comercio sobre el mismo contrato en materia de transmisión de riesgos.

Art. 65. *Aportación de derecho de crédito.*—Si la aportación consistiere en un derecho de crédito, el aportante responderá de la legitimidad de éste y de la solvencia del deudor.

Art. 64: Sobre entrega de la cosa vendida, v. arts. 1.462 a 1.473 del Código Civil; sobre saneamiento, v. arts. 1.474 a 1.499 del mismo cuerpo legal.

Art. 66. *Aportación de empresa.*—1. Si se aportase una empresa o establecimiento, el aportante quedará obligado al saneamiento de su conjunto, si el vicio o la evicción afectasen a la totalidad o a alguno de los elementos esenciales para su normal explotación.

2. También procederá el saneamiento individualizado de aquellos elementos de la empresa aportada que sean de importancia por su valor patrimonial.

CAPÍTULO II

LA VALORACIÓN
DE LAS APORTACIONES
NO DINERARIAS
EN LA SOCIEDAD ANÓNIMA

Art. 67. *Informe del experto.*—1. En la constitución o en los aumentos de capital de las sociedades anónimas, las aportaciones no dinerarias, cualquiera que sea su naturaleza, habrán de ser objeto de un informe elaborado por uno o varios expertos independientes con competencia profesional, designados por el registrador mercantil del domicilio social conforme al procedimiento que reglamentariamente se determine.

2. El informe contendrá la descripción de la aportación, con sus datos registrales, si existieran, y la valoración de la aportación, expresando los criterios utilizados y si se corresponde con el valor nominal y, en su caso, con la prima de emisión de las acciones que se emitan como contrapartida.

3. El valor que se dé a la aportación en la escritura social no podrá ser superior a la valoración realizada por los expertos.

Art. 68. *Responsabilidad del experto.*—1. El experto responderá frente a la sociedad, frente a los accionistas y frente a los acreedores de los daños causados por la valoración, y quedará exonerado si

---

Art. 67: V. art. 401.2 (párr. 3.º) del presente T.R. También, v. art. 14 del Real Decreto-ley 13/2010, de 3 de diciembre, de actuaciones en el ámbito fiscal, laboral y liberalizadoras para fomentar la inversión y la creación de empleo (*B.O.E.* núm. 293, de 3 de diciembre); Instrucción de 18 de mayo de 2011, de la Dirección General de los Registros y del Notariado, sobre constitución de sociedades mercantiles y convocatoria de Junta General, en aplicación del Real Decreto-ley 13/2010, de 3 de diciembre (*B.O.E.* núm. 124, de 25 de mayo), e Instrucción de 27 de mayo de 2011, de la Dirección General de los Registros y del Notariado, por la que se corrige la de 18 de mayo de 2011, sobre constitución de sociedades mercantiles y convocatoria de Junta General, en aplicación del Real Decreto-ley 13/2010, de 3 de diciembre (*B.O.E.* núm. 127, de 28 de mayo).

Art. 68: V. art. 401.2 (párr. 3.º) del presente T.R.

acredita que ha aplicado la diligencia y los estándares propios de la actuación que le haya sido encomendada.

2. La acción para exigir esta responsabilidad prescribirá a los cuatro años de la fecha del informe.

Art. 69. *Excepciones a la exigencia del informe.*—El informe del experto no será necesario en los siguientes casos:

a) Cuando la aportación no dineraria consista en valores mobiliarios que coticen en un mercado secundario oficial o en otro mercado regulado o en instrumentos del mercado monetario. Estos bienes se valorarán al precio medio ponderado al que hubieran sido negociados en uno o varios mercados reguladosen el último trimestre anterior a la fecha de la realización efectiva de la aportación, de acuerdo con la certificación emitida por la sociedad rectora del mercado secundario oficial o del mercado regulado de que se trate.

Si ese precio se hubiera visto afectado por circunstancias excepcionales que hubieran podido modificar significativamente el valor de los bienes en la fecha efectiva de la aportación,

los administradores de la sociedad deberán solicitar el nombramiento de experto independiente para que emita informe.

b) Cuando la aportación consista en bienes distintos de los señalados en la letra anterior cuyo valor razonable se hubiera determinado, dentro de los seis meses anteriores a la fecha de la realización efectiva de la aportación, por experto independiente con competencia profesional no designado por las partes, de conformidad con los principios y las normas de valoración generalmente reconocidos para esos bienes.

Si concurrieran nuevas circunstancias que pudieran modificar significativamente el valor razonable de los bienes a la fecha de la aportación, los administradores de la sociedad deberán solicitar el nombramiento de experto independiente para que emita informe.

En este caso, si los administradores no hubieran solicitado el nombramiento de experto debiendo hacerlo, el accionista o los accionistas que representen, al menos, el 5 por 100 del capital social, el día en que se adopte el acuerdo de aumento del capital, podrán solicitar del registrador mercantil del domicilio social que, con

---

Art. 69: V. art. 401.2 (párr. 3.º) del presente T.R.

cargo a la sociedad, nombre un experto para que se efectúe la valoración de los activos. La solicitud podrán hacerla hasta el día de la realización efectiva de la aportación, siempre que en el momento de presentarla continúen representando al menos el 5 por 100 del capital social.

c) Cuando en la constitución de una nueva sociedad por fusión o escisión se haya elaborado un informe por experto independiente sobre el proyecto de fusión o escisión.

d) Cuando el aumento del capital social se realice con la finalidad de entregar las nuevas acciones o participaciones sociales a los socios de la sociedad absorbida o escindida y se hubiera elaborado un informe de experto independiente sobre el proyecto de fusión o escisión.

e) Cuando el aumento del capital social se realice con la finalidad de entregar las nuevas acciones a los accionistas de la sociedad que sea objeto de una oferta pública de adquisición de acciones.

Art. 70. *Informe sustitutivo de los administradores.*—Cuando

las aportaciones no dinerarias se efectuaran sin informe de expertos independientes designados por el Registro Mercantil, los administradores elaborarán un informe que contendrá:

a) La descripción de la aportación.

b) El valor de la aportación, el origen de esa valoración y, cuando proceda, el método seguido para determinarla.

Si la aportación hubiera consistido en valores mobiliarios cotizados en mercado secundario oficial o del mercado regulado del que se trate o en instrumentos del mercado monetario, se unirá al informe la certificación emitida por su sociedad rectora.

c) Una declaración en la que se precise si el valor obtenido corresponde, como mínimo, al número y al valor nominal y, en su caso, a la prima de emisión de las acciones emitidas como contrapartida.

d) Una declaración en la que se indique que no han aparecido circunstancias nuevas que puedan afectar a la valoración inicial.

Art. 71. *Publicidad de los informes.*—1. Una copia au-

Art. **69.c), d) y e):** Letras añadidas conforme al art. 1.°dos de la Ley 1/2012, de 22 de junio, de simplificación de las obligaciones de información y documentación de fusiones y escisiones de sociedades de capital (*B.O.E.* núm. 150, de 23 de junio).

Art. **70:** V. art. 401.2 (párr. 3.°) del presente T.R.

Art. **71:** V. arts. 72.2 y 401.2 (párr. 3.°) del presente T.R.

tenticada del informe del experto o, en su caso, del informe de los administradores deberá depositarse en el Registro Mercantil en el plazo máximo de un mes a partir de la fecha efectiva de la aportación.

2. El informe del experto o, en su caso, el informe de los administradores, se incorporará como anexo a la escritura de constitución de la sociedad o a la de ejecución del aumento del capital social.

Art. 72. *Adquisiciones onerosas.*—1. Las adquisiciones de bienes a título oneroso realizadas por una sociedad anónima desde el otorgamiento de la escritura de constitución o de transformación en este tipo social y hasta dos años de su inscripción en el Registro Mercantil habrán de ser aprobadas por la junta general de accionistas si el importe de aquéllas fuese, al menos, de la décima parte del capital social.

2. Con la convocatoria de la junta deberá ponerse a disposición de los accionistas un informe elaborado por los administradores que justifique la adquisición, así como el exigido en este capítulo para la valoración de las aportaciones no dinerarias. Será de aplicación lo previsto en el artículo anterior.

3. No será de aplicación lo dispuesto en los apartados anteriores a las adquisiciones comprendidas en las operaciones ordinarias de la sociedad ni a las que se verifiquen en mercado secundario oficial o en subasta pública.

CAPÍTULO III

LA RESPONSABILIDAD POR LAS APORTACIONES NO DINERARIAS

SECCIÓN 1.ª

Régimen de responsabilidad en las sociedades de responsabilidad limitada

Art. 73. *Responsabilidad solidaria.*—1. Los fundadores, las personas que ostentaran la condición de socio en el

---

Art. 72: V. art. 401.2 (párr. 3.º) del presente T.R.

Art. 72.1: Redactado conforme al art. 1.ºcuatro de la Ley 25/2011, de 1 de agosto, de reforma parcial de la Ley de Sociedades de Capital y de incorporación de la Directiva 2007/36/CE del Parlamento Europeo y del Consejo, de 11 de julio, sobre el ejercicio de determinados derechos de los accionistas de sociedades cotizadas (*B.O.E.* núm. 184, de 2 de agosto).

Art. 73: V. art. 76 del presente T.R.

momento de acordarse el aumento de capital y quienes adquieran alguna participación desembolsada mediante aportaciones no dinerarias, responderán solidariamente frente a la sociedad y frente a los acreedores sociales de la realidad de dichas aportaciones y del valor que se les haya atribuido en la escritura.

La responsabilidad de los fundadores alcanzará a las personas por cuya cuenta hayan obrado éstos.

2. Si la aportación se hubiera efectuado como contravalor de un aumento del capital social, quedarán exentos de esta responsabilidad los socios que hubiesen hecho constar en acta su oposición al acuerdo o a la valoración atribuida a la aportación.

3. En caso de aumento del capital social con cargo a aportaciones no dinerarias, además de las personas a que se refiere el apartado primero, también responderán solidariamente los administradores por la diferencia entre la valoración que hubiesen realizado y el valor real de las aportaciones.

Art. 74. *Legitimación para el ejercicio de la acción de res-*ponsabilidad.—1. La acción de responsabilidad deberá ser ejercitada por los administradores o por los liquidadores de la sociedad. Para el ejercicio de la acción no será preciso el previo acuerdo de la sociedad.

2. La acción de responsabilidad podrá ser ejercitada, además, por cualquier socio que hubiera votado en contra del acuerdo siempre que represente, al menos, el 5 por 100 de la cifra del capital social y por cualquier acreedor en caso de insolvencia de la sociedad.

Art. 75. *Prescripción de la acción.*—La responsabilidad frente a la sociedad y frente a los acreedores sociales a que se refiere esta sección prescribirá a los cinco años a contar del momento en que se hubiera realizado la aportación.

Art. 76. *Exclusión del régimen legal de responsabilidad.*—Los socios cuyas aportaciones no dinerarias sean sometidas a valoración pericial conforme a lo previsto para las sociedades anónimas quedan excluidos de la responsabilidad solidaria a que se refieren los artículos anteriores.

Art. 74: V. art. 76 del presente T.R.
Art. 75: V. art. 76 del presente T.R.

SECCIÓN 2.ª

*Régimen de responsabilidad
en las sociedades
anónimas*

Art. 77. *Responsabilidad
solidaria.*—Los fundadores
responderán solidariamente
frente a la sociedad, los accionistas y los terceros de la realidad de las aportaciones sociales y de la valoración de las no
dinerarias.

La responsabilidad de los
fundadores alcanzará a las personas por cuya cuenta hayan
obrado éstos.

CAPÍTULO IV

EL DESEMBOLSO

SECCIÓN 1.ª

Reglas generales

Art. 78. *El desembolso del
valor nominal de las participaciones sociales.*—Las participaciones sociales en que se divida el capital de la sociedad
de responsabilidad limitada
deberán estar íntegramente
asumidas por los socios, e íntegramente desembolsado el
valor nominal de cada una de
ellas en el momento de otorgar la escritura de constitución de la sociedad o de ejecución del aumento del capital
social.

Art. 79. *El desembolso mínimo del valor nominal de las
acciones.*—Las acciones en que
se divida el capital de la sociedad anónima deberán estar íntegramente suscritas por los socios, y desembolsado, al menos,
en una cuarta parte el valor nominal de cada una de ellas en el
momento de otorgar la escritura de constitución de la sociedad o de ejecución del aumento
del capital social.

Art. 80. *Aportaciones no dinerarias aplazadas.*—1. En
las sociedades anónimas, en
caso de desembolso parcial de
las acciones suscritas, la escritura deberá expresar si los futuros desembolsos se efectuarán en metálico o en nuevas
aportaciones no dinerarias. En
este último caso, se determinará en la escritura su naturaleza,
valor y contenido, la forma y el
procedimiento de efectuarlas,
con mención expresa del plazo
de su desembolso.

2. El plazo de desembolso
con cargo a aportaciones no dinerarias no podrá exceder de
cinco años desde la constitución
de la sociedad o del acuerdo de
aumento del capital social.

3. El informe del experto o,
en su caso, el informe de los administradores se incorporará

como anejo a la escritura en la que conste la realización de los desembolsos aplazados.

SECCIÓN 2.^a

Los desembolsos pendientes

Art. 81. *Los desembolsos pendientes.*—1. En las sociedades anónimas, el accionista deberá aportar a la sociedad la porción de capital que hubiera quedado pendiente de desembolso en la forma y dentro del plazo previsto por los estatutos sociales.

2. La exigencia del pago de los desembolsos pendientes se notificará a los afectados o se anunciará en el *Boletín Oficial del Registro Mercantil*. Entre la fecha del envío de la comunicación o la del anuncio y la fecha del pago deberá mediar, al menos, el plazo de un mes.

Art. 82. *Mora del accionista.*—Se encuentra en mora el accionista una vez vencido el plazo fijado por los estatutos sociales para el pago de la porción de capital no desembolsada o el acordado o decidido por los administradores de la sociedad, conforme a lo establecido en el artículo anterior.

Art. 83. *Efectos de la mora.*—1. El accionista que se hallare en mora en el pago de los desembolsos pendientes no podrá ejercitar el derecho de voto. El importe de sus acciones será deducido del capital social para el cómputo del quórum.

2. Tampoco tendrá derecho el socio moroso a percibir dividendos ni a la suscripción preferente de nuevas acciones ni de obligaciones convertibles.

Una vez abonado el importe de los desembolsos pendientes junto con los intereses adeudados podrá el accionista reclamar el pago de los dividendos no prescritos, pero no podrá reclamar la suscripción preferente, si el plazo para su ejercicio ya hubiere transcurrido.

Art. 84. *Reintegración de la sociedad.*—1. Cuando el accionista se halle en mora, la sociedad podrá, según los casos y atendida la naturaleza de la aportación no efectuada, reclamar el cumplimiento de la obligación de desembolso, con abono del interés legal y de los daños y perjuicios causados por la morosidad o enajenar las acciones por cuenta y riesgo del socio moroso.

Art. 81: V. art. 82 del presente T.R.

2. Cuando haya de procederse a la venta de las acciones, la enajenación se verificará por medio de un miembro del mercado secundario oficial en el que estuvieran admitidas a negociación, o por medio de fedatario público en otro caso, y llevará consigo, si procede, la sustitución del título originario por un duplicado.

Si la venta no pudiese efectuarse, la acción será amortizada, con la consiguiente reducción del capital, quedando en beneficio de la sociedad las cantidades ya desembolsadas.

Art. 85. *Responsabilidad en la transmisión de acciones no liberadas.*—1. El adquirente de acción no liberada responde solidariamente con todos los transmitentes que le precedan, y a elección de los administradores de la sociedad, del pago de la parte no desembolsada.

2. La responsabilidad de los transmitentes durará tres años, contados desde la fecha de la respectiva transmisión. Cualquier pacto contrario a la responsabilidad solidaria así determinada será nulo.

3. El adquirente que pague podrá reclamar la totalidad de lo pagado de los adquirentes posteriores.

CAPÍTULO V
LAS PRESTACIONES ACCESORIAS

Art. 86. *Carácter estatutario.*—1. En los estatutos de las sociedades de capital podrán establecerse prestaciones accesorias distintas de las aportaciones, expresando su contenido concreto y determinado y si se han de realizar gratuitamente o mediante retribución, así como las eventuales cláusulas penales inherentes a su incumplimiento.

2. En ningún caso las prestaciones accesorias podrán integrar el capital social.

3. Los estatutos podrán establecerlas con carácter obligatorio para todos o algunos de los socios o vincular la obligación de realizar las prestaciones accesorias a la titularidad de una o varias participaciones sociales o acciones concretamente determinadas.

Art. 87. *Prestaciones accesorias retribuidas.*—1. En el caso de que las prestaciones accesorias sean retribuidas los estatutos determinarán la compensación que hayan de recibir los socios que las realicen.

2. La cuantía de la retribución no podrá exceder en ningún caso del valor que corresponda a la prestación.

Art. 88. *Transmisión de participaciones o de acciones con prestación accesoria.*—1. Será necesaria la autorización de la sociedad para la transmisión voluntaria por actos *inter vivos* de cualquier participación o acción perteneciente a un socio personalmente obligado a realizar prestaciones accesorias y para la transmisión de aquellas concretas participaciones sociales o acciones que lleven vinculada la referida obligación.

2. Salvo disposición contraria de los estatutos, en las sociedades de responsabilidad limitada la autorización será competencia de la junta general; y, en las sociedades anónimas, de los administradores.

En cualquier caso, transcurrido el plazo de dos meses desde que se hubiera presentado la solicitud de autorización sin que la sociedad haya contestado a la misma, se considerará que la autorización ha sido concedida.

Art. 89. *Modificación de la obligación de realizar prestaciones accesorias.*—1. La creación, la modificación y la extinción anticipada de la obligación de realizar prestaciones accesorias deberá acordarse con los requisitos previstos para la modificación de los estatutos y requerirá, además, el consentimiento individual de los obligados.

2. Salvo disposición contraria de los estatutos, la condición de socio no se perderá por la falta de realización de las prestaciones accesorias por causas involuntarias.

TÍTULO IV

Participaciones sociales y acciones

CAPÍTULO PRIMERO

Disposiciones generales

Art. 90. *Participaciones sociales y acciones.*—Las participaciones sociales en la sociedad de responsabilidad limitada y las acciones en la sociedad anónima son partes alícuotas, indivisibles y acumulables del capital social.

Art. 91. *Atribución de la condición de socio.*—Cada participación social y cada acción confieren a su titular legítimo la condición de socio y le atribuyen los derechos reconocidos en esta ley y en los estatutos.

Art. 92. *La acción como valor mobiliario.*—1. Las acciones podrán estar representadas por medio de títulos o por medio de anotaciones en cuenta. En uno y otro caso tendrán la consideración de valores mobiliarios.

2. Las participaciones sociales no podrán estar representadas por medio de títulos o de anotaciones en cuenta, ni denominarse acciones, y en ningún caso tendrán el carácter de valores.

CAPÍTULO II

Los derechos del socio

SECCIÓN 1.ª

Los derechos del socio

Art. 93. *Derechos del socio.*—En los términos establecidos en esta ley, y salvo los casos en ella previstos, el socio tendrá, como mínimo, los siguientes derechos:

a) El de participar en el reparto de las ganancias sociales y en el patrimonio resultante de la liquidación.

b) El de asunción preferente en la creación de nuevas participaciones o el de suscripción preferente en la emisión de nuevas acciones o de obligaciones convertibles en acciones.

c) El de asistir y votar en las juntas generales y el de impugnar los acuerdos sociales.

d) El de información.

Art. 94. *Diversidad de derechos.*—1. Las participaciones sociales y las acciones atribuyen a los socios los mismos derechos, con las excepciones establecidas al amparo de la ley.

Las participaciones sociales y las acciones pueden otorgar derechos diferentes. Las acciones que tengan el mismo contenido de derechos constituyen una misma clase. Cuando dentro de una clase se constituyan varias series, todas las que integren una serie deberán tener igual valor nominal.

2. Para la creación de participaciones sociales y la emisión de acciones que confieran algún privilegio frente a las ordinarias, habrán de observarse las formalidades prescritas para la modificación de estatutos.

Art. 95. *Privilegio en el reparto de las ganancias sociales.*—1. Cuando el privilegio consista en el derecho a obtener un dividendo preferente, las demás participaciones sociales o acciones no podrán recibir dividendos con cargo a los beneficios mientras no haya sido satis-

---

Art. 95: V. Disp. Adic. 7.ª (párr. 2.º) del presente T.R.

fecho el dividendo privilegiado correspondiente al ejercicio.

2. La sociedad, salvo que sus estatutos dispongan otra cosa, estará obligada a acordar el reparto de ese dividendo si existieran beneficios distribuibles.

3. Los estatutos habrán de establecer las consecuencias de la falta de pago total o parcial del dividendo preferente, si éste tiene o no carácter acumulativo en relación a los dividendos no satisfechos, así como los eventuales derechos de los titulares de estas participaciones o acciones privilegiadas en relación a los dividendos que puedan corresponder a las demás.

Art. 96. *Prohibiciones en materia de privilegio.*—1. No es válida la creación de participaciones sociales ni la emisión de acciones con derecho a percibir un interés, cualquiera que sea la forma de su determinación.

2. No podrán emitirse acciones que de forma directa o indirecta alteren la proporcionalidad entre el valor nominal y el derecho de voto o el derecho de preferencia.

3. No podrán crearse participaciones sociales que de forma directa o indirecta alteren la proporcionalidad entre

el valor nominal y el derecho de preferencia.

Art. 97. *Igualdad de trato.*—La sociedad deberá dar un trato igual a los socios que se encuentren en condiciones idénticas.

SECCIÓN 2.ª

Participaciones sociales y acciones sin voto*

Art. 98. *Creación o emisión.*—Las sociedades de responsabilidad limitada podrán crear participaciones sociales sin derecho de voto por un importe nominal no superior a la mitad del capital y las sociedades anónimas podrán emitir acciones sin derecho de voto por un importe nominal no superior a la mitad del capital social desembolsado.

Art. 99. *Dividendo preferente.*—1. Los titulares de participaciones sociales y las acciones sin voto tendrán derecho a percibir el dividendo anual mínimo, fijo o variable, que establezcan los estatutos sociales. Una vez acordado el dividendo mínimo, sus titulares tendrán derecho al

---

* V. art. 499.1 del presente T.R.
Art. 98: V. art. 102.1 del presente T.R.
Art. 99: V. art. 102.1 del presente T.R.

mismo dividendo que corresponda a las participaciones sociales o a las acciones ordinarias.

2. Existiendo beneficios distribuibles, la sociedad está obligada a acordar el reparto del dividendo mínimo a que se refiere el párrafo anterior.

3. De no existir beneficios distribuibles o de no haberlos en cantidad suficiente, la parte de dividendo mínimo no pagada deberá ser satisfecha dentro de los cinco ejercicios siguientes. Mientras no se satisfaga el dividendo mínimo, las participaciones y acciones sin voto tendrán este derecho en igualdad de condiciones que las ordinarias y conservando, en todo caso, sus ventajas económicas.

Art. 100. *Privilegio en caso de reducción de capital por pérdidas.*—1. Las participaciones sociales y las acciones sin voto no quedarán afectadas por la reducción del capital social por pérdidas, cualquiera que sea la forma en que se realice, sino cuando la reducción supere el valor nominal de las restantes. Si, como consecuencia de la reducción, el valor nominal de las participaciones sociales o de las acciones sin voto excediera de la mitad del capital social de la sociedad de responsabilidad limitada o del desembolsado en la anónima, deberá restablecerse esa proporción en el plazo máximo de dos años. En caso contrario, procederá la disolución de la sociedad.

2. Cuando en virtud de la reducción del capital se amorticen todas las participaciones sociales o todas las acciones ordinarias, las sin voto tendrán este derecho hasta que se restablezca la proporción prevista legalmente con las ordinarias.

Art. 101. *Privilegio en la cuota de liquidación.*—En el caso de liquidación de la sociedad, las participaciones sociales sin voto conferirán a su titular el derecho a obtener el reembolso de su valor antes de que se distribuya cantidad alguna a las restantes. En las sociedades anónimas el privilegio alcanzará al reembolso del valor desembolsado de las acciones sin voto.

Art. 102. *Otros derechos.*—1. Las participaciones sociales y las acciones sin voto atribuirán a sus titulares los demás derechos de las ordinarias, salvo lo dispuesto en los artículos anteriores.

2. Las acciones sin voto no podrán agruparse a los efectos

Art. 100: V. art. 102.1 del presente T.R.
Art. 101: V. art. 102.1 del presente T.R.

de la designación de vocales del Consejo de administración por el sistema de representación proporcional. El valor nominal de estas acciones no se tendrá en cuenta a efectos del ejercicio de ese derecho por los restantes accionistas.

3. Las participaciones sociales sin voto estarán sometidas a las normas estatutarias y supletorias legales sobre transmisión y derecho de asunción preferente.

Art. 103. *Modificaciones estatutarias lesivas.*—Toda modificación estatutaria que lesione directa o indirectamente los derechos de las participaciones sociales o de acciones sin voto exigirá el acuerdo de la mayoría de las participaciones sociales o de las acciones sin voto afectadas.

CAPÍTULO III

EL LIBRO-REGISTRO DE SOCIOS
Y EL RÉGIMEN
DE TRANSMISIÓN
DE LAS PARTICIPACIONES
EN LAS SOCIEDADES
DE RESPONSABILIDAD
LIMITADA

SECCIÓN 1.ª

El libro-registro de socios

Art. 104. *Libro-registro de socios.*—1. La sociedad limitada llevará un libro-registro de socios, en el que se harán constar la titularidad originaria y las sucesivas transmisiones, voluntarias o forzosas, de las participaciones sociales, así como la constitución de derechos reales y otros gravámenes sobre las mismas.

2. La sociedad sólo reputará socio a quien se halle inscrito en dicho libro.

3. En cada anotación se indicará la identidad y domicilio del titular de la participación o del derecho o gravamen constituido sobre aquélla.

4. La sociedad sólo podrá rectificar el contenido del libro-registro si los interesados no se hubieran opuesto a la rectificación en el plazo de un mes desde la notificación fehaciente del propósito de proceder a la misma.

Los datos personales de los socios podrán modificarse a su instancia, no surtiendo entre tanto efectos frente a la sociedad.

Art. 105. *Examen y certificación.*—1. Cualquier socio podrá examinar el libro-registro de socios, cuya llevanza y custodia corresponde al órgano de administración.

2. El socio y los titulares de derechos reales o de gravámenes sobre las participaciones sociales, tienen derecho a obte-

ner certificación de las participaciones, derechos o gravámenes registrados a su nombre.

Art. 106. *Documentación de las transmisiones.*—1. La transmisión de las participaciones sociales, así como la constitución del derecho real de prenda sobre las mismas, deberán constar en documento público.

La constitución de derechos reales diferentes del referido en el párrafo anterior sobre las participaciones sociales deberá constar en escritura pública.

2. El adquirente de las participaciones sociales podrá ejercer los derechos de socio frente a la sociedad desde que ésta tenga conocimiento de la transmisión o constitución del gravamen.

Art. 107. *Régimen de la transmisión voluntaria por actos* inter vivos.—1. Salvo disposición contraria de los estatutos, será libre la transmisión voluntaria de participaciones por actos *inter vivos* entre socios, así como la realizada en favor del cónyuge, ascendiente o descendiente del socio o en favor de

sociedades pertenecientes al mismo grupo que la transmitente. En los demás casos, la transmisión está sometida a las reglas y limitaciones que establezcan los estatutos y, en su defecto, las establecidas en esta ley.

2. A falta de regulación estatutaria, la transmisión voluntaria de participaciones sociales por actos *inter vivos* se regirá por las siguientes reglas:

a) El socio que se proponga transmitir su participación o participaciones deberá comunicarlo por escrito a los administradores, haciendo constar el número y características de las participaciones que pretende transmitir, la identidad del adquirente y el precio y demás condiciones de la transmisión.

b) La transmisión quedará sometida al consentimiento de la sociedad, que se expresará mediante acuerdo de la junta general, previa inclusión del asunto en el orden del día, adoptado por la mayoría ordinaria establecida por la ley.

c) La sociedad sólo podrá denegar el consentimiento si comunica al transmitente, por conducto notarial, la identidad de uno o varios socios o terceros que adquieran la totalidad de las participaciones. No será necesaria ninguna comunicación al transmitente si concurrió a la junta general donde se adoptaron dichos acuerdos. Los socios concurrentes a la junta general tendrán preferencia para la adquisición. Si son varios los socios concurrentes interesados en adquirir, se distribuirán las participaciones entre todos ellos a prorrata de su participación en el capital social.

Cuando no sea posible comunicar la identidad de uno o varios socios o terceros adquirentes de la totalidad de las participaciones, la junta general podrá acordar que sea la propia sociedad la que adquiera las participaciones que ningún socio o tercero aceptado por la Junta quiera adquirir, conforme a lo establecido en el artículo 140.

d) El precio de las participaciones, la forma de pago y las demás condiciones de la operación, serán las convenidas y comunicadas a la sociedad por el socio transmitente. Si el pago de la totalidad o de parte del precio estuviera aplazado en el proyecto de transmisión, para la adquisición de las participaciones será requisito previo que una entidad de crédito garantice el pago del precio aplazado.

En los casos en que la transmisión proyectada fuera a título oneroso distinto de la compraventa o a título gratuito, el precio de adquisición será el fijado de común acuerdo por las partes y, en su defecto, el valor razonable de las participaciones el día en que se hubiera comunicado a la sociedad el propósito de transmitir. Se entenderá por valor razonable el que determine un experto independiente, distinto al auditor de la sociedad, designado a tal efecto por los administradores de ésta.

En los casos de aportación a sociedad anónima o comanditaria por acciones, se entenderá por valor real de las participaciones el que resulte del informe elaborado por el experto independiente nombrado por el registrador mercantil.

e) El documento público de transmisión deberá otorgarse en el plazo de un mes a contar desde la comunicación por la sociedad de la identidad del adquirente o adquirentes.

f) El socio podrá transmitir las participaciones en las condiciones comunicadas a la sociedad, cuando hayan transcurrido tres meses desde que hubiera puesto en conocimiento de ésta su propósito de transmitir sin

---

Art. 107.2.d): Letra redactada conforme a la Disp. Final 4.ªuno de la Ley 22/2015, de 20 de julio, de Auditoría de Cuentas (*B.O.E.* núm. 173, de 21 de julio), con efectos desde el 1 de enero de 2016.

que la sociedad le hubiera comunicado la identidad del adquirente o adquirentes.

3. En los estatutos no podrá atribuirse al auditor de cuentas de la sociedad la fijación del valor que tuviera que determinarse a los efectos de su transmisión.

Art. 108. *Cláusulas estatutarias prohibidas.*—1. Serán nulas las cláusulas estatutarias que hagan prácticamente libre la transmisión voluntaria de las participaciones sociales por actos *inter vivos*.

2. Serán nulas las cláusulas estatutarias por las que el socio que ofrezca la totalidad o parte de sus participaciones quede obligado a transmitir un número diferente al de las ofrecidas.

3. Sólo serán válidas las cláusulas que prohíban la transmisión voluntaria de las participaciones sociales por actos *inter vivos*, si los estatutos reconocen al socio el derecho a separarse de la sociedad en cualquier momento. La incorporación de estas cláusulas a los estatutos sociales exigirá el consentimiento de todos los socios.

4. No obstante lo establecido en el apartado anterior, los estatutos podrán impedir la transmisión voluntaria de las participaciones por actos *inter vivos*, o el ejercicio del derecho de separación, durante un período de tiempo no superior a cinco años a contar desde la constitución de la sociedad, o para las participaciones procedentes de una ampliación de capital, desde el otorgamiento de la escritura pública de su ejecución.

Art. 109. *Régimen de la transmisión forzosa.*—1. El embargo de participaciones sociales, en cualquier procedimiento de apremio, deberá ser notificado inmediatamente a la sociedad por el juez o autoridad administrativa que lo haya decretado, haciendo constar la identidad del embargante así como las participaciones embargadas. La sociedad procederá a la anotación del embargo en el Libro registro de socios, remitiendo de inmediato a todos los socios copia de la notificación recibida.

2. Celebrada la subasta o, tratándose de cualquier otra forma de enajenación forzosa legalmente prevista, en el momento anterior a la adjudicación, quedará en suspenso la aprobación del remate y la ad-

─────────

Art. 109: V. art. 132.2 del presente T.R.

judicación de las participaciones sociales embargadas. El juez o la autoridad administrativa remitirán a la sociedad testimonio literal del acta de subasta o del acuerdo de adjudicación y, en su caso, de la adjudicación solicitada por el acreedor. La sociedad trasladará copia de dicho testimonio a todos los socios en el plazo máximo de cinco días a contar de la recepción del mismo.

3. El remate o la adjudicación al acreedor serán firmes transcurrido un mes a contar de la recepción por la sociedad del testimonio a que se refiere el apartado anterior. En tanto no adquieran firmeza, los socios y, en su defecto, y sólo para el caso de que los estatutos establezcan en su favor el derecho de adquisición preferente, la sociedad, podrán subrogarse en lugar del rematante o, en su caso, del acreedor, mediante la aceptación expresa de todas las condiciones de la subasta y la consignación íntegra del importe del remate o, en su caso, de la adjudicación al acreedor y de todos los gastos causados. Si la subrogación fuera ejercitada por varios socios, las participaciones se distribuirán entre todos a prorrata de sus respectivas partes sociales.

Art. 110. *Régimen de la transmisión* mortis causa.—1. La adquisición de alguna participación social por sucesión hereditaria confiere al heredero o legatario la condición de socio.

2. No obstante lo dispuesto en el apartado anterior, los estatutos podrán establecer a favor de los socios sobrevivientes, y, en su defecto, a favor de la sociedad, un derecho de adquisición de las participaciones del socio fallecido, apreciadas en el valor razonable que tuvieren el día del fallecimiento del socio, cuyo precio se pagará al contado. La valoración se regirá por lo dispuesto en esta ley para los casos de separación de socios y el derecho de adquisición habrá de ejercitarse en el plazo máximo de tres meses a contar desde la comunicación a la sociedad de la adquisición hereditaria.

Art. 111. *Régimen general de las transmisiones.*—El régimen de la transmisión de las participaciones sociales será el vigente en la fecha en que el socio hubiera comunicado a la sociedad el propósito de transmitir o, en su caso, en la fecha de fallecimiento del socio o en la de la adjudicación judicial o administrativa.

Art. 109.3: V. art. 140.1.*c*) del presente T.R.

Art. 112. *Ineficacia de las transmisiones con infracción de ley o de los estatutos.*—Las transmisiones de participaciones sociales que no se ajusten a lo previsto en la ley o, en su caso, a lo establecido en los estatutos no producirán efecto alguno frente a la sociedad.

CAPÍTULO IV

LA REPRESENTACIÓN Y LA TRANSMISIÓN DE LAS ACCIONES

SECCIÓN 1.ª

Representación de las acciones

Subsección 1.ª

Representación mediante títulos

Art. 113. *Representación mediante títulos.*—1. Las acciones representadas por medio de títulos podrán ser nominativas o al portador, pero revestirán necesariamente la forma nominativa mientras no haya sido enteramente desembolsado su importe, cuando su transmisibilidad esté sujeta a restricciones, cuando lleven aparejadas prestaciones accesorias o cuando así lo exijan disposiciones especiales.

2. Cuando las acciones deban representarse por medio de títulos, el accionista tendrá derecho a recibir los que le correspondan, libres de gastos.

Art. 114. *Título de la acción.*—1. Los títulos, cualquiera que sea su clase, estarán numerados correlativamente, se extenderán en libros talonarios, podrán incorporar una o más acciones de la misma serie y contendrán, como mínimo, las siguientes menciones:

a) La denominación y domicilio de la sociedad, los datos identificadores de su inscripción en el Registro Mercantil y el número de identificación fiscal.

b) El valor nominal de la acción, su número, la serie a que pertenece y, en el caso de que sea privilegiada, los derechos especiales que otorgue.

c) Su condición de nominativa o al portador.

d) Las restricciones a su libre transmisibilidad, cuando se hayan establecido.

e) La suma desembolsada o la indicación de estar la acción completamente liberada.

Art. 113: V. art. 118.2 (párr. 2.°) del presente T.R.
Art. 114: V. art. 115.2 del presente T.R.

f) Las prestaciones accesorias, en el caso de que las lleven aparejadas.

g) La suscripción de uno o varios administradores, que podrá hacerse mediante reproducción mecánica de la firma. En este caso se extenderá acta notarial por la que se acredite la identidad de las firmas reproducidas mecánicamente con las que se estampen en presencia del notario autorizante. El acta deberá ser inscrita en el Registro Mercantil antes de poner en circulación los títulos.

2. En el supuesto de acciones sin voto, esta circunstancia se hará constar de forma destacada en el título.

Art. 115. *Resguardos provisionales.*—1. Los resguardos provisionales de las acciones revestirán necesariamente forma nominativa.

2. Las disposiciones de los artículos 114, 116 y 122 habrán de ser observadas, en cuanto resulten aplicables, para los resguardos provisionales.

Art. 116. *Libro-registro de acciones nominativas.*—1. Las acciones nominativas figurarán en un libro-registro que llevará la sociedad, en el que se inscribirán las sucesivas transferencias de las acciones, con expresión del nombre, apellidos, razón o denominación social, en su caso, nacionalidad y domicilio de los sucesivos titulares, así como la constitución de derechos reales y otros gravámenes sobre aquéllas.

2. La sociedad sólo reputará accionista a quien se halle inscrito en dicho libro.

3. Cualquier accionista que lo solicite podrá examinar el libro registro de acciones nominativas.

4. La sociedad sólo podrá rectificar las inscripciones que repute falsas o inexactas cuando haya notificado a los interesados su intención de proceder en tal sentido y éstos no hayan manifestado su oposición durante los treinta días siguientes a la notificación.

5. Mientras que no se hayan impreso y entregado los títulos de las acciones nominativas, el accionista tiene derecho a obtener certificación de las inscritas a su nombre.

Art. 117. *Sustitución de títulos.*—1. Siempre que sea procedente la sustitución de los títulos de las acciones o de otros títulos emitidos por la

---

Art. 116: V. art. 115.2 del presente T.R.
Art. 117: V. art. 433.1 (párr. 1.º) del presente T.R.

sociedad, ésta podrá anularlos cuando no hayan sido presentados para su canje dentro del plazo publicado al efecto en el *Boletín Oficial del Registro Mercantil* y en uno de los diarios de mayor circulación en la provincia donde la sociedad tenga su domicilio. Ese plazo no podrá ser inferior a un mes.

2. Los títulos anulados serán sustituidos por otros cuya emisión se anunciará igualmente en el *Boletín Oficial del Registro Mercantil* y en el diario en el que se hubiera publicado el anuncio del canje.

Si los títulos fueran nominativos, se entregarán o remitirán a la persona a cuyo nombre figuren o a sus herederos, previa justificación de su derecho.

Si aquélla no pudiera ser hallada o si los títulos fuesen al portador, quedarán depositados por cuenta de quien justifique su titularidad.

3. Transcurridos tres años desde el día de la constitución del depósito, los títulos emitidos en lugar de los anulados podrán ser vendidos por la sociedad por cuenta y riesgo de los interesados y a través de un miembro de la bolsa, si estuviesen admitidos a negociación en el mercado bursátil, o con la intervención de notario si no lo estuviesen.

El importe líquido de la venta de los títulos será depositado a disposición de los interesados en el Banco de España o en la Caja General de Depósitos.

Subsección 2.ª

Representación mediante anotaciones en cuenta

Art. 118. *Representación mediante anotaciones en cuenta.*—1. Las acciones representadas por medio de anotaciones en cuenta se regirán por lo dispuesto en la normativa reguladora del mercado de valores.

2. Esta modalidad de representación de las acciones también podrá adoptarse en los supuestos de nominatividad obligatoria previstos por el artículo 113.

En ese caso, cuando las acciones no hayan sido enteramente desembolsadas, o cuando lleven aparejadas prestaciones accesorias, tales circunstancias deberán consignarse en la anotación en cuenta.

3. Las entidades que de acuerdo con la normativa reguladora del mercado de valores hayan de llevar los registros de los valores representados por medio de anotaciones en cuenta están obligadas a comunicar a la sociedad emisora los datos necesarios para la identificación de sus accionistas.

Art. 119. *Modificación de las anotaciones en cuenta.*—La modificación de las características de las acciones representadas por medio de anotaciones en cuenta se hará pública, una vez que haya sido formalizada de acuerdo con lo previsto en la presente ley y en la normativa reguladora del mercado de valores, en el *Boletín Oficial del Registro Mercantil* y en uno de los diarios de mayor circulación en la provincia donde la sociedad tenga su domicilio.

SECCIÓN 2.ª

Transmisión de las acciones

Art. 120. *Transmisión de acciones.*—1. Mientras no se hayan impreso y entregado los títulos, la transmisión de acciones procederá de acuerdo con las normas sobre la cesión de créditos y demás derechos incorporales.

Tratándose de acciones nominativas, los administradores, una vez que resulte acreditada la transmisión, la inscribirán de inmediato en el libro-registro de acciones nominativas.

2. Una vez impresos y entregados los títulos, la transmisión de las acciones al portador se sujetará a lo dispuesto en el artículo 545 del Código de Comercio.

Las acciones nominativas también podrán transmitirse mediante endoso, en cuyo caso serán de aplicación, en la medida en que sean compatibles con la naturaleza del título, los artículos 15, 16, 19 y 20 de la Ley Cambiaria y del Cheque. La transmisión habrá de acreditarse frente a la sociedad mediante la exhibición del título. Los administradores, una vez comprobada la regularidad de la cade-

---

Art. 120: V. art. 121.2 (párr. 2.º) del presente T.R.

Art. 120.2, párr. 1.º: El art. 545 del Código de Comercio dispone lo siguiente:

«*Art. 545.* Los títulos al portador serán transmisibles por la tradición del documento. No estará sujeto a reivindicación el título cuya posesión se adquiera por tercero de buena fe y sin culpa grave. Quedarán a salvo los derechos y acciones del legítimo propietario contra los responsables de los actos que le hayan privado del dominio.»

Art. 120.2, párr. 2.º: Los arts. 15, 16, 19 y 20 de la Ley 19/1985, de 16 de julio, Cambiaria y del Cheque (*B.O.E.* núm. 172, de 19 de julio; corrección de errores en *B.O.E.* núm. 249, de 17 de octubre), establecen:

«*Art. 15.* El endoso deberá ser total, puro y simple. Toda condición a la que aparezca subordinado se considerará no escrita.

»El endoso parcial será nulo.

»El endoso al portador equivaldrá a un endoso en blanco.

»*Art. 16.* El endoso deberá escribirse en la letra o en su suplemento y será firmado por el endosante.

na de endosos, inscribirán la transmisión en el libro-registro de acciones nominativas.

Art. 121. *Constitución de derechos reales limitados sobre las acciones.*—1. La constitución de derechos reales limitados sobre las acciones procederá de acuerdo con lo dispuesto por el Derecho común.

2. Tratándose de acciones nominativas, la constitución de derechos reales podrá efectuarse por medio de endoso acompañado, según los casos, de la cláusula valor en garantía o valor en usufructo o de cualquier otra equivalente.

La inscripción en el libro-registro de acciones nominativas tendrá lugar de conformidad con lo establecido para la transmisión en el artículo anterior.

En el caso de que los títulos sobre los que recae su derecho no hayan sido impresos y entregados, el acreedor pignoraticio y el usufructuario tendrán derecho a obtener de la sociedad una certificación de la inscripción de su derecho en el libro-registro de acciones nominativas.

Art. 122. *Legitimación del accionista.*—Una vez impresos y entregados los títulos, la exhibición de los mismos o, en su caso, del certificado acreditativo de su depósito en una entidad autorizada será precisa para el ejercicio de los derechos del accionista. Tratándose de acciones nominativas, la exhibición sólo será precisa para obtener la correspondiente inscripción en el libro-registro de acciones nominativas.

»Será endoso en blanco el que no designe al endosatario o consista simplemente en la firma del endosante. En este último caso, para que el endoso sea válido deberá estar escrito al dorso de la letra de cambio.»

«*Art. 19.* El tenedor de la letra de cambio se considerará portador legítimo de la misma cuando justifique su derecho por una serie no interrumpida de endosos, aun cuando el último endoso esté en blanco. A tal efecto, los endosos tachados se considerarán como no escritos. Cuando un endoso en blanco vaya seguido de otro endoso, el firmante de éste se entenderá que adquirió la letra por el endoso en blanco.

»Cuando una persona sea desposeída de una letra de cambio, por cualquier causa que fuere, el nuevo tenedor que justifique su derecho en la forma indicada en el párrafo precedente no estará obligado a devolver la letra si la adquirió de buena fe.

»*Art. 20.* El demandado por una acción cambiaria no podrá oponer al tenedor excepciones fundadas en sus relaciones personales con el librador o con los tenedores anteriores, a no ser que el tenedor, al adquirir la letra, haya procedido a sabiendas en perjuicio del deudor.»

Art. 122: V. art. 115.2 del presente T.R.

Art. 123. *Restricciones a la libre transmisibilidad.*—1. Sólo serán válidas frente a la sociedad las restricciones o condicionamientos a la libre transmisibilidad de las acciones cuando recaigan sobre acciones nominativas y estén expresamente impuestas por los estatutos.

Cuando las limitaciones se establezcan a través de modificación estatutaria, los accionistas afectados que no hayan votado a favor de tal acuerdo, no quedarán sometidos a él durante un plazo de tres meses a contar desde la publicación del acuerdo en el *Boletín Oficial del Registro Mercantil.*

2. Serán nulas las cláusulas estatutarias que hagan prácticamente intransmisible la acción.

3. La transmisibilidad de las acciones sólo podrá condicionarse a la previa autorización de la sociedad cuando los estatutos mencionen las causas que permitan denegarla.

Salvo prescripción contraria de los estatutos, la autorización será concedida o denegada por los administradores de la sociedad.

En cualquier caso, transcurrido el plazo de dos meses desde que se presentó la solicitud de autorización sin que la sociedad haya contestado a la misma, se considerará que la autorización ha sido concedida.

Art. 124. *Transmisiones mortis causa.*—1. Las restricciones estatutarias a la transmisibilidad de las acciones sólo serán aplicables a las adquisiciones por causa de muerte cuando así lo establezcan expresamente los propios estatutos.

2. En este supuesto, para rechazar la inscripción de la transmisión en el libro registro de acciones nominativas, la sociedad deberá presentar al heredero un adquirente de las acciones u ofrecerse a adquirirlas ella misma por su valor razonable en el momento en que se solicitó la inscripción, de acuerdo con lo previsto para la adquisición derivativa de acciones propias en el artículo 146.

Se entenderá como valor razonable el que determine un experto independiente, distinto al auditor de la sociedad que, a solicitud de cualquier interesa-

---

Art. **124**: V. art. 125 del presente T.R.
Art. 124.2: Redactado conforme a la Disp. Final 4.ªdos de la Ley 22/2015, de 20 de julio, de Auditoría de Cuentas (*B.O.E.* núm. 173, de 21 de julio), con efectos desde el 1 de enero de 2016.

do, nombren a tal efecto los administradores de la sociedad.

Art. 125. *Transmisiones forzosas.*—Lo establecido en el artículo anterior se aplicará cuando la adquisición de las acciones se haya producido como consecuencia de un procedimiento judicial o administrativo de ejecución.

CAPÍTULO V

COPROPIEDAD Y DERECHOS REALES SOBRE PARTICIPACIONES SOCIALES O ACCIONES

Art. 126. *Copropiedad de participaciones sociales o de acciones.*—En caso de copropiedad sobre una o varias participaciones o acciones, los copropietarios habrán de designar una sola persona para el ejercicio de los derechos de socio, y responderán solidariamente frente a la sociedad de cuantas obligaciones se deriven de esta condición. La misma regla se aplicará a los demás supuestos de cotitularidad de derechos sobre participaciones o acciones.

Art. 127. *Usufructo de participaciones sociales o de acciones.*—1. En caso de usufructo de participaciones o de acciones la cualidad de socio reside en el nudo propietario, pero el usufructuario tendrá derecho en todo caso a los dividendos acordados por la sociedad durante el usufructo. Salvo disposición contraria de los estatutos, el ejercicio de los demás derechos del socio corresponde al nudo propietario. El usufructuario queda obligado a facilitar al nudo propietario el ejercicio de estos derechos.

2. En las relaciones entre el usufructuario y el nudo propietario regirá lo que determine el título constitutivo del usufructo y, en su defecto, lo previsto en esta ley y, supletoriamente, lo dispuesto en el Código Civil.

Art. 128. *Reglas de liquidación del usufructo.*—1. Finalizado el usufructo, el usufructuario podrá exigir del nudo propietario el incremento de valor experimentado por las participaciones o acciones usufructuadas que corresponda a los beneficios propios de la explotación de la sociedad integrados durante el usufructo en

---

Art. 127.2: Sobre usufructo, v. arts. 467 a 522 del Código Civil.
Art. 128: V. art. 131.1 del presente T.R.

las reservas expresas que figuren en el balance de la sociedad, cualquiera que sea la naturaleza o denominación de las mismas.

2. Disuelta la sociedad durante el usufructo, el usufructuario podrá exigir del nudo propietario una parte de la cuota de liquidación equivalente al incremento de valor de las participaciones o acciones usufructuadas previsto en el apartado anterior. El usufructo se extenderá al resto de la cuota de liquidación.

3. Si las partes no llegaran a un acuerdo sobre el importe a abonar en los supuestos previstos en los dos apartados anteriores, éste será fijado, a petición de cualquiera de ellas y a costa de ambas, por un experto independiente, distinto al auditor de la sociedad, que designe a tal efecto el Registro Mercantil.

4. El título constitutivo del usufructo de participaciones podrá disponer reglas de liquidación distintas a las previstas en este artículo.

Art. 129. *Usufructo y derechos de preferencia.*—1. En los casos de aumento del capital de la sociedad, si el nudo propietario no hubiere ejercitado o enajenado el derecho de asunción o de suscripción preferente diez días antes de la extinción del plazo fijado para su ejercicio, estará legitimado el usufructuario para proceder a la venta de los derechos o a la asunción o suscripción de las participaciones o acciones.

2. Cuando se enajenen los derechos de asunción o de suscripción, bien por el nudo propietario, bien por el usufructuario, el usufructo se extenderá al importe obtenido por la enajenación.

3. Cuando se asuman nuevas participaciones o se suscriban nuevas acciones, bien por el nudo propietario, bien por el usufructuario, el usufructo se extenderá a las participaciones o acciones cuyo desembolso hubiera podido realizarse con el valor total de los derechos utilizados en la asunción o suscripción, calculado por su valor teórico. El resto de las participaciones asumidas o de las acciones suscritas pertenecerá en plena propiedad a aquel que hubiera desembolsado su importe.

4. Si durante el usufructo se aumentase el capital con cargo a los beneficios o reservas

---

Art. 128.3: Redactado conforme a la Disp. Final 4.ªtres de la Ley 22/2015, de 20 de julio, de Auditoría de Cuentas (*B.O.E.* núm. 173, de 21 de julio), con efectos desde el 1 de enero de 2016.

Art. 129: V. art. 131.2 del presente T.R.

constituidas durante el mismo, las nuevas participaciones o acciones corresponderán al nudo propietario, pero se extenderá a ellas el usufructo.

5. El título constitutivo del usufructo de participaciones podrá establecer reglas distintas a las previstas en los apartados anteriores.

6. En la sociedad anónima, el usufructuario tendrá los mismos derechos en los casos de emisión de obligaciones convertibles en acciones de la sociedad.

Art. 130. *Usufructo de acciones no liberadas.*—1. Cuando el usufructo recayere sobre acciones no liberadas totalmente, el nudo propietario será el obligado frente a la sociedad a efectuar el pago de la parte no desembolsada. Efectuado el pago, tendrá derecho a exigir del usufructuario, hasta el importe de los frutos, el interés legal de la cantidad invertida.

2. Si no hubiere cumplido esa obligación cinco días antes del vencimiento del plazo fijado para realizar el pago, podrá hacerlo el usufructuario, sin perjuicio de repetir contra el nudo propietario al terminar el usufructo.

Art. 131. *Pago de compensaciones.*—1. Las cantidades que hayan de pagarse en virtud de lo dispuesto en el artículo 128 podrán abonarse bien en metálico, bien en participaciones o acciones de la misma clase que las que hubieran estado sujetas a usufructo, calculando su valor en virtud del que les corresponda conforme al último balance de la sociedad que hubiere sido aprobado.

2. La misma regla se aplicará respecto de las cantidades que hayan de abonarse en virtud del artículo 129, cuando el usufructo sea de acciones, y del artículo 130. Cuando el usufructo recaiga sobre participaciones, las cantidades que hayan de pagarse por el nudo propietario al usufructuario en virtud del artículo 129, se abonarán en dinero.

Art. 132. *Prenda de participaciones o de acciones.*—1. Salvo disposición contraria de los estatutos, en caso de prenda de participaciones o acciones corresponderá al propietario el ejercicio de los derechos de socio.

El acreedor pignoraticio queda obligado a facilitar el ejercicio de estos derechos.

Art. 130: V. art. 131.2 del presente T.R.
Art. 132: V. art. 133 del presente T.R.

2. En caso de ejecución de la prenda de participaciones se aplicarán las reglas previstas para el caso de transmisión forzosa por el artículo 109.

3. En la sociedad anónima, si el propietario incumpliese la obligación de desembolso pendiente, el acreedor pignoraticio podrá cumplir por sí esta obligación o proceder a la realización de la prenda.

Art. 133. *Embargo de participaciones o de acciones.*—En caso de embargo de participaciones o de acciones, se observarán las disposiciones contenidas en el artículo anterior siempre que sean compatibles con el régimen específico del embargo.

CAPÍTULO VI

LOS NEGOCIOS SOBRE LAS PROPIAS PARTICIPACIONES Y ACCIONES

SECCIÓN 1.ª

Adquisición originaria*

Art. 134. *Prohibición.*—En ningún caso las sociedades de capital podrán asumir o suscribir sus propias participaciones o acciones ni las creadas o emitidas por su sociedad dominante.

Art. 135. *Adquisición originaria por la sociedad de responsabilidad limitada.*—La adquisición originaria por la sociedad de responsabilidad limitada de participaciones propias o de participaciones o acciones de la sociedad dominante será nula de pleno derecho.

Art. 136. *Adquisición originaria por la sociedad anónima.*—1. Las acciones suscritas infringiendo la prohibición del artículo 134 serán propiedad de la sociedad anónima suscriptora.

2. Cuando se trate de suscripción de acciones propias la obligación de desembolsar recaerá solidariamente sobre los socios fundadores o los promotores y, en caso de aumento de capital social, sobre los administradores.

3. Cuando se trate de asunción de participaciones sociales o de suscripción de acciones de la sociedad dominante, la obligación de desembolsar recaerá solidariamente sobre los administradores de la sociedad adquirente y los de la sociedad dominante.

---

* V. art. 157.1 del presente T.R.
Art. 134: V. arts. 136.1 y 139.1 del presente T.R.
Art. 136: V. art. 138 del presente T.R.

Art. 137. *Adquisición realizada por persona interpuesta.*—1. En el caso de que la asunción o la suscripción haya sido realizada por persona interpuesta, los fundadores y, en su caso, los administradores responderán solidariamente del desembolso de las participaciones asumidas o de las acciones suscritas.

2. La misma responsabilidad alcanzará a los promotores de la sociedad anónima.

Art. 138. *Exención de responsabilidad.*—Quedarán exentos de la responsabilidad prevista en los dos artículos anteriores quienes demuestren no haber incurrido en culpa.

Art. 139. *Consecuencias de la infracción.*—1. Las participaciones sociales y las acciones adquiridas por sociedad anónima en contravención de lo dispuesto en el artículo 134 deberán ser enajenadas en el plazo máximo de un año a contar desde la fecha de la primera adquisición.

2. Transcurrido este plazo sin que hubiera tenido lugar la enajenación, los administradores procederán de inmediato a convocar junta general para que acuerde la amortización de las acciones propias con la consiguiente reducción del capital social.

3. En el caso de que la sociedad no hubiera reducido el capital social dentro de los dos meses siguientes a la fecha de finalización del plazo para la enajenación, cualquier interesado podrá solicitar la reducción del capital al secretario judicial o registrador mercantil del lugar del domicilio social. Los administradores están obligados a solicitar la reducción judicial o registral del capital social cuando el acuerdo de la junta hubiera sido contrario a esa reducción o no pudiera ser logrado.

El expediente ante el secretario judicial se tramitará conforme a lo establecido en la Ley de Jurisdicción Voluntaria. La solicitud dirigida al registrador mercantil se tramitará de acuerdo a lo previsto en el Reglamento del Registro Mercantil.

La decisión favorable o desfavorable será recurrible ante el juez de lo mercantil.

Art. 137: V. art. 138 del presente T.R.
Art. 139: V. art. 147 del presente T.R.
Art. 139.2 y 3: V. art. 145.2 del presente T.R.
Art. 139.3 y 4: Apartados redactados conforme a la Disp. Final 14.ª uno de la Ley 15/2015, de 2 de julio, de la Jurisdicción Voluntaria (*B.O.E.* núm. 158, de 3 de julio; corrección de errores en *B.O.E.* núm. 210, de 2 de septiembre).

4. Las participaciones sociales o acciones de la sociedad dominante serán enajenadas a instancia de parte interesada por el Secretario judicial o Registrador mercantil de conformidad con el procedimiento previsto para aquéllos en la Ley de Jurisdicción Voluntaria y en el Reglamento del Registro Mercantil para éstos.

SECCIÓN 2.ª

Adquisición derivativa

Subsección 1.ª

Adquisición derivativa realizada por sociedad de responsabilidad limitada

Art. 140. *Adquisiciones derivativas permitidas.*—1. La sociedad de responsabilidad limitada sólo podrá adquirir sus propias participaciones, o participaciones o acciones de su sociedad dominante, en los siguientes casos:

a) Cuando formen parte de un patrimonio adquirido a título universal, o sean adquiridas a título gratuito, o como consecuencia de una adjudicación judicial para satisfacer un crédito de la sociedad contra el titular de las mismas.

b) Cuando las participaciones propias se adquieran en ejecución de un acuerdo de reducción del capital adoptado por la junta general.

c) Cuando las participaciones propias se adquieran en el caso previsto en el artículo 109.3.

d) Cuando la adquisición haya sido autorizada por la junta general, se efectúe con cargo a beneficios o reservas de libre disposición y tenga por objeto participaciones de un socio separado o excluido de la sociedad, participaciones que se adquieran como consecuencia de la aplicación de una cláusula restrictiva de la transmisión de las mismas, o participaciones transmitidas *mortis causa*.

2. Las adquisiciones realizadas fuera de estos casos serán nulas de pleno derecho.

Art. 141. *Amortización o enajenación.*—1. Las participaciones propias adquiridas por la sociedad de responsabilidad limitada deberán ser amortizadas o enajenadas, respetando en este caso el régimen legal y estatutario de transmisión, en el plazo de tres años. La enajenación no podrá efectuarse a un precio inferior al valor razonable de las participaciones, fijado conforme a lo previsto en esta ley para los casos de separación de socios. Cuando la adquisición no comporte devolución de aportaciones a los socios, la sociedad deberá dotar una reserva por el importe del valor nominal de las participaciones amortizadas, la cual será indisponible hasta que transcurran cinco años a contar desde la publicación de la reducción en el *Boletín Oficial del Registro Mercantil*, salvo que antes del vencimiento de dicho plazo hubieran sido satisfechas todas las deudas sociales contraídas con anterioridad a la fecha en que la reducción fuera oponible a terceros.

2. Si las participaciones no fueran enajenadas en el plazo señalado, la sociedad deberá acordar inmediatamente su amortización y la reducción del capital. Si la sociedad omite estas medidas, cualquier interesado podrá solicitar su adopción por el secretario judicial o por el registrador mercantil del domicilio social. Los administradores de la sociedad adquirente están obligados a solicitar la adopción de estas medidas, cuando, por las circunstancias que fueran, no pueda lograrse el correspondiente acuerdo de amortización y de reducción del capital.

El expediente ante el secretario judicial se acomodará a los trámites de jurisdicción voluntaria. La solicitud dirigida al registrador mercantil se tramitará de acuerdo a lo previsto en el Reglamento del Registro Mercantil.

La decisión favorable o desfavorable podrá recurrirse ante el juez de lo mercantil.

3. Las participaciones o acciones de la sociedad dominante deberán ser enajenadas en el plazo máximo de un año a contar desde su adquisición. En tanto no sean enajenadas, será de aplicación lo dispuesto en el artículo 148.

Art. 142. *Régimen de las participaciones propias y de las participaciones o acciones de la sociedad dominante.—* 1. Mientras permanezcan en poder de la sociedad adquirente, quedarán en suspenso todos los derechos correspondientes a las participaciones propias y a las participaciones o acciones de la sociedad dominante.

2. En el patrimonio neto del balance se establecerá una reserva equivalente al importe de las participaciones o acciones adquiridas, computado en el activo, que deberá mantenerse en tanto no sean enajenadas.

Art. 141.2: Redactado conforme a la Disp. Final 14.ª uno de la Ley 15/2015, de 2 de julio, de la Jurisdicción Voluntaria (*B.O.E.* núm. 158, de 3 de julio; corrección de errores en *B.O.E.* núm. 210, de 2 de septiembre).

Art. 143. *Negocios prohibidos a la sociedad de responsabilidad limitada.*—1. La sociedad de responsabilidad limitada no podrá aceptar en prenda o en otra forma de garantía sus propias participaciones ni las participaciones creadas ni las acciones emitidas por sociedad del grupo a que pertenezca.

2. La sociedad de responsabilidad limitada no podrá anticipar fondos, conceder créditos o préstamos, prestar garantía, ni facilitar asistencia financiera para la adquisición de sus propias participaciones o de las participaciones creadas o las acciones emitidas por sociedad del grupo a que la sociedad pertenezca.

Subsección 2.ª

Adquisición derivativa realizada por sociedad anónima*

Art. 144. *Supuestos de libre adquisición.*—La sociedad anónima podrá adquirir sus propias acciones, o las participaciones o acciones de su sociedad dominante, en los siguientes casos:

a) Cuando las acciones propias se adquieran en ejecución de un acuerdo de reducción del capital adoptado por la junta general de la sociedad.

b) Cuando las participaciones o acciones formen parte de un patrimonio adquirido a título universal.

c) Cuando las participaciones o las acciones que estén íntegramente liberadas sean adquiridas a título gratuito.

d) Cuando las participaciones o las acciones íntegramente liberadas se adquieran como consecuencia de una adjudicación judicial para satisfacer un crédito de la sociedad frente a su titular.

Art. 145. *Obligación de enajenar.*—1. Las participaciones o acciones adquiridas conforme a lo dispuesto en las letras *b)* y *c)* del artículo anterior deberán ser enajenadas en un plazo máximo de tres años a contar desde la fecha de adquisición, salvo que previamente hubieran sido amortizadas mediante reducción del capital social o que, sumadas a las que ya posean la sociedad adquirente y sus filiales y, en su caso, la sociedad dominante y

---

* V. art. 157.1 del presente T.R.
Art. 144: V. art. 152.2 (párr. 2.º) del presente T.R.
Art. 144.b) y c): V. art. 145.1 y 2 del presente T.R.

sus filiales, no excedan del 20 por 100 del capital social.

2. Transcurrido el plazo a que se refiere el apartado anterior sin que hubiera tenido lugar la enajenación, será de aplicación lo previsto en los apartados 2 y 3 del artículo 139.

Art. 146. *Adquisiciones derivativas condicionadas.*—1. La sociedad anónima también podrá adquirir sus propias acciones y las participaciones creadas o las acciones emitidas por su sociedad dominante, cuando concurran las siguientes condiciones:

a) Que la adquisición haya sido autorizada mediante acuerdo de la junta general, que deberá establecer las modalidades de la adquisición, el número máximo de participaciones o de acciones a adquirir, el contravalor mínimo y máximo cuando la adquisición sea onerosa, y la duración de la autorización, que no podrá exceder de cinco años.

Cuando la adquisición tenga por objeto participaciones o acciones de la sociedad dominante, la autorización deberá proceder también de la junta general de esta sociedad.

Cuando la adquisición tenga por objeto acciones que hayan de ser entregadas directamente a los trabajadores o administradores de la sociedad, o como consecuencia del ejercicio de derechos de opción de que aquéllos sean titulares, el acuerdo de la junta deberá expresar que la autorización se concede con esta finalidad.

b) Que la adquisición, comprendidas las acciones que la sociedad o persona que actuase en nombre propio pero por cuenta de aquélla hubiese adquirido con anterioridad y tuviese en cartera, no produzca el efecto de que el patrimonio neto resulte inferior al importe del capital social más las reservas legal o estatutariamente indisponibles.

A estos efectos, se considerará patrimonio neto el importe que se califique como tal conforme a los criterios para confeccionar las cuentas anuales, minorado en el importe de los beneficios imputados directamente al mismo, e incrementado en el importe del capital social suscrito no exigido, así como en el importe del nominal y de las primas de emisión del capital social suscrito que esté registrado contablemente como pasivo.

2. El valor nominal de las acciones adquiridas directa o

Art. **146**: V. arts. 124.2 (párr. 1.º) y 147 del presente T.R.

indirectamente, sumándose al de las que ya posean la sociedad adquirente y sus filiales, y, en su caso, la sociedad dominante y sus filiales, no podrá ser superior al 20 por 100.

3. Los administradores deberán controlar especialmente que, en el momento de cualquier adquisición autorizada, se respeten las condiciones establecidas en este artículo.

4. Será nula la adquisición por la sociedad de acciones propias parcialmente desembolsadas, salvo que la adquisición sea a título gratuito, y de las que lleven aparejada la obligación de realizar prestaciones accesorias.

Art. 147. *Consecuencias de la infracción.*—Será de aplicación lo establecido en el artículo 139 a las adquisiciones derivativas realizadas por la sociedad anónima en contravención a lo dispuesto en el artículo anterior.

Art. 148. *Régimen de las acciones propias y de las participaciones o acciones de la sociedad dominante.*—Cuando una sociedad hubiere adquirido acciones propias o participaciones o acciones de su so-

ciedad dominante se aplicarán las siguientes normas:

a) Quedará en suspenso el ejercicio del derecho de voto y de los demás derechos políticos incorporados a las acciones propias y a las participaciones o acciones de la sociedad dominante.

Los derechos económicos inherentes a las acciones propias, excepción hecha del derecho a la asignación gratuita de nuevas acciones, serán atribuidos proporcionalmente al resto de las acciones.

b) Las acciones propias se computarán en el capital a efectos de calcular las cuotas necesarias para la constitución y adopción de acuerdos en la junta.

c) Se establecerá en el patrimonio neto una reserva indisponible equivalente al importe de las participaciones o acciones de la sociedad dominante computado en el activo. Esta reserva deberá mantenerse en tanto las participaciones o acciones no sean enajenadas.

d) El informe de gestión de la sociedad adquirente y, en su caso, el de la sociedad dominante, deberán mencionar como mínimo:

Art. **148:** V. arts. 141.3 y 149.3 del presente T.R.
Art. **148.c):** V. art. 149.2 del presente T.R.
Art. **148.d):** V. art. 262.3 del presente T.R.

1.º Los motivos de las adquisiciones y enajenaciones realizadas durante el ejercicio.

2.º El número y valor nominal de las participaciones o acciones adquiridas y enajenadas durante el ejercicio y la fracción del capital social que representan.

3.º En caso de adquisición o enajenación a título oneroso, la contraprestación por las participaciones o acciones.

4.º El número y valor nominal del total de las participaciones o acciones adquiridas y conservadas en cartera por la propia sociedad o por persona interpuesta y la fracción del capital social que representan.

SECCIÓN 3.ª

*Aceptación en garantía
y asistencia financiera
en la sociedad anónima**

Art. 149. *Aceptación en garantía de acciones propias y de participaciones o acciones de la sociedad dominante.*—1. La sociedad anónima sólo podrá aceptar en prenda o en otra forma de garantía sus propias acciones, o las participaciones creadas o las acciones emitidas por la sociedad dominante, dentro de los límites y con los mismos requisitos aplicables a la adquisición de las mismas.

2. Lo dispuesto en el apartado anterior no se aplicará a las operaciones hechas en el ámbito de las actividades ordinarias de los bancos y demás entidades de crédito. Estas operaciones, sin embargo, deberán cumplir el requisito a que se refiere la letra *c*) del artículo anterior.

3. Lo establecido en el artículo anterior será de aplicación, en cuanto resulte compatible, a las participaciones o acciones poseídas en concepto de prenda o de otra forma de garantía.

Art. 150. *Asistencia financiera para la adquisición de acciones propias y de participaciones o acciones de la sociedad dominante.*—1. La sociedad anónima no podrá anticipar fondos, conceder préstamos, prestar garantías ni facilitar ningún tipo de asistencia finan-

---

* V. art. 157.1 del presente T.R.

Art. 149.2: Redactado conforme al art. 1.ºcinco de la Ley 25/2011, de 1 de agosto, de reforma parcial de la Ley de Sociedades de Capital y de incorporación de la Directiva 2007/36/CE del Parlamento Europeo y del Consejo, de 11 de julio, sobre el ejercicio de determinados derechos de los accionistas de sociedades cotizadas (*B.O.E.* núm. 184, de 2 de agosto).

ciera para la adquisición de sus acciones o de participaciones o acciones de su sociedad dominante por un tercero.

2. La prohibición establecida en el apartado anterior no se aplicará a los negocios dirigidos a facilitar al personal de la empresa la adquisición de las acciones de la propia sociedad o de participaciones o acciones de cualquier otra sociedad perteneciente al mismo grupo.

3. La prohibición establecida en el apartado primero no se aplicará a las operaciones efectuadas por bancos y demás entidades de crédito en el ámbito de las operaciones ordinarias propias de su objeto social que se sufraguen con cargo a bienes libres de la sociedad.

En el patrimonio neto del balance, la sociedad deberá establecer una reserva equivalente al importe de los créditos anotados en el activo.

SECCIÓN 4.ª

Las participaciones recíprocas

Art. 151. *Participaciones recíprocas.*—No podrán establecerse participaciones recí-procas que excedan del 10 por 100 de la cifra de capital de las sociedades participadas. La prohibición afectará también a las participaciones circulares constituidas por medio de sociedades filiales.

Art. 152. *Consecuencias de la infracción.*—1. La violación de lo dispuesto en el artículo anterior determinará la obligación a cargo de la sociedad que reciba antes la notificación a que se refiere el artículo 155 de reducir al 10 por 100 su participación en el capital de la otra sociedad.

Si ambas sociedades recibieran simultáneamente dicha notificación, la obligación de reducir correrá a cargo de las dos, a no ser que lleguen a un acuerdo para que la reducción sea efectuada solamente por una de ellas.

2. La reducción a que se refiere el apartado anterior deberá llevarse a cabo en el plazo máximo de un año a contar desde la fecha de la notificación, quedando mientras tanto en suspenso el derecho de voto correspondiente a las participaciones excedentes.

El plazo para la reducción será de tres años para las participaciones adquiridas en cual-

---

Art. 151: V. arts. 152.1 (párr. 1.º) y 154 del presente T.R.
Art. 152: V. art. 154 del presente T.R.

quiera de las circunstancias previstas por el artículo 144.

3. El incumplimiento de la obligación de reducción establecida en los apartados anteriores determinará la venta judicial de las participaciones excedentes a instancia de parte interesada y la suspensión de los derechos correspondientes a todas las participaciones que la sociedad incumplidora detente en la otra sociedad.

Art. 153. *Reserva de participaciones recíprocas.*—En el patrimonio neto de la sociedad obligada a la reducción se establecerá una reserva equivalente al importe de las participaciones recíprocas que excedan del 10 por 100 del capital computadas en el activo.

Art. 154. *Exclusión del régimen de participaciones recíprocas.*—La disciplina contenida en los tres artículos anteriores no será de aplicación a las participaciones recíprocas establecidas entre una sociedad filial y su sociedad dominante.

Art. 155. *Notificación.*—1. La sociedad que, por sí misma o por medio de una sociedad filial, llegue a poseer más del 10 por 100 del capital de otra

sociedad deberá notificárselo de inmediato, quedando mientras tanto suspendidos los derechos correspondientes a sus participaciones.

Dicha notificación habrá de repetirse para cada una de las sucesivas adquisiciones que superen el 5 por 100 del capital.

2. Las notificaciones previstas en el apartado anterior se recogerán en las memorias explicativas de ambas sociedades.

SECCIÓN 5.ª

Disposiciones comunes

Art. 156. *Persona interpuesta.*—1. Se reputará nulo cualquier acuerdo entre la sociedad y otra persona en virtud del cual ésta se obligue o se legitime para celebrar en nombre propio pero por cuenta de aquélla alguna de las operaciones que en este capítulo se prohíbe realizar a la sociedad.

Los negocios celebrados por la persona interpuesta con terceros se entenderán efectuados por cuenta propia y no producirán efecto alguno sobre la sociedad.

2. Los negocios celebrados por persona interpuesta, cuando su realización no estuviera

---

Art. 153: V. art. 154 del presente T.R.
Art. 155: V. art. 152.1 (párr. 1.º) del presente T.R.

prohibida a la sociedad, así como las participaciones o acciones propias, o de la sociedad dominante, sobre las que recaigan tales negocios, quedan sometidos a las disposiciones de este capítulo.

Art. 157. *Régimen sancionador.*—1. Se reputará infracción el incumplimiento de las obligaciones o la vulneración de las prohibiciones establecidas en el presente capítulo.

2. Las infracciones anteriores se sancionarán con multa por importe de hasta el valor nominal de las participaciones asumidas o acciones suscritas, adquiridas o aceptadas en garantía por la sociedad o adquiridas por un tercero con asistencia financiera o, en su caso, las no enajenadas o amortizadas. El incumplimiento del deber de enajenar o amortizar será considerado como infracción independiente.

Para la graduación de la multa se atenderá a la entidad de la infracción, así como a los perjuicios ocasionados a la sociedad, a los socios de la misma, y a terceros.

3. Se reputarán como responsables de la infracción a los administradores de la sociedad infractora y, en su caso, a los de la sociedad dominante que hayan inducido a cometer la infracción. Se considerarán como administradores no sólo a los miembros del consejo de administración, sino también a los directivos o personas con poder de representación de la sociedad infractora. La responsabilidad se exigirá conforme a los criterios previstos en los artículos 225, 226, 236 y 237.

4. Las infracciones y las sanciones contenidas en el pre-

Art. 157.1: Redactado conforme al art. 1.°seis de la Ley 25/2011, de 1 de agosto, de reforma parcial de la Ley de Sociedades de Capital y de incorporación de la Directiva 2007/36/CE del Parlamento Europeo y del Consejo, de 11 de julio, sobre el ejercicio de determinados derechos de los accionistas de sociedades cotizadas (*B.O.E.* núm. 184, de 2 de agosto).

Art. 157.4: La Ley 30/1992, de 26 de noviembre, de Régimen Jurídico de las Administraciones Públicas y del Procedimiento Administrativo Común (*B.O.E.* núm. 285, de 27 de noviembre; correcciones de errores en *B.O.E.* núm. 311, de 28 de diciembre de 1992, y núm. 23, de 27 de enero de 1993), ha sido derogada por la Ley 39/2015, de 1 de octubre, del Procedimiento Administrativo Común de las Administraciones Públicas (*B.O.E.* núm. 236, de 2 de octubre). El art. 132 de la Ley derogada se corresponde en la actualidad con el art. 30 de la Ley 40/2015, de 1 de octubre, de Régimen Jurídico del Sector Público (*B.O.E.* núm. 236, de 2 de octubre; corrección de errores en *B.O.E.* núm. 306, de 23 de diciembre), que dispone lo siguiente:

«*Art. 30. Prescripción.*—1. Las infracciones y sanciones prescribirán según lo dispuesto en las leyes que las establezcan. Si éstas no fijan plazos de prescripción, las infracciones muy graves prescribirán a los tres años, las graves a los dos años y las leves a

sente artículo prescribirán a los tres años, computándose de acuerdo con lo dispuesto en el artículo 132 de la Ley 30/1992, de 26 de noviembre, de Régimen Jurídico de las Administraciones Públicas y del Procedimiento Administrativo Común.

5. En la sociedad de responsabilidad limitada, las infracciones se sancionarán previa instrucción del procedimiento por el Ministerio de Economía y Hacienda, con audiencia de los interesados y conforme al Reglamento del procedimiento para el ejercicio de la potestad sancionadora.

6. En la sociedad anónima, la competencia para la iniciación, instrucción y resolución de los expedientes sancionadores resultantes de lo dispuesto en este capítulo se atribuye a la Comisión Nacional del Mercado de Valores. En el caso de que el expediente sancionador recayera sobre los administradores de una entidad de crédito o de una entidad aseguradora, o sobre los administradores de una entidad integrada en un grupo consolidable de entidades financieras sujeto a la supervisión del Banco de España o de la Dirección General de Seguros, la Comisión Nacional del Mercado de Valores comunicará a las mencionadas entidades supervisoras la apertura del expediente, las cuales deberán también informar con carácter previo a la resolución.

Art. 158. *Aplicación a sociedades extranjeras.*—Las disposiciones de este capítulo referidas a operaciones que tienen por

---

los seis meses; las sanciones impuestas por faltas muy graves prescribirán a los tres años, las impuestas por faltas graves a los dos años y las impuestas por faltas leves al año.

»2.   El plazo de prescripción de las infracciones comenzará a contarse desde el día en que la infracción se hubiera cometido. En el caso de infracciones continuadas o permanentes, el plazo comenzará a correr desde que finalizó la conducta infractora.

»Interrumpirá la prescripción la iniciación, con conocimiento del interesado, de un procedimiento administrativo de naturaleza sancionadora, reiniciándose el plazo de prescripción si el expediente sancionador estuviera paralizado durante más de un mes por causa no imputable al presunto responsable.

»3.   El plazo de prescripción de las sanciones comenzará a contarse desde el día siguiente a aquel en que sea ejecutable la resolución por la que se impone la sanción o haya transcurrido el plazo para recurrirla.

»Interrumpirá la prescripción la iniciación, con conocimiento del interesado, del procedimiento de ejecución, volviendo a transcurrir el plazo si aquél está paralizado durante más de un mes por causa no imputable al infractor.

»En el caso de desestimación presunta del recurso de alzada interpuesto contra la resolución por la que se impone la sanción, el plazo de prescripción de la sanción comenzará a contarse desde el día siguiente a aquel en que finalice el plazo legalmente previsto para la resolución de dicho recurso.»

objeto participaciones o acciones de la sociedad dominante serán de aplicación aun cuando la sociedad que las realice no sea de nacionalidad española.

TÍTULO V

La junta general

CAPÍTULO PRIMERO

LA JUNTA GENERAL

Art. 159. *Junta general.*—1. Los socios, reunidos en junta general, decidirán por la mayoría legal o estatutariamente establecida, en los asuntos propios de la competencia de la junta.

2. Todos los socios, incluso los disidentes y los que no hayan participado en la reunión, quedan sometidos a los acuerdos de la junta general.

CAPÍTULO II

COMPETENCIA DE LA JUNTA

Art. 160. *Competencia de la junta.*—Es competencia de la junta general deliberar y acordar sobre los siguientes asuntos:

a) La aprobación de las cuentas anuales, la aplicación del resultado y la aprobación de la gestión social.

b) El nombramiento y separación de los administradores, de los liquidadores y, en su caso, de los auditores de cuentas, así como el ejercicio de la acción social de responsabilidad contra cualquiera de ellos.

c) La modificación de los estatutos sociales.

d) El aumento y la reducción del capital social.

e) La supresión o limitación del derecho de suscripción preferente y de asunción preferente.

f) La adquisición, la enajenación o la aportación a otra sociedad de activos esenciales. Se presume el carácter esencial del activo cuando el importe de la operación supere el 25 por 100 del valor de los activos que

---

Art. 160. Redactado conforme al art. único.uno de la Ley 31/2014, de 3 de diciembre, por la que se modifica la Ley de Sociedades de Capital para la mejora del gobierno corporativo (*B.O.E.* núm. 293, de 4 de diciembre).

V. art. 511 bis.1 del presente T.R.

figuren en el último balance aprobado.

g) La transformación, la fusión, la escisión o la cesión global de activo y pasivo.

h) La disolución de la sociedad.

i) La aprobación del balance final de liquidación.

j) Cualesquiera otros asuntos que determinen la ley o los estatutos.

Art. 161. *Intervención de la junta general en asuntos de gestión.*—Salvo disposición contraria de los estatutos, la junta general de las sociedades de capital podrá impartir instrucciones al órgano de administración o someter a su autorización la adopción por dicho órgano de decisiones o acuerdos sobre determinados asuntos de gestión, sin perjuicio de lo establecido en el artículo 234.

Art. 162. *Concesión de créditos y garantías a socios y administradores.*—1. En la sociedad de responsabilidad limitada la junta general, mediante acuerdo concreto para cada caso, podrá anticipar fondos, conceder créditos o préstamos, prestar garantías y facilitar asistencia financiera a sus socios y administradores.

2. No será necesario el acuerdo de la junta general para realizar los actos anteriores en favor de otra sociedad perteneciente al mismo grupo.

CAPÍTULO III

CLASES DE JUNTAS

Art. 163. *Clases de juntas.*—Las juntas generales de las sociedades de capital podrán ser ordinarias o extraordinarias.

Art. 164. *Junta ordinaria.*—1. La junta general ordinaria, previamente convocada al efecto, se reunirá necesariamente dentro de los seis prime-

---

Art. 160.g): Modificada por el Real Decreto-ley 5/2023, de 28 de junio, por el que se adoptan y prorrogan determinadas medidas de respuesta a las consecuencias económicas y sociales de la Guerra de Ucrania, de apoyo a la reconstrucción de la isla de La Palma y a otras situaciones de vulnerabilidad; de transposición de Directivas de la Unión Europea en materia de modificaciones estructurales de sociedades mercantiles y conciliación de la vida familiar y la vida profesional de los progenitores y los cuidadores; y de ejecución y cumplimiento del Derecho de la Unión Europea.

Art. 161: Redactado conforme al art. único.dos de la Ley 31/2014, de 3 de diciembre, por la que se modifica la Ley de Sociedades de Capital para la mejora del gobierno corporativo (*B.O.E.* núm. 293, de 4 de diciembre).

Art. 164: V. art. 165 del presente T.R.

ros meses de cada ejercicio, para, en su caso, aprobar la gestión social, las cuentas del ejercicio anterior y resolver sobre la aplicación del resultado.

2. La junta general ordinaria será válida aunque haya sido convocada o se celebre fuera de plazo.

Art. 165. *Junta extraordinaria.*—Toda junta que no sea la prevista en el artículo anterior tendrá la consideración de junta general extraordinaria.

CAPÍTULO IV

CONVOCATORIA

Art. 166. *Competencia para convocar.*—La junta general será convocada por los administradores y, en su caso, por los liquidadores de la sociedad.

Art. 167. *Deber de convocar.*—Los administradores convocarán la junta general siempre que lo consideren necesario o conveniente para los intereses sociales, y en todo caso, en las fechas o períodos que determinen la ley y los estatutos.

Art. 168. *Solicitud de convocatoria por la minoría.*—Los administradores deberán convocar la junta general cuando lo soliciten uno o varios socios que representen, al menos, el 5 por 100 del capital social, expresando en la solicitud los asuntos a tratar.

En este caso, la junta general deberá ser convocada para su celebración dentro de los dos meses siguientes a la fecha en que se hubiere requerido notarialmente a los administradores para convocarla, debiendo incluirse necesariamente en el orden del día los asuntos que hubiesen sido objeto de solicitud.

Art. 169. *Competencia para la convocatoria.*—1. Si la junta general ordinaria o las juntas generales previstas en los estatutos, no fueran convocadas dentro del correspondiente plazo legal o estatutariamente establecido, podrá serlo, a solicitud de cualquier socio, previa audiencia de los administradores, por el se-

---

Art. 168, párr. 2.º: Redactado conforme al art. 1.º siete de la Ley 25/2011, de 1 de agosto, de reforma parcial de la Ley de Sociedades de Capital y de incorporación de la Directiva 2007/36/CE del Parlamento Europeo y del Consejo, de 11 de julio, sobre el ejercicio de determinados derechos de los accionistas de sociedades cotizadas (*B.O.E.* núm. 184, de 2 de agosto).

Art. 169: Redactado conforme a la Disp. Final 14.ª dos de la Ley 15/2015, de 2 de julio, de la Jurisdicción Voluntaria (*B.O.E.* núm. 158, de 3 de julio; corrección de errores en *B.O.E.* núm. 210, de 2 de septiembre).

cretario judicial o registrador mercantil del domicilio social.

2. Si los administradores no atienden oportunamente la solicitud de convocatoria de la junta general efectuada por la minoría, podrá realizarse la convocatoria, previa audiencia de los administradores, por el secretario judicial o por el registrador mercantil del domicilio social.

Art. 170. *Régimen de la convocatoria.*—1. El secretario judicial procederá a convocar a la junta general de conformidad con lo establecido en la legislación de jurisdicción voluntaria.

2. El registrador mercantil procederá a convocar la junta general en el plazo de un mes desde que hubiera sido formulada la solicitud, indicará el lugar, día y hora para la celebración así como el orden del día y designará al presidente y secretario de la junta.

3. Contra la resolución por la que se acuerde la convocatoria de la junta general no cabrá recurso alguno.

4. Los gastos de la convocatoria registral serán de cuenta de la sociedad.

Art. 171. *Convocatoria en casos especiales.*—En caso de muerte o de cese del administrador único, de todos los administradores solidarios, de alguno de los administradores mancomunados, o de la mayoría de los miembros del consejo de administración, sin que existan suplentes, cualquier socio podrá solicitar del secretario judicial y del registrador mercantil del domicilio social la convocatoria de junta general para el nombramiento de los administradores.

Además, cualquiera de los administradores que permanezcan en el ejercicio del cargo podrá convocar la junta general con ese único objeto.

Art. 172. *Complemento de convocatoria.*—1. En la sociedad anónima, los accionistas que representen, al menos, el 5 por 100 del capital social, podrán solicitar que se publique un complemento a la convocatoria de una junta general de accionistas incluyendo uno o más puntos en el orden del día. El ejercicio de este derecho deberá hacerse mediante notificación fehaciente que habrá de recibir-

---

Art. 170: Redactado conforme a la Disp. Final 14.ªdos de la Ley 15/2015, de 2 de julio, de la Jurisdicción Voluntaria (*B.O.E.* núm. 158, de 3 de julio; corrección de errores en *B.O.E.* núm. 210, de 2 de septiembre).
Art. 171: Redactado conforme a la Disp. Final 14.ªdos de la Ley 15/2015, de 2 de julio, de la Jurisdicción Voluntaria (*B.O.E.* núm. 158, de 3 de julio; corrección de errores en *B.O.E.* núm. 210, de 2 de septiembre).

se en el domicilio social dentro de los cinco días siguientes a la publicación de la convocatoria.

2. El complemento de la convocatoria deberá publicarse con quince días de antelación como mínimo a la fecha establecida para la reunión de la junta.

La falta de publicación del complemento de la convocatoria en el plazo legalmente fijado será causa de nulidad de la junta.

Art. 173. *Forma de la convocatoria.*—1. La junta general será convocada mediante anuncio publicado en la página web de la sociedad si ésta hubiera sido creada, inscrita y publicada en los términos previstos en el artículo 11 bis. Cuando la sociedad no hubiere acordado la creación de su página web o todavía no estuviera ésta debidamente inscrita y publicada, la convocatoria se publicará en el *Boletín Oficial del Registro Mercantil* y en uno de los diarios de mayor circulación en la provincia en que esté situado el domicilio social.

2. En sustitución de la forma de convocatoria prevista en el párrafo anterior, los estatutos podrán establecer que la convocatoria se realice por cualquier procedimiento de comunicación individual y escrita, que asegure la recepción del anuncio por todos los socios en el domicilio designado al efecto o en el que conste en la documentación de la sociedad. En el caso de socios que residan en el extranjero, los estatutos podrán prever que sólo serán individualmente convocados si hubieran designado un lugar del territorio nacional para notificaciones.

3. Los estatutos podrán establecer mecanismos adicionales de publicidad a los previstos en la ley e imponer a la sociedad la gestión telemática de un sistema de alerta a los socios de los anuncios de convocatoria insertados en la web de la sociedad.

Art. 174. *Contenido de la convocatoria.*—En todo caso, la convocatoria expresará el nombre de la sociedad, la fecha y hora de la reunión, el orden del día, en el que figurarán los asuntos a tratar, y el cargo de

---

Art. 173: Redactado conforme al art. 1.°tres de la Ley 1/2012, de 22 de junio, de simplificación de las obligaciones de información y documentación de fusiones y escisiones de sociedades de capital (*B.O.E.* núm. 150, de 23 de junio).

Art. 174: Redactado conforme al art. 1.°nueve de la Ley 25/2011, de 1 de agosto, de reforma parcial de la Ley de Sociedades de Capital y de incorporación de la Directiva 2007/36/CE del Parlamento Europeo y del Consejo, de 11 de julio, sobre el ejercicio de determinados derechos de los accionistas de sociedades cotizadas (*B.O.E.* núm. 184, de 2 de agosto).

la persona o personas que realicen la convocatoria.

Art. 175. *Lugar de celebración.*—Salvo disposición contraria de los estatutos, la junta general se celebrará en el término municipal donde la sociedad tenga su domicilio. Si en la convocatoria no figurase el lugar de celebración, se entenderá que la junta ha sido convocada para su celebración en el domicilio social.

Art. 176. *Plazo previo de la convocatoria.*—1. Entre la convocatoria y la fecha prevista para la celebración de la reunión deberá existir un plazo de, al menos, un mes en las sociedades anónimas y quince días en las sociedades de responsabilidad limitada. Queda a salvo lo establecido para el complemento de convocatoria.

2. En los casos de convocatoria individual a cada socio, el plazo se computará a partir de la fecha en que hubiere sido remitido el anuncio al último de ellos.

Art. 177. *Segunda convocatoria.*—1. En el anuncio de la convocatoria de las sociedades anónimas, podrá hacerse constar, asimismo, la fecha en la que, si procediera, se reunirá la junta en segunda convocatoria.

2. Entre la primera y la segunda reunión deberá mediar, por lo menos, un plazo de veinticuatro horas.

3. Si la junta general debidamente convocada, cualquiera que sea su clase, no pudiera celebrarse en primera convocatoria ni se hubiere previsto en el anuncio la fecha de la segunda, la celebración de ésta deberá ser anunciada, con el mismo orden del día y los mismos requisitos de publicidad que la primera, dentro de los quince días siguientes a la fecha de la junta no celebrada y con al menos diez días de antelación a la fecha fijada para la reunión.

CAPÍTULO V

JUNTA UNIVERSAL

Art. 178. *Junta universal.*—1. La junta general quedará válidamente constituida para tratar cualquier asunto, sin ne-

---

Art. 176: V. Disp. Adic. 10.ª1 del presente T.R.
Art. 177.3: Redactado conforme al art. 1.ºdiez de la Ley 25/2011, de 1 de agosto, de reforma parcial de la Ley de Sociedades de Capital y de incorporación de la Directiva 2007/36/CE del Parlamento Europeo y del Consejo, de 11 de julio, sobre el ejercicio de determinados derechos de los accionistas de sociedades cotizadas (*B.O.E.* núm. 184, de 2 de agosto).

cesidad de previa convocatoria, siempre que esté presente o representada la totalidad del capital social y los concurrentes acepten por unanimidad la celebración de la reunión.

2. La junta universal podrá reunirse en cualquier lugar del territorio nacional o del extranjero.

CAPÍTULO VI

ASISTENCIA, REPRESENTACIÓN Y VOTO

Art. 179. *Derecho de asistencia.*—1. En la sociedad de responsabilidad limitada todos los socios tienen derecho a asistir a la junta general. Los estatutos no podrán exigir para la asistencia a la junta general la titularidad de un número mínimo de participaciones.

2. En las sociedades anónimas los estatutos podrán exigir, respecto de todas las acciones, cualquiera que sea su clase o serie, la posesión de un número mínimo para asistir a la junta general sin que, en ningún caso, el número exigido pueda ser superior al 1 por 1.000 del capital social.

3. En la sociedad anónima los estatutos podrán condicionar el derecho de asistencia a la junta general a la legitimación anticipada del accionista, pero en ningún caso podrán impedir el ejercicio de tal derecho a los titulares de acciones nominativas y de acciones representadas por medio de anotaciones en cuenta que las tengan inscritas en sus respectivos registros con cinco días de antelación a aquel en que haya de celebrarse la junta, ni a los tenedores de acciones al portador que con la misma antelación hayan efectuado el depósito de sus acciones o, en su caso, del certificado acreditativo de su depósito en una entidad autorizada, en la forma prevista por los estatutos. Si los estatutos no contienen una previsión a este último respecto, el depósito podrá hacerse en el domicilio social.

El documento que acredite el cumplimiento de estos requisitos será nominativo y surtirá eficacia legitimadora frente a la sociedad.

Art. 180. *Deber de asistencia de los administradores.*—Los administradores deberán asistir a las juntas generales.

Art. 181. *Autorización para asistir.*—1. Los estatutos podrán autorizar u ordenar la asistencia de directores, geren-

---

Art. 179.3: V. Disp. Adic. 10.ª2 del presente T.R.

tes, técnicos y demás personas que tengan interés en la buena marcha de los asuntos sociales.

2. El presidente de la junta general podrá autorizar la asistencia de cualquier otra persona que juzgue conveniente. La junta, no obstante, podrá revocar dicha autorización.

3. Lo dispuesto en el apartado anterior será de aplicación a la sociedad de responsabilidad limitada, salvo que los estatutos dispusieran otra cosa.

Art. 182. *Asistencia telemática.*—Si los estatutos prevén la posibilidad de asistencia a la junta por medios telemáticos, que garanticen debidamente la identidad del sujeto, en la convocatoria se describirán los plazos, formas y modos de ejercicio de los derechos de los socios previstos por los administradores para permitir el adecuado desarrollo de la junta. En particular, los administradores podrán determinar que las intervenciones y propuestas de acuerdos que, conforme a esta Ley, tengan in-tención de formular quienes vayan a asistir por medios telemáticos, se remitan a la sociedad con anterioridad al momento de la constitución de la junta. Las respuestas a los socios o sus representantes que, asistiendo telemáticamente, ejerciten su derecho de información durante la junta se producirán durante la propia reunión o por escrito durante los siete días siguientes a la finalización de la junta.

Art. 182 bis. *Junta exclusivamente telemática.*—1. Adicionalmente a lo previsto en el artículo anterior, los estatutos podrán autorizar la convocatoria por parte de los administradores de juntas para ser celebradas sin asistencia física de los socios o sus representantes. En lo no previsto en este precepto, las juntas exclusivamente telemáticas se someterán a las reglas generales aplicables a las juntas presenciales, adaptadas en su caso a las especialidades que derivan de su naturaleza.

Art. 182: Redactado de nuevo por el apartado 1 del art. 3.º de la Ley 5/2021, de 12 de abril, por la que se modifica el texto refundido de la Ley de Sociedades de Capital, aprobado por el Real Decreto Legislativo 1/2010, de 2 de julio, y otras normas financieras, en lo que respecta al fomento de la implicación a largo plazo de los accionistas en las sociedades cotizadas (*B.O.E.* núm. 88, de 13 de abril de 2021).

Art. 182 bis: Añadido por el apartado 2 del art. 3.º de la Ley 5/2021, de 12 de abril, por la que se modifica el texto refundido de la Ley de Sociedades de Capital, aprobado por el Real Decreto Legislativo 1/2010, de 2 de julio, y otras normas financieras, en lo que respecta al fomento de la implicación a largo plazo de los accionistas en las sociedades cotizadas (*B.O.E.* núm. 88, de 13 de abril de 2021).

2. La modificación estatutaria mediante la cual se autorice la convocatoria de juntas exclusivamente telemáticas deberá ser aprobada por socios que representen al menos dos tercios del capital presente o representado en la reunión.

3. La celebración de la junta exclusivamente telemática estará supeditada en todo caso a que la identidad y legitimación de los socios y de sus representantes se halle debidamente garantizada y a que todos los asistentes puedan participar efectivamente en la reunión mediante medios de comunicación a distancia apropiados, como audio o vídeo, complementados con la posibilidad de mensajes escritos durante el transcurso de la junta, tanto para ejercitar en tiempo real los derechos de palabra, información, propuesta y voto que les correspondan, como para seguir las intervenciones de los demás asistentes por los medios indicados. A tal fin, los administradores deberán implementar las medidas necesarias con arreglo al estado de la técnica y a las circunstancias de la sociedad, especialmente el número de sus socios.

4. El anuncio de convocatoria informará de los trámites y procedimientos que habrán de seguirse para el registro y formación de la lista de asistentes, para el ejercicio por estos de sus derechos y para el adecuado reflejo en el acta del desarrollo de la junta. La asistencia no podrá supeditarse en ningún caso a la realización del registro con una antelación superior a una hora antes del comienzo previsto de la reunión.

5. Las respuestas a los socios o sus representantes que ejerciten su derecho de información durante la junta se regirán por lo previsto en el artículo 182.

6. La junta exclusivamente telemática se considerará celebrada en el domicilio social con independencia de dónde se halle el presidente de la junta.

7. Las previsiones contenidas en este artículo serán igualmente aplicables a la sociedad de responsabilidad limitada.

Art. 183. *Representación voluntaria en la junta general de la sociedad de responsabilidad limitada.*—1. El socio sólo podrá hacerse representar en la junta general por su cónyuge, ascendiente o descendiente, por otro socio o por persona que ostente poder general conferido en documento público con facultades para administrar todo el patrimonio que el representado tuviere en territorio nacional.

Los estatutos podrán autorizar la representación por medio de otras personas.

2. La representación deberá conferirse por escrito. Si no

constare en documento público, deberá ser especial para cada junta.

3. La representación comprenderá la totalidad de las participaciones de que sea titular el socio representado.

Art. 184. *Representación voluntaria en la junta general de la sociedad anónima.*—1. Todo accionista que tenga derecho de asistencia podrá hacerse representar en la junta general por medio de otra persona, aunque ésta no sea accionista. Los estatutos podrán limitar esta facultad.

2. La representación deberá conferirse por escrito o por medios de comunicación a distancia que cumplan con los requisitos establecidos en esta ley para el ejercicio del derecho de voto a distancia y con carácter especial para cada junta.

Art. 185. *Revocación de la representación.*—La representación es siempre revocable. La asistencia personal a la junta del representado tendrá valor de revocación.

Art. 186. *Solicitud pública de representación en las sociedades anónimas.*—1. En las sociedades anónimas en el caso de que los propios administradores, las entidades depositarias de los títulos o las encargadas del registro de anotaciones en cuenta soliciten la representación para sí o para otro y, en general, siempre que la solicitud se formule de forma pública, el documento en que conste el poder deberá contener o llevar anejo el orden del día, así como la solicitud de instrucciones para el ejercicio del derecho de voto y la indicación del sentido en que votará el representante en caso que no se impartan instrucciones precisas.

2. Por excepción, el representante podrá votar en sentido distinto cuando se presenten circunstancias ignoradas en el momento del envío de las instrucciones y se corra el riesgo de perjudicar los intereses del representado. En caso de voto emitido en sentido distinto a las instrucciones, el representante deberá informar inmediatamente al representado, por medio de escrito en que explique las razones del voto.

3. Se entenderá que ha habido solicitud pública cuando una misma persona ostente la representación de más de tres accionistas.

Art. 184: V. art. 187 del presente T.R.
Art. 186: V. art. 187 del presente T.R.

4. Lo dispuesto en este artículo será de aplicación a los miembros del consejo de control de una sociedad anónima europea domiciliada en España que haya optado por el sistema dual.

Art. 187. *Inaplicabilidad de las restricciones.*—Las restricciones legales contempladas en los artículos 184 y 186 no serán de aplicación cuando el representante sea el cónyuge o un ascendiente o descendiente del representado ni tampoco cuando aquél ostente poder general conferido en documento público con facultades para administrar todo el patrimonio que el representado tuviere en territorio nacional.

Art. 188. *Derecho de voto.*— 1. En la sociedad de responsabilidad limitada, salvo disposición contraria de los estatutos sociales, cada participación social concede a su titular el derecho a emitir un voto.

2. En la sociedad anónima no será válida la creación de acciones que de forma directa o indirecta alteren la proporcionalidad entre el valor nominal de la acción y el derecho de voto.

3. En la sociedad anónima, los estatutos podrán fijar con carácter general el número máximo de votos que pueden emitir un mismo accionista, las sociedades pertenecientes a un mismo grupo o quienes actúen de forma concertada con los anteriores, sin perjuicio de la aplicación a las sociedades cotizadas de lo establecido en el artículo 527.

Art. 189. *Especialidades en el ejercicio de los derechos de asistencia y voto en las sociedades anónimas.*—1. Para el ejercicio del derecho de asistencia a las juntas y el de voto será lícita la agrupación de acciones.

2. De conformidad con lo que se disponga en los estatutos, el voto de las propuestas sobre puntos comprendidos en el orden del día de cualquier clase de junta general podrá delegarse o ejercitarse por el accionista mediante correspondencia postal, electrónica o cualquier otro medio de comunicación a distancia, siempre que se garantice debidamente la identidad del sujeto que ejerce su derecho de voto.

3. Los accionistas que emitan sus votos a distancia deberán ser tenidos en cuenta a efectos de constitución de la junta como presentes.

Art. **188.3**: Redactado conforme a la Disp. Adic. 1.ª uno de la Ley 1/2012, de 22 de junio, de simplificación de las obligaciones de información y documentación de fusiones y escisiones de sociedades de capital (*B. O. E.* núm. 150, de 23 de junio).

Art. 190. *Conflicto de intereses.*—1. El socio no podrá ejercitar el derecho de voto correspondiente a sus acciones o participaciones cuando se trate de adoptar un acuerdo que tenga por objeto:

a) autorizarle a transmitir acciones o participaciones sujetas a una restricción legal o estatutaria,

b) excluirle de la sociedad,

c) liberarle de una obligación o concederle un derecho,

d) facilitarle cualquier tipo de asistencia financiera, incluida la prestación de garantías a su favor o

e) dispensarle de las obligaciones derivadas del deber de lealtad conforme a lo previsto en el artículo 230.

En las sociedades anónimas, la prohibición de ejercitar el derecho de voto en los supuestos contemplados en las letras *a)* y *b)* anteriores sólo será de aplicación cuando dicha prohibición esté expresamente prevista en las correspondientes cláusulas estatutarias reguladoras de la restricción a la libre transmisión o la exclusión.

2. Las acciones o participaciones del socio que se encuentre en algunas de las situaciones de conflicto de interés contempladas en el apartado anterior se deducirán del capital social para el cómputo de la mayoría de los votos que en cada caso sea necesaria.

3. En los casos de conflicto de interés distintos de los previstos en el apartado 1, los socios no estarán privados de su derecho de voto. No obstante, cuando el voto del socio o socios incursos en conflicto haya sido decisivo para la adopción del acuerdo, corresponderá, en caso de impugnación, a la sociedad y, en su caso, al socio o socios afectados por el conflicto, la carga de la prueba de la conformidad del acuerdo al interés social. Al socio o socios que impugnen les corresponderá la acreditación del conflicto de interés. De esta regla se exceptúan los acuerdos relativos al nombramiento, el cese, la revocación y la exigencia de responsabilidad de los administradores y cualesquiera otros de análogo significado en los que el conflicto de interés se refiera exclusivamente a la posición que ostenta el socio en la sociedad. En estos casos, corresponderá a los que impugnen la acreditación del perjuicio al interés social.

Art. 190: Redactado conforme al art. único.tres de la Ley 31/2014, de 3 de diciembre, por la que se modifica la Ley de Sociedades de Capital para la mejora del gobierno corporativo (*B.O.E.* núm. 293, de 4 de diciembre).

CAPÍTULO VII

CONSTITUCIÓN DE LA JUNTA
Y ADOPCIÓN DE ACUERDOS

SECCIÓN 1.ª

Constitución de la junta

Art. 191. *Mesa de la junta.—* Salvo disposición contraria de los estatutos, el presidente y el secretario de la junta general serán los del consejo de administración y, en su defecto, los designados por los socios concurrentes al comienzo de la reunión.

Art. 192. *Lista de asistentes.—*1. Antes de entrar en el orden del día se formará la lista de los asistentes, expresando el carácter o representación de cada uno y el número de participaciones o de acciones propias o ajenas con que concurran.

2. Al final de la lista se determinará el número de socios presentes o representados, así como el importe del capital del que sean titulares, especificando el que corresponde a los socios con derecho de voto.

3. En las sociedades de responsabilidad limitada la lista de asistentes se incluirá necesariamente en el acta.

Art. 193. *Constitución de la junta de la sociedad anónima.—*1. En las sociedades anónimas la junta general de accionistas quedará válidamente constituida en primera convocatoria cuando los accionistas presentes o representados posean, al menos, el 25 por 100 del capital suscrito con derecho de voto. Los estatutos podrán fijar un quórum superior.

2. En segunda convocatoria, será válida la constitución de la junta cualquiera que sea el capital concurrente a la misma, salvo que los estatutos fijen un quórum determinado, el cual, necesariamente, habrá de ser inferior al que aquéllos hayan establecido o exija la ley para la primera convocatoria.

Art. 194. *Quórum de constitución reforzado en casos espe-*

Art. **193:** V. arts. 364 y 512 del presente T.R.
Art. **194:** V. arts. 201.2 y 288.2 del presente T.R.
Art. **194.1:** Modificado por el Real Decreto-ley 5/2023, de 28 de junio, por el que se adoptan y prorrogan determinadas medidas de respuesta a las consecuencias económicas y sociales de la Guerra de Ucrania, de apoyo a la reconstrucción de la isla de La Palma y a otras situaciones de vulnerabilidad; de transposición de Directivas de la Unión Europea en materia de modificaciones estructurales de sociedades mercantiles y conciliación de la vida familiar y la vida profesional de los progenitores y los cuidadores; y de ejecución y cumplimiento del Derecho de la Unión Europea.

ciales.—1. En las sociedades anónimas, para que la junta general ordinaria o extraordinaria pueda acordar válidamente el aumento o la reducción del capital y cualquier otra modificación de los estatutos sociales, la emisión de obligaciones, la supresión o la limitación del derecho de adquisición preferente de nuevas acciones, así como la transformación, la fusión, la escisión o la cesión global de activo y pasivo, será necesaria, en primera convocatoria, la concurrencia de accionistas presentes o representados que posean, al menos, el 50 por 100 del capital suscrito con derecho de voto.

2. En segunda convocatoria será suficiente la concurrencia del 25 por 100 de dicho capital.

3. Los estatutos sociales podrán elevar los quórum previstos en los apartados anteriores.

Art. 195. *Prórroga de las sesiones.*—1. Las juntas generales se celebrarán el día señalado en la convocatoria, pero podrán ser prorrogadas sus sesiones durante uno o más días consecutivos.

2. La prórroga podrá acordarse a propuesta de los administradores o a petición de un número de socios que represente la cuarta parte del capital presente en la junta.

3. Cualquiera que sea el número de las sesiones en que se celebre la junta, se considerará única, levantándose una sola acta para todas las sesiones.

SECCIÓN 2.ª

*Derecho
de información*

Art. 196. *Derecho de información en la sociedad de responsabilidad limitada.*—1. Los socios de la sociedad de responsabilidad limitada podrán solicitar por escrito, con anterioridad a la reunión de la junta general o verbalmente durante la misma, los informes o aclaraciones que estimen precisos acerca de los asuntos comprendidos en el orden del día.

2. El órgano de administración estará obligado a proporcionárselos, en forma oral o escrita de acuerdo con el momento y la naturaleza de la información solicitada, salvo en los casos en que, a juicio del propio órgano, la publicidad de ésta perjudique el interés social.

3. No procederá la denegación de la información cuando la solicitud esté apoyada por socios que representen, al menos, el 25 por 100 del capital social.

Art. 197. *Derecho de información en la sociedad anónima.*—1. Hasta el séptimo día anterior al previsto para la celebración de la junta, los accionistas podrán solicitar de los administradores las informaciones o aclaraciones que estimen precisas acerca de los asuntos comprendidos en el orden del día, o formular por escrito las preguntas que consideren pertinentes.

Los administradores estarán obligados a facilitar la información por escrito hasta el día de la celebración de la junta general.

2. Durante la celebración de la junta general, los accionistas de la sociedad podrán solicitar verbalmente las informaciones o aclaraciones que consideren convenientes acerca de los asuntos comprendidos en el orden del día. Si el derecho del accionista no se pudiera satisfacer en ese momento, los administradores estarán obligados a facilitar la información solicitada por escrito, dentro de los siete días siguientes al de la terminación de la junta.

3. Los administradores estarán obligados a proporcionar la información solicitada al amparo de los dos apartados anteriores, salvo que esa información sea innecesaria para la tutela de los derechos del socio, o existan razones objetivas para considerar que podría utilizarse para fines extrasociales o su publicidad perjudique a la sociedad o a las sociedades vinculadas.

4. La información solicitada no podrá denegarse cuando la solicitud esté apoyada por accionistas que representen, al menos, el 25 por 100 del capital social. Los estatutos podrán fijar un porcentaje menor, siempre que sea superior al 5 por 100 del capital social.

5. La vulneración del derecho de información previsto en el apartado 2 sólo facultará al accionista para exigir el cumplimiento de la obligación de información y los daños y perjuicios que se le hayan podido causar, pero no será causa de impugnación de la junta general.

6. En el supuesto de utilización abusiva o perjudicial de la información solicitada, el socio será responsable de los daños y perjuicios causados.

Art. 197: Redactado conforme al art. único.cuatro de la Ley 31/2014, de 3 de diciembre, por la que se modifica la Ley de Sociedades de Capital para la mejora del gobierno corporativo (*B.O.E.* núm. 293, de 4 de diciembre).

V. art. 520.1 del presente T.R.

SECCIÓN 3.ª

Adopción de acuerdos

Subsección 1.ª*

Votación de acuerdos

Art. 197 bis.   *Votación separada por asuntos.*—1. En la junta general, deberán votarse separadamente aquellos asuntos que sean sustancialmente independientes.

2. En todo caso, aunque figuren en el mismo punto del orden del día, deberán votarse de forma separada:

a) El nombramiento, la ratificación, la reelección o la separación de cada administrador.

b) En la modificación de estatutos sociales, la de cada artículo o grupo de artículos que tengan autonomía propia.

c) Aquellos asuntos en los que así se disponga en los estatutos de la sociedad.

Subsección 2.ª**

Mayorías en la sociedad de responsabilidad limitada

Art. 198.   *Mayoría ordinaria.*—En la sociedad de responsabilidad limitada los acuerdos sociales se adoptarán por mayoría de los votos válidamente emitidos, siempre que representen al menos un tercio de los votos correspondientes a las participaciones sociales en que se divida el capital social. No se computarán los votos en blanco.

Art. 199.   *Mayoría legal reforzada.*—Por excepción a lo dispuesto en artículo anterior:

a) El aumento o la reducción del capital y cualquier otra modificación de los estatutos sociales requerirán el voto favorable de más de la mitad de los votos correspondientes a las participaciones en que se divida el capital social.

---

* Subsección añadida conforme al art. único.cinco de la Ley 31/2014, de 3 de diciembre, por la que se modifica la Ley de Sociedades de Capital para la mejora del gobierno corporativo (*B.O.E.* núm. 293, de 4 de diciembre).

Art. 197 bis: Añadido conforme al art. único.cinco de la Ley 31/2014, de 3 de diciembre, por la que se modifica la Ley de Sociedades de Capital para la mejora del gobierno corporativo (*B.O.E.* núm. 293, de 4 de diciembre).

** Anteriormente Subsección 1.ª, renumerada como 2.ª conforme al art. único.cinco de la Ley 31/2014, de 3 de diciembre, por la que se modifica la Ley de Sociedades de Capital para la mejora del gobierno corporativo (*B.O.E.* núm. 293, de 4 de diciembre).

Art. 198: V. arts. 199, 364 y 449.1 del presente T.R.

Art. 199: V. art. 288.1 del presente T.R.

b) La autorización a los administradores para que se dediquen, por cuenta propia o ajena, al mismo, análogo o complementario género de actividad que constituya el objeto social; la supresión o la limitación del derecho de preferencia en los aumentos del capital; la transformación, la fusión, la escisión, la cesión global de activo y pasivo, y la exclusión de socios requerirán el voto favorable de, al menos, dos tercios de los votos correspondientes a las participaciones en que se divida el capital social.

Art. 200. *Mayoría estatutaria reforzada.*—1. Para todos o algunos asuntos determinados, los estatutos podrán exigir un porcentaje de votos favorables superior al establecido por la ley, sin llegar a la unanimidad.

2. Los estatutos podrán exigir, además de la proporción de votos legal o estatutaria-

mente establecida, el voto favorable de un determinado número de socios.

Subsección 3.ª*

Mayorías en la sociedad anónima

Art. 201. *Mayorías.*—1. En las sociedades anónimas, los acuerdos sociales se adoptarán por mayoría simple de los votos de los accionistas presentes o representados en la junta, entendiéndose adoptado un acuerdo cuando obtenga más votos a favor que en contra del capital presente o representado.

2. Para la adopción de los acuerdos a que se refiere el artículo 194, si el capital presente o representado supera el 50 por 100 bastará con que el acuerdo se adopte por mayoría absoluta. Sin embargo, se

---

Art. 199.b): Modificada por el Real Decreto-ley 5/2023, de 28 de junio, por el que se adoptan y prorrogan determinadas medidas de respuesta a las consecuencias económicas y sociales de la Guerra de Ucrania, de apoyo a la reconstrucción de la isla de La Palma y a otras situaciones de vulnerabilidad; de transposición de Directivas de la Unión Europea en materia de modificaciones estructurales de sociedades mercantiles y conciliación de la vida familiar y la vida profesional de los progenitores y los cuidadores; y de ejecución y cumplimiento del Derecho de la Unión Europea.

* Anteriormente Subsección 2.ª, renumerada como 3.ª conforme al art. único. cinco de la Ley 31/2014, de 3 de diciembre, por la que se modifica la Ley de Sociedades de Capital para la mejora del gobierno corporativo (*B.O.E.* núm. 293, de 4 de diciembre).

Art. 201: Redactado conforme al art. único.seis de la Ley 31/2014, de 3 de diciembre, por la que se modifica la Ley de Sociedades de Capital para la mejora del gobierno corporativo (*B.O.E.* núm. 293, de 4 de diciembre).

V. arts. 288.2 y 364 del presente T.R.

requerirá el voto favorable de los dos tercios del capital presente o representado en la junta cuando en segunda convocatoria concurran accionistas que representen el 25 por 100 o más del capital suscrito con derecho de voto sin alcanzar el 50 por 100.

3. Los estatutos sociales podrán elevar las mayorías previstas en los apartados anteriores.

CAPÍTULO VIII

EL ACTA DE LA JUNTA

Art. 202. *Acta de la junta.*—1. Todos los acuerdos sociales deberán constar en acta.

2. El acta deberá ser aprobada por la propia junta al final de la reunión o, en su defecto, y dentro del plazo de quince días, por el presidente de la junta general y dos socios interventores, uno en representación de la mayoría y otro por la minoría.

3. Los acuerdos sociales podrán ejecutarse a partir de la fecha de la aprobación del acta en la que consten.

Art. 203. *Acta notarial.*—1. Los administradores podrán requerir la presencia de notario para que levante acta de la junta general y estarán obligados a hacerlo siempre que, con cinco días de antelación al previsto para la celebración de la junta, lo soliciten socios que representen, al menos, el 1 por 100 del capital social en la sociedad anónima o el 5 por 100 en la sociedad de responsabilidad limitada. En este caso, los acuerdos sólo serán eficaces si constan en acta notarial.

2. El acta notarial no se someterá a trámite de aprobación, tendrá la consideración de acta de la junta y los acuerdos que consten en ella podrán ejecutarse a partir de la fecha de su cierre.

3. Los honorarios notariales serán de cargo de la sociedad.

CAPÍTULO IX

LA IMPUGNACIÓN DE ACUERDOS

Art. 204. *Acuerdos impugnables.*—1. Son impugnables los acuerdos sociales que sean contrarios a la Ley, se opongan a los estatutos o al reglamento de la junta de la sociedad o lesionen el interés social en beneficio de uno o varios socios o de terceros.

Art. 204: Redactado conforme al art. único.siete de la Ley 31/2014, de 3 de diciembre, por la que se modifica la Ley de Sociedades de Capital para la mejora del gobierno corporativo (*B.O.E.* núm. 293, de 4 de diciembre).

La lesión del interés social se produce también cuando el acuerdo, aun no causando daño al patrimonio social, se impone de manera abusiva por la mayoría. Se entiende que el acuerdo se impone de forma abusiva cuando, sin responder a una necesidad razonable de la sociedad, se adopta por la mayoría en interés propio y en detrimento injustificado de los demás socios.

2. No será procedente la impugnación de un acuerdo social cuando haya sido dejado sin efecto o sustituido válidamente por otro adoptado antes de que se hubiera interpuesto la demanda de impugnación. Si la revocación o sustitución hubiera tenido lugar después de la interposición, el juez dictará auto de terminación del procedimiento por desaparición sobrevenida del objeto.

Lo dispuesto en este apartado se entiende sin perjuicio del derecho del que impugne a instar la eliminación de los efectos o la reparación de los daños que el acuerdo le hubiera ocasionado mientras estuvo en vigor.

3. Tampoco procederá la impugnación de acuerdos basada en los siguientes motivos:

a) La infracción de requisitos meramente procedimentales establecidos por la Ley, los estatutos o los reglamentos de la junta y del consejo, para la convocatoria o la constitución del órgano o para la adopción del acuerdo, salvo que se trate de una infracción relativa a la forma y plazo previo de la convocatoria, a las reglas esenciales de constitución del órgano o a las mayorías necesarias para la adopción de los acuerdos, así como cualquier otra que tenga carácter relevante.

b) La incorrección o insuficiencia de la información facilitada por la sociedad en respuesta al ejercicio del derecho de información con anterioridad a la junta, salvo que la información incorrecta o no facilitada hubiera sido esencial para el ejercicio razonable por parte del accionista o socio medio, del derecho de voto o de cualquiera de los demás derechos de participación.

c) La participación en la reunión de personas no legitimadas, salvo que esa participación hubiera sido determinante para la constitución del órgano.

d) La invalidez de uno o varios votos o el cómputo erróneo de los emitidos, salvo que el voto inválido o el error de cómputo hubieran sido determinantes para la consecución de la mayoría exigible.

Presentada la demanda, la cuestión sobre el carácter esencial o determinante de los motivos de impugnación previstos en este apartado se planteará como cuestión incidental de previo pronunciamiento.

Art. 205. *Caducidad de la acción de impugnación.*—1. La acción de impugnación de los acuerdos sociales caducará en el plazo de un año, salvo que tenga por objeto acuerdos que por sus circunstancias, causa o contenido resultaren contrarios al orden público, en cuyo caso la acción no caducará ni prescribirá.

2. El plazo de caducidad se computará desde la fecha de adopción del acuerdo si hubiera sido adoptado en junta de socios o en reunión del consejo de administración, y desde la fecha de recepción de la copia del acta si el acuerdo hubiera sido adoptado por escrito. Si el acuerdo se hubiera inscrito, el plazo de caducidad se computará desde la fecha de oponibilidad de la inscripción.

Art. 206. *Legitimación para impugnar.*—1. Para la impugnación de los acuerdos sociales están legitimados cualquiera de los administradores, los terceros que acrediten un interés legítimo y los socios que hubieran adquirido tal condición antes de la adopción del acuerdo, siempre que representen, individual o conjuntamente, al menos el 1 por 100 del capital.

Los estatutos podrán reducir los porcentajes de capital indicados y, en todo caso, los socios que no los alcancen tendrán derecho al resarcimiento del daño que les haya ocasionado el acuerdo impugnable.

2. Para la impugnación de los acuerdos que sean contrarios al orden público estará legitimado cualquier socio, aunque hubieran adquirido esa condición después del acuerdo, administrador o tercero.

3. Las acciones de impugnación deberán dirigirse contra la sociedad. Cuando el actor tuviese la representación exclusiva de la sociedad y la junta no tuviese designado a nadie a tal efecto, el juez que conozca de la impugnación nombrará la persona que ha de representarla en el proceso, entre los socios que hubieren votado a favor del acuerdo impugnado.

Art. 205: Redactado conforme al art. único.ocho de la Ley 31/2014, de 3 de diciembre, por la que se modifica la Ley de Sociedades de Capital para la mejora del gobierno corporativo (*B.O.E.* núm. 293, de 4 de diciembre).

Art. 205.1: V. art. 495.2.*c*) del presente T.R.

Art. 206: Redactado conforme al art. único.nueve de la Ley 31/2014, de 3 de diciembre, por la que se modifica la Ley de Sociedades de Capital para la mejora del gobierno corporativo (*B.O.E.* núm. 293, de 4 de diciembre).

Art. 206.1: V. art. 495.2.*b*) del presente T.R.

4. Los socios que hubieren votado a favor del acuerdo impugnado podrán intervenir a su costa en el proceso para mantener su validez.

5. No podrá alegar defectos de forma en el proceso de adopción del acuerdo quien habiendo tenido ocasión de denunciarlos en el momento oportuno, no lo hubiera hecho.

Art. 207. *Procedimiento de impugnación.*—1. Para la impugnación de los acuerdos sociales, se seguirán los trámites del juicio ordinario y las disposiciones contenidas en la Ley de Enjuiciamiento Civil.

2. En el caso de que fuera posible eliminar la causa de impugnación, el juez, a solicitud de la sociedad demandada, otorgará un plazo razonable para que aquélla pueda ser subsanada.

Art. 208. *Sentencia estimatoria de la impugnación.*— 1. La sentencia firme que declare la nulidad de un acuerdo inscribible habrá de inscribirse en el Registro Mercantil. El *Boletín Oficial del Registro Mercantil* publicará un extracto.

2. En el caso de que el acuerdo impugnado estuviese inscrito en el Registro Mercantil, la sentencia determinará además la cancelación de su inscripción, así como la de los asientos posteriores que resulten contradictorios con ella.

TÍTULO VI

La administración de la sociedad

CAPÍTULO PRIMERO

DISPOSICIONES GENERALES

Art. 209. *Competencia del órgano de administración.*—Es competencia de los administradores la gestión y la representación de la sociedad en los términos establecidos en esta ley.

Art. 210. *Modos de organizar la administración.*—1. La administración de la sociedad se podrá confiar a un administrador único, a varios administradores que actúen de forma solidaria o de forma conjunta

---

Art. 207.1: Sobre juicio ordinario, v. arts. 399 a 436 de la Ley 1/2000, de 7 de enero, de Enjuiciamiento Civil (*B.O.E.* núm. 7, de 8 de enero; corrección de errores en *B.O.E.* núm. 90, de 14 de abril).

o a un consejo de administración.

2. En la sociedad anónima, cuando la administración conjunta se confíe a dos administradores, éstos actuarán de forma mancomunada y, cuando se confíe a más de dos administradores, constituirán consejo de administración.

3. En la sociedad de responsabilidad limitada los estatutos sociales podrán establecer distintos modos de organizar la administración atribuyendo a la junta de socios la facultad de optar alternativamente por cualquiera de ellos sin necesidad de modificación estatutaria.

4. Todo acuerdo que altere el modo de organizar la administración de la sociedad, constituya o no modificación de los estatutos sociales, se consignará en escritura pública y se inscribirá en el Registro Mercantil.

Art. 211. *Determinación del número de administradores.*—Cuando los estatutos establezcan solamente el mínimo y el máximo, corresponde a la junta general la determinación del número de administradores,

sin más límites que los establecidos por la ley.

CAPÍTULO II

LOS ADMINISTRADORES

Art. 212. *Requisitos subjetivos.*—1. Los administradores de la sociedad de capital podrán ser personas físicas o jurídicas.

2. Salvo disposición contraria de los estatutos, para ser nombrado administrador no se requerirá la condición de socio.

Art. 212 bis. *Administrador persona jurídica.*—1. En caso de ser nombrado administrador una persona jurídica, será necesario que ésta designe a una sola persona natural para el ejercicio permanente de las funciones propias del cargo.

2. La revocación de su representante por la persona jurídica administradora no producirá efecto en tanto no designe a la persona que le sustituya. Esta designación se inscribirá en el Registro Mercantil en los términos previstos en el artículo 215.

Art. 212 bis: Añadido conforme al art. 1.°doce de la Ley 25/2011, de 1 de agosto, de reforma parcial de la Ley de Sociedades de Capital y de incorporación de la Directiva 2007/36/CE del Parlamento Europeo y del Consejo, de 11 de julio, sobre el ejercicio de determinados derechos de los accionistas de sociedades cotizadas (*B.O.E.* núm. 184, de 2 de agosto).

Art. 213. *Prohibiciones.*—1. No pueden ser administradores los menores de edad no emancipados, los judicialmente incapacitados, las personas inhabilitadas conforme a la Ley Concursal mientras no haya concluido el período de inhabilitación fijado en la sentencia de calificación del concurso y los condenados por delitos contra la libertad, contra el patrimonio o contra el orden socioeconómico, contra la seguridad colectiva, contra la Administración de Justicia o por cualquier clase de falsedad, así como aquellos que por razón de su cargo no puedan ejercer el comercio.

2. Tampoco podrán ser administradores los funcionarios al servicio de la Administración pública con funciones a su cargo que se relacionen con las actividades propias de las sociedades de que se trate, los jueces o magistrados y las demás personas afectadas por una incompatibilidad legal.

3. A los efectos de lo dispuesto en este artículo, podrá tomarse en consideración cualquier inhabilitación o información pertinente a efectos de inhabilitación vigente en otro Estado miembro de la Unión Europea.

Art. 214. *Nombramiento y aceptación.*—1. La competencia para el nombramiento de los administradores corresponde a la junta de socios sin más excepciones que las establecidas en la ley.

2. En defecto de disposición estatutaria, la junta general podrá fijar las garantías que los administradores deberán prestar o relevarlos de esta prestación.

3. El nombramiento de los administradores surtirá efecto desde el momento de su aceptación.

Art. 215. *Inscripción del nombramiento.*—1. El nombramiento de los administradores, una vez aceptado, deberá ser presentado a inscripción en el Registro Mercantil haciendo constar la identidad de los nombrados y, en relación a los administradores que tengan

---

Art. 213.1: Sobre sustitución de los inhabilitados, v. art. 173 de la Ley 22/2003, de 9 de julio, Concursal (*B.O.E.* núm. 164, de 10 de julio).

Art. 213.3: Añadido por la Ley 11/2023, de 8 de mayo, de trasposición de Directivas de la Unión Europea en materia de accesibilidad de determinados productos y servicios, migración de personas altamente cualificadas, tributaria y digitalización de actuaciones notariales y registrales; y por la que se modifica la Ley 12/2011, de 27 de mayo, sobre responsabilidad civil por daños nucleares o producidos por materiales radiactivos.

Art. 215: V. art. 212 bis.2 del presente T.R.

atribuida la representación de la sociedad, si pueden actuar por sí solos o necesitan hacerlo conjuntamente.

2. La presentación a la inscripción deberá realizarse dentro de los diez días siguientes a la fecha de la aceptación.

Art. 216. *Administradores suplentes.*—1. Salvo disposición contraria de los estatutos sociales, podrán ser nombrados suplentes de los administradores para el caso de que cesen por cualquier causa uno o varios de ellos. El nombramiento y aceptación de los suplentes como administradores se inscribirán en el Registro Mercantil una vez producido el cese del anterior titular.

2. Si los estatutos sociales estableciera un plazo determinado de duración del cargo de administrador, el nombramiento del suplente se entenderá efectuado por el período pendiente de cumplir por la persona cuya vacante se cubra.

Art. 217. *Remuneración de los administradores.*—1. El cargo de administrador es gratuito, a menos que los estatutos sociales establezcan lo contrario determinando el sistema de remuneración.

2. El sistema de remuneración establecido determinará el concepto o conceptos retributivos a percibir por los administradores en su condición de tales y que podrán consistir, entre otros, en uno o varios de los siguientes:

a) una asignación fija,

b) dietas de asistencia,

c) participación en beneficios,

d) retribución variable con indicadores o parámetros generales de referencia,

e) remuneración en acciones o vinculada a su evolución,

f) indemnizaciones por cese, siempre y cuando el cese no estuviese motivado por el incumplimiento de las funciones de administrador y

g) los sistemas de ahorro o previsión que se consideren oportunos.

3. El importe máximo de la remuneración anual del conjunto de los administradores en su condición de tales deberá ser aprobado por la junta general y permanecerá vigente en tanto no

---

Art. 217: Redactado conforme al art. único.diez de la Ley 31/2014, de 3 de diciembre, por la que se modifica la Ley de Sociedades de Capital para la mejora del gobierno corporativo (*B.O.E.* núm. 293, de 4 de diciembre). Esta modificación, que entró en vigor a partir del 1 de enero de 2015, deberá acordarse en la primera junta general que se celebre con posterioridad a esta fecha (Disp. Trans., apdo. 1, de la Ley 31/2014).

V. S.T.S. (Civil) 2061/2015, de 9 de abril.

se apruebe su modificación. Salvo que la junta general determine otra cosa, la distribución de la retribución entre los distintos administradores se establecerá por acuerdo de éstos y, en el caso del consejo de administración, por decisión del mismo, que deberá tomar en consideración las funciones y responsabilidades atribuidas a cada consejero.

4. La remuneración de los administradores deberá en todo caso guardar una proporción razonable con la importancia de la sociedad, la situación económica que tuviera en cada momento y los estándares de mercado de empresas comparables. El sistema de remuneración establecido deberá estar orientado a promover la rentabilidad y sostenibilidad a largo plazo de la sociedad e incorporar las cautelas necesarias para evitar la asunción excesiva de riesgos y la recompensa de resultados desfavorables.

Art. 218. *Remuneración mediante participación en bene-*

ficios.—1. Cuando el sistema de retribución incluya una participación en los beneficios, los estatutos sociales determinarán concretamente la participación o el porcentaje máximo de la misma. En este último caso, la junta general determinará el porcentaje aplicable dentro del máximo establecido en los estatutos sociales.

2. En la sociedad de responsabilidad limitada, el porcentaje máximo de participación en ningún caso podrá ser superior al 10 por 100 de los beneficios repartibles entre los socios.

3. En la sociedad anónima, la participación sólo podrá ser detraída de los beneficios líquidos y después de estar cubiertas las atenciones de la reserva legal y de la estatutaria y de haberse reconocido a los accionistas un dividendo del 4 por 100 del valor nominal de las acciones o el tipo más alto que los estatutos hayan establecido.

Art. 219. *Remuneración vinculada a las acciones de la so-*

Art. 218: Redactado conforme al art. único.once de la Ley 31/2014, de 3 de diciembre, por la que se modifica la Ley de Sociedades de Capital para la mejora del gobierno corporativo (*B.O.E.* núm. 293, de 4 de diciembre). Esta modificación, que entró en vigor a partir del 1 de enero de 2015, deberá acordarse en la primera junta general que se celebre con posterioridad a esta fecha (Disp. Trans., apdo. 1, de la Ley 31/2014).
Art. 219: Redactado conforme al art. único.doce de la Ley 31/2014, de 3 de diciembre, por la que se modifica la Ley de Sociedades de Capital para la mejora del gobierno corporativo (*B.O.E.* núm. 293, de 4 de diciembre). Esta modificación, que entró en vigor a partir del 1 de enero de 2015, deberá acordarse en la primera junta general que se celebre con posterioridad a esta fecha (Disp. Trans., apdo. 1, de la Ley 31/2014).

ciedad.—1. En la sociedad anónima, cuando el sistema de remuneración de los administradores incluya la entrega de acciones o de opciones sobre acciones, o retribuciones referenciadas al valor de las acciones deberá preverse expresamente en los estatutos sociales y su aplicación requerirá un acuerdo de la junta general de accionistas.

2. El acuerdo de la junta general de accionistas deberá incluir el número máximo de acciones que se podrán asignar en cada ejercicio a este sistema de remuneración, el precio de ejercicio o el sistema de cálculo del precio de ejercicio de las opciones sobre acciones, el valor de las acciones que, en su caso, se tome como referencia y el plazo de duración del plan.

Art. 220. *Prestación de servicios de los administradores.*— En la sociedad de responsabilidad limitada el establecimiento o la modificación de cualquier clase de relaciones de prestación de servicios o de obra entre la sociedad y uno o varios de sus administradores requerirán acuerdo de la junta general.

Art. 221. *Duración del cargo.*—1. Los administradores de la sociedad de responsabilidad limitada ejercerán su cargo por tiempo indefinido, salvo que los estatutos establezcan un plazo determinado, en cuyo caso podrán ser reelegidos una o más veces por períodos de igual duración.

2. Los administradores de la sociedad anónima ejercerán el cargo durante el plazo que señalen los estatutos sociales, que no podrá exceder de seis años y deberá ser igual para todos ellos.

Los administradores podrán ser reelegidos para el cargo, una o varias veces, por períodos de igual duración máxima.

Art. 222. *Caducidad.*—El nombramiento de los administradores caducará cuando, vencido el plazo, se haya celebrado junta general o haya transcurrido el plazo para la celebración de la junta que ha de resolver sobre la aprobación de las cuentas del ejercicio anterior.

Art. 223. *Cese de los administradores.*—1. Los administradores podrán ser separados de su cargo en cualquier momento por la junta general aun cuando la separación no conste en el orden del día.

2. En la sociedad limitada los estatutos podrán exigir para el acuerdo de separación una mayoría reforzada que no podrá ser superior a los dos tercios de los votos correspondientes a las participaciones en que se divida el capital social.

Art. 224. *Supuestos especiales de cese de administradores de la sociedad anónima.*—1. Los administradores que estuviesen incursos en cualquiera de las prohibiciones legales deberán ser inmediatamente destituidos, a solicitud de cualquier accionista, sin perjuicio de la responsabilidad en que puedan incurrir por su conducta desleal.

2. Los administradores y las personas que bajo cualquier forma tengan intereses opuestos a los de la sociedad cesarán en su cargo a solicitud de cualquier socio por acuerdo de la junta general.

CAPÍTULO III

LOS DEBERES
DE LOS ADMINISTRADORES

Art. 225. *Deber general de diligencia.*—1. Los administradores deberán desempeñar el cargo y cumplir los deberes impuestos por las leyes y los estatutos con la diligencia de un ordenado empresario, teniendo en cuenta la naturaleza del cargo y las funciones atribuidas a cada uno de ellos; y subordinar, en todo caso, su interés particular al interés de la empresa.

2. Los administradores deberán tener la dedicación adecuada y adoptarán las medidas precisas para la buena dirección y el control de la sociedad.

3. En el desempeño de sus funciones, el administrador tiene el deber de exigir y el derecho de recabar de la sociedad la información adecuada y necesaria que le sirva para el cumplimiento de sus obligaciones.

Art. 226. *Protección de la discrecionalidad empresarial.*— 1. En el ámbito de las decisiones estratégicas y de negocio, sujetas a la discrecionalidad empresarial, el estándar de di-

---

Art. 225: Redactado conforme al art. único.trece de la Ley 31/2014, de 3 de diciembre, por la que se modifica la Ley de Sociedades de Capital para la mejora del gobierno corporativo (*B.O.E.* núm. 293, de 4 de diciembre).

V. arts. 157.3 y 231.1 del presente T.R.

Art. 225.1: Redactado de nuevo por el apartado 3 del art. 3.º de la Ley 5/2021, de 12 de abril, por la que se modifica el texto refundido de la Ley de Sociedades de Capital, aprobado por el Real Decreto Legislativo 1/2010, de 2 de julio, y otras normas financieras, en lo que respecta al fomento de la implicación a largo plazo de los accionistas en las sociedades cotizadas (*B.O.E.* núm. 88, de 13 de abril de 2021).

Art. 226: Redactado conforme al art. único.catorce de la Ley 31/2014, de 3 de diciembre, por la que se modifica la Ley de Sociedades de Capital para la mejora del gobierno corporativo (*B.O.E.* núm. 293, de 4 de diciembre).

V. arts. 157.3 y 231.1 del presente T.R.

ligencia de un ordenado empresario se entenderá cumplido cuando el administrador haya actuado de buena fe, sin interés personal en el asunto objeto de decisión, con información suficiente y con arreglo a un procedimiento de decisión adecuado.

2. No se entenderán incluidas dentro del ámbito de discrecionalidad empresarial aquellas decisiones que afecten personalmente a otros administradores y personas vinculadas y, en particular, aquellas que tengan por objeto autorizar las operaciones previstas en el artículo 230.

Art. 227. *Deber de lealtad.*—
1. Los administradores deberán desempeñar el cargo con la lealtad de un fiel representante, obrando de buena fe y en el mejor interés de la sociedad.

2. La infracción del deber de lealtad determinará no sólo la obligación de indemnizar el daño causado al patrimonio social, sino también la de devolver a la sociedad el enriquecimiento injusto obtenido por el administrador.

Art. 228. *Obligaciones básicas derivadas del deber de lealtad.*—En particular, el deber de lealtad obliga al administrador a:

a) No ejercitar sus facultades con fines distintos de aquellos para los que le han sido concedidas.

b) Guardar secreto sobre las informaciones, datos, informes o antecedentes a los que haya tenido acceso en el desempeño de su cargo, incluso cuando haya cesado en él, salvo en los casos en que la ley lo permita o requiera.

c) Abstenerse de participar en la deliberación y votación de acuerdos o decisiones en las que él o una persona vinculada tenga un conflicto de intereses, directo o indirecto. Se excluirán de la anterior obligación de abstención los acuerdos o decisiones que le afecten en su condición de administrador, tales como su designación o revocación para cargos en el órgano de administración u otros de análogo significado.

d) Desempeñar sus funciones bajo el principio de res-

Art. **227**: Redactado conforme al art. único.quince de la Ley 31/2014, de 3 de diciembre, por la que se modifica la Ley de Sociedades de Capital para la mejora del gobierno corporativo (*B.O.E.* núm. 293, de 4 de diciembre).
V. art. 231.1 del presente T.R.
Art. **228**: Redactado conforme al art. único.dieciséis de la Ley 31/2014, de 3 de diciembre, por la que se modifica la Ley de Sociedades de Capital para la mejora del gobierno corporativo (*B.O.E.* núm. 293, de 4 de diciembre).
V. art. 231.1 del presente T.R.

ponsabilidad personal con libertad de criterio o juicio e independencia respecto de instrucciones y vinculaciones de terceros.

e) Adoptar las medidas necesarias para evitar incurrir en situaciones en las que sus intereses, sean por cuenta propia o ajena, puedan entrar en conflicto con el interés social y con sus deberes para con la sociedad.

Art. 229. *Deber de evitar situaciones de conflicto de interés.*—1. En particular, el deber de evitar situaciones de conflicto de interés a que se refiere la letra *e*) del artículo 228 anterior obliga al administrador a abstenerse de:

a) Realizar transacciones con la sociedad, excepto que se trate de operaciones ordinarias, hechas en condiciones estándar para los clientes y de escasa relevancia, entendiendo por tales aquellas cuya información no sea necesaria para expresar la imagen fiel del patrimonio, de la situación financiera y de los resultados de la entidad.

b) Utilizar el nombre de la sociedad o invocar su condición de administrador para influir indebidamente en la realización de operaciones privadas.

c) Hacer uso de los activos sociales, incluida la información confidencial de la compañía, con fines privados.

d) Aprovecharse de las oportunidades de negocio de la sociedad.

e) Obtener ventajas o remuneraciones de terceros distintos de la sociedad y su grupo asociadas al desempeño de su cargo, salvo que se trate de atenciones de mera cortesía.

f) Desarrollar actividades por cuenta propia o cuenta ajena que entrañen una competencia efectiva, sea actual o potencial, con la sociedad o que, de cualquier otro modo, le sitúen en un conflicto permanente con los intereses de la sociedad.

2. Las previsiones anteriores serán de aplicación también en el caso de que el beneficiario de los actos o de las actividades prohibidas sea una persona vinculada al administrador.

3. En todo caso, los administradores deberán comunicar a los demás administradores y, en su caso, al consejo de administración, o, tratándose de un

---

Art. **228.e**): V. art. 229.1 del presente T.R.
Art. **229**: Redactado conforme al art. único.diecisiete de la Ley 31/2014, de 3 de diciembre, por la que se modifica la Ley de Sociedades de Capital para la mejora del gobierno corporativo (*B.O.E.* núm. 293, de 4 de diciembre).
V. arts. 230.1 y 2 (párr. 1.°), 231.1 y 529 ter.1.*h*) del presente T.R.

administrador único, a la junta general cualquier situación de conflicto, directo o indirecto, que ellos o personas vinculadas a ellos pudieran tener con el interés de la sociedad.

Las situaciones de conflicto de interés en que incurran los administradores serán objeto de información en la memoria a que se refiere el artículo 259.

Art. 230. *Régimen de imperatividad y dispensa.*—1. El régimen relativo al deber de lealtad y a la responsabilidad por su infracción es imperativo. No serán válidas las disposiciones estatutarias que lo limiten o sean contrarias al mismo.

2. No obstante lo dispuesto en el apartado precedente, la sociedad podrá dispensar las prohibiciones contenidas en el artículo anterior en casos singulares autorizando la realización por parte de un administrador o una persona vinculada de una determinada transacción con la sociedad, el uso de ciertos activos sociales, el aprovechamiento de una concreta oportunidad de negocio, la obtención de una ventaja o remuneración de un tercero.

La autorización deberá ser necesariamente acordada por la junta general cuando tenga por objeto la dispensa de la prohibición de obtener una ventaja o remuneración de terceros, o afecte a una transacción cuyo valor sea superior al 10 por 100 de los activos sociales. En las sociedades de responsabilidad limitada, también deberá otorgarse por la junta general la autorización cuando se refiera a la prestación de cualquier clase de asistencia financiera, incluidas garantías de la sociedad a favor del administrador o cuando se dirija al establecimiento con la sociedad de una relación de servicios u obra.

En los demás casos, la autorización también podrá ser otorgada por el órgano de administración siempre que quede garantizada la independencia de los miembros que la conceden respecto del administrador dispensado. Además, será preciso asegurar la inocuidad de la operación autorizada para el patrimonio social o, en su caso, su realización en condiciones de mercado y la transparencia del proceso.

Art. 230: Redactado conforme al art. único.dieciocho de la Ley 31/2014, de 3 de diciembre, por la que se modifica la Ley de Sociedades de Capital para la mejora del gobierno corporativo (*B.O.E.* núm. 293, de 4 de diciembre).

V. arts. 190.1.*e*), 226.2, 231.1, 249 bis.*c*) y 529 ter.1.*h*) del presente T.R.

3. La obligación de no competir con la sociedad sólo podrá ser objeto de dispensa en el supuesto de que no quepa esperar daño para la sociedad o el que quepa esperar se vea compensado por los beneficios que prevén obtenerse de la dispensa. La dispensa se concederá mediante acuerdo expreso y separado de la junta general.

En todo caso, a instancia de cualquier socio, la junta general resolverá sobre el cese del administrador que desarrolle actividades competitivas cuando el riesgo de perjuicio para la sociedad haya devenido relevante.

Art. 231. *Personas vinculadas a los administradores.—* 1. A efectos de los artículos anteriores, tendrán la consideración de personas vinculadas a los administradores:

a) El cónyuge del administrador o las personas con análoga relación de afectividad.

b) Los ascendientes, descendientes y hermanos del administrador o del cónyuge del administrador.

c) Los cónyuges de los ascendientes, de los descendientes y de los hermanos del administrador.

d) Las sociedades o entidades en las cuales el administrador posee directa o indirectamente, incluso por persona interpuesta, una participación que le otorgue una influencia significativa o desempeña en ellas o en su sociedad dominante un puesto en el órgano de administración o en la alta dirección. A estos efectos, se presume que otorga influencia significativa cualquier participación igual o superior al 10 por 100 del capital social o de los derechos de voto o en atención a la cual se ha podido obtener, de hecho o de derecho, una representación en el órgano de administración de la sociedad.

e) Los socios representados por el administrador en el órgano de administración.

2. Respecto del administrador persona jurídica, se entenderán que son personas vinculadas las siguientes:

a) Los socios que se encuentren, respecto del administrador persona jurídica, en alguna de las situaciones contempladas en el apartado primero del

_____

Art. 231: Redactado de nuevo por el apartado 4 del art. 3.º de la Ley 5/2021, de 12 de abril, por la que se modifica el texto refundido de la Ley de Sociedades de Capital, aprobado por el Real Decreto Legislativo 1/2010, de 2 de julio, y otras normas financieras, en lo que respecta al fomento de la implicación a largo plazo de los accionistas en las sociedades cotizadas (*B. O. E.* núm. 88, de 13 de abril de 2021).

artículo 42 del Código de Comercio.

b) Los administradores de derecho o de hecho, los liquidadores y los apoderados con poderes generales del administrador persona jurídica.

c) Las sociedades que formen parte del mismo grupo y sus socios.

d) Las personas que respecto del representante del administrador persona jurídica tengan la consideración de personas vinculadas a los administradores de conformidad con lo que se establece en el apartado anterior.

Art. 231 bis. *Operaciones intragrupo.*—1. La aprobación de las operaciones que celebre la sociedad con su sociedad dominante u otras sociedades del grupo sujetas a conflicto de interés corresponderá a la junta general cuando el negocio o transacción en que consista, por su propia naturaleza, esté legalmente reservada a la competencia de este órgano y, en todo caso, cuando el importe o valor de la operación o el importe total del conjunto de operaciones previstas en un acuerdo o contrato marco sea superior al 10 por 100 del activo total de la sociedad.

2. La aprobación del resto de las operaciones que celebre la sociedad con su sociedad dominante u otras sociedades del grupo sujetas a conflicto de interés, corresponderá al órgano de administración. No obstante lo previsto en los artículos 228.*c)* y 230, la aprobación podrá hacerse con la participación de los administradores que estén vinculados y representen a la sociedad dominante, en cuyo caso, si la decisión o voto de tales administradores resultara decisivo para la aprobación, corresponderá a la sociedad y, en su caso, a los administradores afectados por el conflicto de interés, probar que el acuerdo es conforme con el interés social en caso de que sea impugnado y que emplearon la diligencia y lealtad debidas en caso de que se exija su responsabilidad.

3. La aprobación de operaciones que celebre la sociedad con su sociedad dominante u otras sociedades del grupo sujetas a conflicto de interés podrá ser delegada por el órgano de administración en órganos delegados o en miembros de la

---

Art. 231 **bis:** Añadido por el apartado 5 del art. 3.º de la Ley 5/2021, de 12 de abril, por la que se modifica el texto refundido de la Ley de Sociedades de Capital, aprobado por el Real Decreto Legislativo 1/2010, de 2 de julio, y otras normas financieras, en lo que respecta al fomento de la implicación a largo plazo de los accionistas en las sociedades cotizadas (*B.O.E.* núm. 88, de 13 de abril de 2021).

alta dirección siempre y cuando se trate de operaciones celebradas en el curso ordinario de la actividad empresarial, entre las que se incluirán las que resultan de la ejecución de un acuerdo o contrato marco, y concluidas en condiciones de mercado. El órgano de administración deberá implantar un procedimiento interno para la evaluación periódica del cumplimiento de los mencionados requisitos.

4.   A los efectos de los apartados anteriores, no se considerarán operaciones realizadas con una sociedad del grupo sujeta a conflicto de interés aquellas realizadas con sus sociedades dependientes, salvo cuando en la sociedad dependiente fuese accionista significativo una persona con la que la sociedad no podría realizar la operación directamente sin aplicar el régimen de operaciones con partes vinculadas. No obstante, para la sociedad dependiente que esté sujeta a esta Ley, por tratarse de operaciones celebradas con la sociedad dominante, será de aplicación lo previsto en los apartados anteriores.

Art. 232. *Acciones derivadas de la infracción del deber de lealtad.*—El ejercicio de la acción de responsabilidad prevista en los artículos 236 y siguientes no obsta al ejercicio de las acciones de impugnación, cesación, remoción de efectos y, en su caso, anulación de los actos y contratos celebrados por los administradores con violación de su deber de lealtad.

CAPÍTULO IV

LA REPRESENTACIÓN DE LA SOCIEDAD

Art. 233. *Atribución del poder de representación.*—1.   En la sociedad de capital la representación de la sociedad, en juicio o fuera de él, corresponde a los administradores en la forma determinada por los estatutos, sin perjuicio de lo dispuesto en el apartado siguiente.

2.   La atribución del poder de representación se regirá por las siguientes reglas:

a)   En el caso de administrador único, el poder de representación corresponderá necesariamente a éste.

b)   En caso de varios administradores solidarios, el poder de representación corresponde a cada administrador, sin perjuicio de las disposiciones esta-

---

Art. 232: Redactado conforme al art. único.diecinueve de la Ley 31/2014, de 3 de diciembre, por la que se modifica la Ley de Sociedades de Capital para la mejora del gobierno corporativo (*B.O.E.* núm. 293, de 4 de diciembre).

tutarias o de los acuerdos de la junta sobre distribución de facultades, que tendrán un alcance meramente interno.

c) En la sociedad de responsabilidad limitada, si hubiera más de dos administradores conjuntos, el poder de representación se ejercerá mancomunadamente al menos por dos de ellos en la forma determinada en los estatutos. Si la sociedad fuera anónima, el poder de representación se ejercerá mancomunadamente.

d) En el caso de consejo de administración, el poder de representación corresponde al propio consejo, que actuará colegiadamente. No obstante, los estatutos podrán atribuir el poder de representación a uno o varios miembros del consejo a título individual o conjunto.

Cuando el consejo, mediante el acuerdo de delegación, nombre una comisión ejecutiva o uno o varios consejeros delegados, se indicará el régimen de su actuación.

Art. 234. *Ámbito del poder de representación.*—1. La representación se extenderá a todos los actos comprendidos en el objeto social delimitado en los estatutos.

Cualquier limitación de las facultades representativas de los administradores, aunque se halle inscrita en el Registro Mercantil, será ineficaz frente a terceros.

2. La sociedad quedará obligada frente a terceros que hayan obrado de buena fe y sin culpa grave, aun cuando se desprenda de los estatutos inscritos en el Registro Mercantil que el acto no está comprendido en el objeto social.

Art. 235. *Notificaciones a la sociedad.*—Cuando la administración no se hubiera organizado en forma colegiada, las comunicaciones o notificaciones a la sociedad podrán dirigirse a cualquiera de los administradores. En caso de consejo de administración, se dirigirán a su Presidente.

CAPÍTULO V

LA RESPONSABILIDAD DE LOS ADMINISTRADORES

Art. 236. *Presupuestos y extensión subjetiva de la responsa-*

Art. 234: V. art. 161 del presente T.R.
Art. 236: Redactado conforme al art. único.veinte de la Ley 31/2014, de 3 de diciembre, por la que se modifica la Ley de Sociedades de Capital para la mejora del gobierno corporativo (*B.O.E.* núm. 293, de 4 de diciembre).
V. arts. 157.3 y 232 del presente T.R.

bilidad.—1. Los administradores responderán frente a la sociedad, frente a los socios y frente a los acreedores sociales, del daño que causen por actos u omisiones contrarios a la ley o a los estatutos o por los realizados incumpliendo los deberes inherentes al desempeño del cargo, siempre y cuando haya intervenido dolo o culpa.

La culpabilidad se presumirá, salvo prueba en contrario, cuando el acto sea contrario a la ley o a los estatutos sociales.

2. En ningún caso exonerará de responsabilidad la circunstancia de que el acto o acuerdo lesivo haya sido adoptado, autorizado o ratificado por la junta general.

3. La responsabilidad de los administradores se extiende igualmente a los administradores de hecho. A tal fin, tendrá la consideración de administrador de hecho tanto la persona que en la realidad del tráfico desempeñe sin título, con un título nulo o extinguido, o con otro título, las funciones propias de administrador, como, en su caso, aquella bajo cuyas instrucciones actúen los administradores de la sociedad.

4. Cuando no exista delegación permanente de facultades del consejo en uno o varios consejeros delegados, todas las disposiciones sobre deberes y responsabilidad de los administradores serán aplicables a la persona, cualquiera que sea su denominación, que tenga atribuidas facultades de más alta dirección de la sociedad, sin perjuicio de las acciones de la sociedad basadas en su relación jurídica con ella.

5. La persona física designada para el ejercicio permanente de las funciones propias del cargo de administrador persona jurídica deberá reunir los requisitos legales establecidos para los administradores, estará sometida a los mismos deberes y responderá solidariamente con la persona jurídica administrador.

Art. 237. *Carácter solidario de la responsabilidad.*—Todos los miembros del órgano de administración que hubiera adoptado el acuerdo o realizado el acto lesivo responderán solidariamente, salvo los que prueben que, no habiendo intervenido en su adopción y ejecución, desconocían su existencia o, conociéndola, hicieron todo lo conveniente para evitar el daño o, al menos, se opusieron expresamente a aquél.

Art. 237: V. art. 157.3 del presente T.R.

Art. 238. *Acción social de responsabilidad.*—1. La acción de responsabilidad contra los administradores se entablará por la sociedad, previo acuerdo de la junta general, que puede ser adoptado a solicitud de cualquier socio aunque no conste en el orden del día. Los estatutos no podrán establecer una mayoría distinta a la ordinaria para la adopción de este acuerdo.

2. En cualquier momento la junta general podrá transigir o renunciar al ejercicio de la acción, siempre que no se opusieren a ello socios que representen el 5 por 100 del capital social.

3. El acuerdo de promover la acción o de transigir determinará la destitución de los administradores afectados.

4. La aprobación de las cuentas anuales no impedirá el ejercicio de la acción de responsabilidad ni supondrá la renuncia a la acción acordada o ejercitada.

Art. 239. *Legitimación de la minoría.*—1. El socio o socios que posean individual o conjuntamente una participación que les permita solicitar la convocatoria de la junta general, podrán entablar la acción de responsabilidad en defensa del interés social cuando los administradores no convocasen la junta general solicitada a tal fin, cuando la sociedad no la entablare dentro del plazo de un mes, contado desde la fecha de adopción del correspondiente acuerdo, o bien cuando éste hubiere sido contrario a la exigencia de responsabilidad.

El socio o los socios a los que se refiere el párrafo anterior, podrán ejercitar directamente la acción social de responsabilidad cuando se fundamente en la infracción del deber de lealtad sin necesidad de someter la decisión a la junta general.

2. En caso de estimación total o parcial de la demanda, la sociedad estará obligada a reembolsar a la parte actora los

---

Art. 238: V. art. 232 del presente T.R.

V. S.T.S. (Civil) 3433/2016, de 13 de julio.

Art. 239: Redactado conforme al art. único.veintiuno de la Ley 31/2014, de 3 de diciembre, por la que se modifica la Ley de Sociedades de Capital para la mejora del gobierno corporativo (*B.O.E.* núm. 293, de 4 de diciembre).

V. art. 232 del presente T.R.

Art. 239.2: El art. 394 de la Ley 1/2000, de 7 de enero, de Enjuiciamiento Civil (*B.O.E.* núm. 7, de 8 de enero; correcciones de errores en *B.O.E.* núm. 90, de 14 de abril de 2000, y núm. 180, de 28 de julio de 2001), dispone lo siguiente:

«*Art. 394. Condena en las costas de la primera instancia.*—1. En los procesos declarativos, las costas de la primera instancia se impondrán a la parte que haya visto rechazadas todas sus pretensiones, salvo que el tribunal aprecie, y así lo razone, que el caso presentaba serias dudas de hecho o de derecho.

gastos necesarios en que hubiera incurrido con los límites previstos en el artículo 394 de la Ley 1/2000, de 7 de enero, de Enjuiciamiento Civil, salvo que ésta haya obtenido el reembolso de estos gastos o el ofrecimiento de reembolso de los gastos haya sido incondicional.

Art. 240. *Legitimación subsidiaria de los acreedores para el ejercicio de la acción social.*—Los acreedores de la sociedad podrán ejercitar la acción social de responsabilidad contra los administradores cuando no

haya sido ejercitada por la sociedad o sus socios, siempre que el patrimonio social resulte insuficiente para la satisfacción de sus créditos.

Art. 241. *Acción individual de responsabilidad.*—Quedan a salvo las acciones de indemnización que puedan corresponder a los socios y a los terceros por actos de administradores que lesionen directamente los intereses de aquéllos.

Art. 241 bis. *Prescripción de las acciones de responsabili-*

»Para apreciar, a efectos de condena en costas, que el caso era jurídicamente dudoso se tendrá en cuenta la jurisprudencia recaída en casos similares.

»2. Si fuere parcial la estimación o desestimación de las pretensiones, cada parte abonará las costas causadas a su instancia y las comunes por mitad, a no ser que hubiere méritos para imponerlas a una de ellas por haber litigado con temeridad.

»3. Cuando, en aplicación de lo dispuesto en el apartado 1 de este artículo, se impusieren las costas al litigante vencido, éste sólo estará obligado a pagar, de la parte que corresponda a los abogados y demás profesionales que no estén sujetos a tarifa o arancel, una cantidad total que no exceda de la tercera parte de la cuantía del proceso, por cada uno de los litigantes que hubieren obtenido tal pronunciamiento; a estos solos efectos, las pretensiones inestimables se valorarán en 18.000 euros, salvo que, en razón de la complejidad del asunto, el tribunal disponga otra cosa. [Cuantía convertida a euros conforme al Anexo I del Real Decreto 1.417/2001, de 17 de diciembre, por el que se procede a la conversión a euros de las cuantías establecidas en la Ley de Enjuiciamiento Civil (*B.O.E.* núm. 310, de 27 de diciembre).]

»No se aplicará lo dispuesto en el párrafo anterior cuando el tribunal declare la temeridad del litigante condenado en costas.

»Cuando el condenado en costas sea titular del derecho de asistencia jurídica gratuita, éste únicamente estará obligado a pagar las costas causadas en defensa de la parte contraria en los casos expresamente señalados en la Ley de Asistencia Jurídica Gratuita.

»4. En ningún caso se impondrán las costas al Ministerio Fiscal en los procesos en que intervenga como parte.»

Art. 240: V. art. 232 del presente T.R.

Art. 241: V. art. 232 del presente T.R.

V. SS.T.S. (Civil) 1650/2016, de 18 de abril, y 3433/2016, de 13 de julio.

Art. 241 bis: Añadido conforme al art. único.veintidós de la Ley 31/2014, de 3 de diciembre, por la que se modifica la Ley de Sociedades de Capital para la mejora del gobierno corporativo (*B.O.E.* núm. 293, de 4 de diciembre).

dad.—La acción de responsabilidad contra los administradores, sea social o individual, prescribirá a los cuatro años a contar desde el día en que hubiera podido ejercitarse.

CAPÍTULO VI

EL CONSEJO
DE ADMINISTRACIÓN

Art. 242. *Composición.*—1. El consejo de administración estará formado por un mínimo de tres miembros. Los estatutos fijarán el número de miembros del consejo de administración o bien el máximo y el mínimo, correspondiendo en este caso a la junta de socios la determinación del número concreto de sus componentes.

2. En la sociedad de responsabilidad limitada, en caso de consejo de administración, el número máximo de los componentes del consejo no podrá ser superior a doce.

Art. 243. *Sistema de representación proporcional.*—1. En la sociedad anónima las acciones que voluntariamente se agrupen, hasta constituir una cifra del capital social igual o superior a la que resulte de dividir este último por el número de componentes del consejo, tendrán derecho a designar los que, superando fracciones enteras, se deduzcan de la correspondiente proporción.

2. En el caso de que se haga uso de esta facultad, las acciones así agrupadas no intervendrán en la votación de los restantes componentes del consejo.

Art. 244. *Cooptación.*—En la sociedad anónima si durante el plazo para el que fueron nombrados los administradores se produjesen vacantes sin que existieran suplentes, el consejo podrá designar entre los accionistas las personas que hayan de ocuparlas hasta que se reúna la primera junta general.

Art. 245. *Organización y funcionamiento del consejo de administración.*—1. En la sociedad de responsabilidad limitada los estatutos establecerán el régimen de organización y funcionamiento del consejo de administración, que deberá comprender, en todo caso, las reglas de convocatoria y constitución del órgano, así como el modo de deliberar y adoptar acuerdos por mayoría.

2. En la sociedad anónima cuando los estatutos no dispu-

Art. 243: V. art. 486 del presente T.R.

sieran otra cosa, el consejo de administración podrá designar a su presidente, regular su propio funcionamiento y aceptar la dimisión de los consejeros.

3. El consejo de administración deberá reunirse, al menos, una vez al trimestre.

Art. 246. *Convocatoria del consejo de administración.*—1. El consejo de administración será convocado por su presidente o el que haga sus veces.

2. Los administradores que constituyan al menos un tercio de los miembros del consejo podrán convocarlo, indicando el orden del día, para su celebración en la localidad donde radique el domicilio social, si, previa petición al presidente, éste sin causa justificada no hubiera hecho la convocatoria en el plazo de un mes.

Art. 247. *Constitución del consejo de administración.*—1. En la sociedad de responsabilidad limitada el consejo de administración quedará válidamente constituido cuando concurran, presentes o representados, el número de consejeros previsto en los estatutos, siempre que alcancen, como mínimo, la mayoría de los vocales.

2. En la sociedad anónima, el consejo de administración quedará válidamente constituido cuando concurran a la reunión, presentes o representados, la mayoría de los vocales.

Art. 248. *Adopción de acuerdos por el consejo de administración en la sociedad anónima.*—1. En la sociedad anónima los acuerdos del consejo de administración se adoptarán por mayoría absoluta de los consejeros concurrentes a la sesión.

2. En la sociedad anónima la votación por escrito y sin sesión sólo será admitida cuando ningún consejero se oponga a este procedimiento.

Art. 249. *Delegación de facultades del consejo de adminis-*

Art. 245.3: Añadido conforme al art. único.veintitrés de la Ley 31/2014, de 3 de diciembre, por la que se modifica la Ley de Sociedades de Capital para la mejora del gobierno corporativo (*B.O.E.* núm. 293, de 4 de diciembre).

Art. 246: Redactado conforme al art. 1.°trece de la Ley 25/2011, de 1 de agosto, de reforma parcial de la Ley de Sociedades de Capital y de incorporación de la Directiva 2007/36/CE del Parlamento Europeo y del Consejo, de 11 de julio, sobre el ejercicio de determinados derechos de los accionistas de sociedades cotizadas (*B.O.E.* núm. 184, de 2 de agosto).

Art. 249: Redactado conforme al art. único.veinticuatro de la Ley 31/2014, de 3 de diciembre, por la que se modifica la Ley de Sociedades de Capital para la mejora del gobierno corporativo (*B.O.E.* núm. 293, de 4 de diciembre).

V. art. 529 octodecies.1 del presente T.R.

tración.—1. Cuando los estatutos de la sociedad no dispusieran lo contrario y sin perjuicio de los apoderamientos que pueda conferir a cualquier persona, el consejo de administración podrá designar de entre sus miembros a uno o varios consejeros delegados o comisiones ejecutivas, estableciendo el contenido, los límites y las modalidades de delegación.

2. La delegación permanente de alguna facultad del consejo de administración en la comisión ejecutiva o en el consejero delegado y la designación de los administradores que hayan de ocupar tales cargos requerirán para su validez el voto favorable de las dos terceras partes de los componentes del consejo y no producirán efecto alguno hasta su inscripción en el Registro Mercantil.

3. Cuando un miembro del consejo de administración sea nombrado consejero delegado o se le atribuyan funciones ejecutivas en virtud de otro título, será necesario que se celebre un contrato entre éste y la sociedad que deberá ser aprobado previamente por el consejo de administración con el voto favorable de las dos terceras partes de sus miembros. El consejero afectado deberá abstenerse de asistir a la deliberación y de participar en la votación. El contrato aprobado deberá incorporarse como anejo al acta de la sesión.

4. En el contrato se detallarán todos los conceptos por los que pueda obtener una retribución por el desempeño de funciones ejecutivas, incluyendo, en su caso, la eventual indemnización por cese anticipado en dichas funciones y las cantidades a abonar por la sociedad en concepto de primas de seguro o de contribución a sistemas de ahorro. El consejero no podrá percibir retribución alguna por el desempeño de funciones ejecutivas cuyas cantidades o conceptos no estén previstos en ese contrato.

El contrato deberá ser conforme con la política de retribuciones aprobada, en su caso, por la junta general.

Art. 249 bis. *Facultades indelegables.*—El consejo de administración no podrá delegar

---

Art. 249.3: V. art. 529 octodecies.2 del presente T.R.

Art. 249 bis: Añadido conforme al art. único.veinticinco de la Ley 31/2014, de 3 de diciembre, por la que se modifica la Ley de Sociedades de Capital para la mejora del gobierno corporativo (*B.O.E.* núm. 293, de 4 de diciembre).

V. art. 529 ter.1 del presente T.R.

en ningún caso las siguientes facultades:

a)   La supervisión del efectivo funcionamiento de las comisiones que hubiera constituido y de la actuación de los órganos delegados y de los directivos que hubiera designado.

b)   La determinación de las políticas y estrategias generales de la sociedad.

c)   La autorización o dispensa de las obligaciones derivadas del deber de lealtad conforme a lo dispuesto en el artículo 230.

d)   Su propia organización y funcionamiento.

e)   La formulación de las cuentas anuales y su presentación a la junta general.

f)   La formulación de cualquier clase de informe exigido por la ley al órgano de administración siempre y cuando la operación a que se refiere el informe no pueda ser delegada.

g)   El nombramiento y destitución de los consejeros delegados de la sociedad, así como el establecimiento de las condiciones de su contrato.

h)   El nombramiento y destitución de los directivos que tuvieran dependencia directa del consejo o de alguno de sus miembros, así como el establecimiento de las condiciones básicas de sus contratos, incluyendo su retribución.

i)   Las decisiones relativas a la remuneración de los consejeros, dentro del marco estatutario y, en su caso, de la política de remuneraciones aprobada por la junta general.

j)   La convocatoria de la junta general de accionistas y la elaboración del orden del día y la propuesta de acuerdos.

k)   La política relativa a las acciones o participaciones propias.

l)   Las facultades que la junta general hubiera delegado en el consejo de administración, salvo que hubiera sido expresamente autorizado por ella para subdelegarlas.

Art. 250.   *Acta del consejo de administración.*—Las discusiones y acuerdos del consejo de administración se llevarán a un libro de actas, que serán firmadas por el presidente y el secretario.

Art. 251.   *Impugnación de acuerdos del consejo de administración.*—1.   Los administradores podrán impugnar los

---

Art. 251: Redactado conforme al art. único.veintiséis de la Ley 31/2014, de 3 de diciembre, por la que se modifica la Ley de Sociedades de Capital para la mejora del gobierno corporativo (*B.O.E.* núm. 293, de 4 de diciembre).

V. art. 495.2.*b*) del presente T.R.

acuerdos del consejo de administración o de cualquier otro órgano colegiado de administración, en el plazo de treinta días desde su adopción. Igualmente podrán impugnar tales acuerdos los socios que representen un 1 por 100 del capital social, en el plazo de treinta días desde que tuvieren conocimiento de los mismos y siempre que no hubiere transcurrido un año desde su adopción.

2. Las causas de impugnación, su tramitación y efectos se regirán conforme a lo establecido para la impugnación de los acuerdos de la junta general, con la particularidad de que, en este caso, también procederá por infracción del reglamento del consejo de administración.

CAPÍTULO VII

ADMINISTRACIÓN
DE LA SOCIEDAD
COMANDITARIA POR ACCIONES

Art. 252. *Administración de la sociedad comanditaria*

por acciones.—1. La administración de la sociedad ha de estar necesariamente a cargo de los socios colectivos, quienes tendrán las facultades, los derechos y deberes de los administradores en la sociedad anónima. El nuevo administrador asumirá la condición de socio colectivo desde el momento en que acepte el nombramiento.

2. La separación del cargo de administrador requerirá la modificación de los estatutos sociales. Si la separación tiene lugar sin justa causa el socio tendrá derecho a la indemnización de daños y perjuicios.

3. El cese del socio colectivo como administrador pone fin a su responsabilidad ilimitada con relación a las deudas sociales que se contraigan con posterioridad a la publicación de su inscripción en el Registro Mercantil.

4. En los acuerdos que tengan por objeto la separación de un administrador el socio afectado deberá abstenerse de participar en la votación.

TÍTULO VII

Las cuentas anuales

CAPÍTULO PRIMERO

DISPOSICIONES
GENERALES

Art. 253. *Formulación.—* 1. Los administradores de la sociedad están obligados a formular, en el plazo máximo de tres meses contados a partir del cierre del ejercicio social, las cuentas anuales, el informe de gestión, que incluirá, cuando proceda, el estado de información no financiera, y la propuesta de aplicación del resultado, así como, en su caso, las cuentas y el informe de gestión consolidados.

2. Las cuentas anuales y el informe de gestión, incluido cuando proceda, el estado de información no financiera, deberán ser firmados por todos los administradores. Si faltare la firma de alguno de ellos se señalará en cada uno de los documentos en que falte, con expresa indicación de la causa.

Art. 254. *Contenido de las cuentas anuales.—*1. Las cuentas anuales comprenderán el balance, la cuenta de pérdidas y ganancias, un estado que refleje los cambios en el patrimonio neto del ejercicio, un estado de flujos de efectivo y la memoria.

2. Estos documentos, que forman una unidad, deberán ser redactados con claridad y mostrar la imagen fiel del patrimonio, de la situación financiera y de los resultados de la sociedad, de conformidad con esta ley y con lo previsto en el Código de Comercio.

3. La estructura y contenido de los documentos que integran las cuentas anuales se ajustará a los modelos aprobados reglamentariamente.

Art. 255. *Separación de partidas.—*1. En los documentos que integran las cuentas anuales las partidas previstas en los modelos aprobados reglamentariamente deberán

---

Art. 253: Redactado de nuevo por la Ley 11/2018, de 28 de diciembre, por la que se modifica el Código de Comercio, el texto refundido de la Ley de Sociedades de Capital aprobado por el Real Decreto Legislativo 1/2010, de 2 de julio, y la Ley 22/2015, de 20 de julio, de Auditoría de Cuentas, en materia de información no financiera y diversidad (*B.O.E.* núm. 314, de 29 de diciembre de 2018).

Art. 254: V. art. 505.3 del presente T.R.

Art. 254.2: Sobre las cuentas anuales, v. arts. 34 a 41 del Código de Comercio.

aparecer por separado, en el orden en ellos indicado.

2. Se podrá hacer una subdivisión más detallada de estas partidas, siempre que se respete la estructura de los esquemas establecidos.

Igualmente podrán añadirse nuevas partidas en la medida en que su contenido no esté comprendido en ninguna de las ya previstas en estos esquemas.

Art. 256. *Agrupación de partidas.*—Se podrán agrupar determinadas partidas de los documentos que integran las cuentas anuales, cuando sólo representen un importe irrelevante para mostrar la imagen fiel del patrimonio, de la situación financiera, así como de los resultados de la sociedad o cuando se favorezca la claridad, siempre que las partidas agrupadas se presenten de forma diferenciada en la memoria.

Art. 257. *Balance y estado de cambios en el patrimonio neto abreviados.*—1. Podrán formular balance y estado de cambios en el patrimonio neto abreviados las sociedades que durante dos ejercicios consecutivos reúnan, a la fecha de cierre de cada uno de ellos, al menos dos de las circunstancias siguientes:

a) Que el total de las partidas del activo no supere los cuatro millones de euros.

b) Que el importe neto de su cifra anual de negocios no supere los ocho millones de euros.

c) Que el número medio de trabajadores empleados durante el ejercicio no sea superior a cincuenta.

Las sociedades perderán esta facultad si dejan de reunir, durante dos ejercicios consecutivos, dos de las circunstancias a que se refiere el párrafo anterior.

2. En el primer ejercicio social desde su constitución, transformación o fusión, las sociedades podrán formular balance y estado de cambios en el patrimonio neto abreviados si reúnen, al cierre de dicho ejercicio, al menos dos de las tres circunstancias expresadas en el apartado anterior.

3. Cuando pueda formularse balance en modelo abre-

Art. 257.1: Redactado conforme al art. 49 de la Ley 14/2013, de 27 de septiembre, de apoyo a los emprendedores y su internacionalización (*B.O.E.* núm. 233, de 28 de septiembre).

Art. 257.3: Redactado conforme a la Disp. Final 4.ªcuatro de la Ley 22/2015, de 20 de julio, de Auditoría de Cuentas (*B.O.E.* núm. 173, de 21 de julio), con efectos desde el 17 de junio de 2016. Según su Disp. Final 14.ª4, será de aplicación a los estados financieros que se correspondan con los ejercicios que comiencen a partir del 1 de enero de 2016.

viado, el estado de cambios en el patrimonio neto y el estado de flujos de efectivo no serán obligatorios.

Art. 258. *Cuenta de pérdidas y ganancias abreviada.*—1. Podrán formular cuenta de pérdidas y ganancias abreviada las sociedades que durante dos ejercicios consecutivos reúnan, a la fecha de cierre de cada uno de ellos, al menos dos de las circunstancias siguientes:

a) Que el total de las partidas de activo no supere los once millones cuatrocientos mil euros.

b) Que el importe neto de su cifra anual de negocios no supere los veintidós millones ochocientos mil euros.

c) Que el número medio de trabajadores empleados durante el ejercicio no sea superior a doscientos cincuenta.

Las sociedades perderán la facultad de formular cuenta de pérdidas y ganancias abreviada si dejan de reunir, durante dos ejercicios consecutivos, dos de las circunstancias a que se refiere el párrafo anterior.

2. En el primer ejercicio social desde su constitución, transformación o fusión, las sociedades podrán formular cuenta de pérdidas y ganancias abreviada si reúnen, al cierre de dicho ejercicio, al menos dos de las tres circunstancias expresadas en el apartado anterior.

CAPÍTULO II

LA MEMORIA

Art. 259. *Objeto de la memoria.*—La memoria completará, ampliará y comentará el contenido de los otros documentos que integran las cuentas anuales.

Art. 260. *Contenido de la memoria.*—La memoria deberá contener, además de las indicaciones específicamente previstas por el Código de Comercio, por esta Ley, y por los correspondientes desarrollos reglamentarios, al menos, las siguientes menciones:

1.ª Los criterios de valoración aplicados a las diversas

Art. 259: V. art. 229.3 (párr. 2.°) del presente T.R.

Art. 260: Redactado conforme a la Disp. Final 4.ªcinco de la Ley 22/2015, de 20 de julio, de Auditoría de Cuentas (*B.O.E.* núm. 173, de 21 de julio), con efectos desde el 17 de junio de 2016. Según su Disp. Final 14.ª4, será de aplicación a los estados financieros que se correspondan con los ejercicios que comiencen a partir del 1 de enero de 2016.

Sobre los libros de los empresarios, v. arts. 25 a 33 del Código de Comercio; sobre cuentas anuales, v. arts. 34 a 41 de dicho cuerpo legal; sobre presentación de las cuentas de los grupos de sociedades, v. arts. 42 a 49 del mismo.

partidas de las cuentas anuales y los métodos de cálculo de las correcciones de valor.

Para los elementos contenidos en las cuentas anuales que en la actualidad o en su origen hubieran sido expresados en moneda distinta del euro, se indicará el procedimiento empleado para calcular el tipo de cambio a euros.

2.ª La denominación, domicilio y forma jurídica de las sociedades en las que la sociedad sea socio colectivo o en las que posea, directa o indirectamente, un porcentaje no inferior al 20 por 100 de su capital, o en las que sin llegar a dicho porcentaje ejerza una influencia significativa.

Se indicará la participación en el capital y el porcentaje de derechos de voto, así como el importe del patrimonio neto del último ejercicio social de aquéllas.

3.ª Cuando existan cuotas o participaciones sociales desiguales, el contenido de cada una de ellas, y cuando existan varias clases de acciones, el número y el valor nominal de las pertenecientes a cada una de ellas y el contenido de los derechos pertenecientes a cada clase.

4.ª La existencia de bonos de disfrute, de bonos de fundador, de obligaciones convertibles y de valores o derechos similares, con indicación de su número y de la extensión de los derechos que confieren.

5.ª El número y el valor nominal de las acciones suscritas durante el ejercicio dentro de los límites de un capital autorizado, así como el importe de las adquisiciones y enajenaciones de acciones o participaciones propias, y de las acciones o participaciones de la sociedad dominante.

6.ª El importe de las deudas de la sociedad cuya duración residual sea superior a cinco años, así como el de todas las deudas que tengan garantía real, con indicación de su forma y naturaleza.

Estas indicaciones figurarán separadamente para cada una de las partidas relativas a deudas.

7.ª a) El importe global de las garantías comprometidas con terceros, sin perjuicio de su reconocimiento dentro del pasivo del balance cuando sea probable que de las mismas se derive el cumplimiento efectivo de una obligación.

Los compromisos existentes en materia de pensiones y los referentes a sociedades del grupo deberán mencionarse con la debida claridad y separación.

b) La naturaleza y el propósito de negocio de los acuerdos de la sociedad que no figuren en el balance así como su impacto financiero, siempre que esta información sea significativa y necesaria para la determinación de la situación financiera de la sociedad.

   c)   Transacciones significativas entre la sociedad y terceros vinculados con ella, indicando la naturaleza de la vinculación, el importe y cualquier otra información acerca de las transacciones, que sea necesaria para la determinación de la situación financiera de la sociedad.

   8.ª   *a*)   La diferencia que se pudiera producir entre el cálculo del resultado contable del ejercicio y el que resultaría de haber efectuado una valoración de las partidas con criterios fiscales, por no coincidir éstos con los principios contables de aplicación obligatoria. Cuando tal valoración influya de forma sustancial sobre la carga fiscal futura deberán darse indicaciones al respecto.

   b)   La diferencia entre la carga fiscal imputada al ejercicio y a los ejercicios anteriores, y la carga fiscal ya pagada o que deberá pagarse por esos ejercicios, en la medida en que esta diferencia tenga un interés cierto con respecto a la carga fiscal futura.

   9.ª   La distribución del importe neto de la cifra de negocios correspondiente a las actividades ordinarias de la sociedad, por categorías de actividades así como por mercados geográficos, en la medida en que, desde el punto de vista de la organización de la venta de productos y de la prestación de servicios u otros ingresos correspondientes a las actividades ordinarias de la sociedad, esas categorías y mercados difieran entre sí de una forma considerable. Podrán omitir tales menciones las sociedades que pueden formular cuenta de pérdidas y ganancias abreviada.

   10.ª   El número medio de personas empleadas en el curso del ejercicio, expresado por categorías, así como los gastos de personal que se refieran al ejercicio, desglosando los importes relativos a sueldos y salarios y los referidos a cargas sociales, con mención separada de los que cubren las pensiones, cuando no estén así consignadas en la cuenta de pérdidas y ganancias.

   La distribución por sexos al término del ejercicio del personal de la sociedad, desglosado en un número suficiente de categorías y niveles, entre los que figurarán el de altos directivos y el de consejeros.

   El número medio de personas empleadas en el curso del ejercicio con discapacidad mayor o igual al 33 por 100, indicando las categorías a que pertenecen.

   11.ª   El importe de los sueldos, dietas y remuneraciones de cualquier clase devengados en el curso del ejercicio por el personal de alta dirección y los miembros del órgano de administración, cualquiera que sea su causa, así como de las obligaciones contraídas en materia de pensiones o de pago de primas de seguros de vida o de responsabilidad civil respecto de los miembros antiguos y actuales del órgano de administración y personal de alta dirección. Cuando los miembros del órgano de administración sean personas jurídicas, los requerimientos anteriores se referirán a las personas físicas que los representan.

Estas informaciones se podrán dar de forma global por concepto retributivo.

En el caso de que la sociedad hubiera satisfecho, total o parcialmente, la prima del seguro de responsabilidad civil de todos los administradores o de alguno de ellos por daños ocasionados por actos u omisiones en el ejercicio del cargo, se indicará expresamente en la memoria, con indicación de la cuantía de la prima.

12.ª El importe de los anticipos y créditos concedidos a cada uno de los miembros de los órganos de administración y del personal de alta dirección, con indicación del tipo de interés, sus características esenciales y los importes eventual-

mente devueltos, así como las obligaciones asumidas por cuenta de ellos a título de garantía. Cuando los miembros del órgano de administración sean personas jurídicas, los requerimientos anteriores se referirán a las personas físicas que los representan.

Estas informaciones se podrán dar de forma global por cada categoría.

13.ª El importe desglosado por conceptos de los honorarios por auditoría de cuentas y otros servicios prestados por el auditor de cuentas, así como los correspondientes a las personas o entidades vinculadas al auditor de cuentas.

14.ª Los movimientos de las diversas partidas del activo no corriente.

15.ª a) Cuando los instrumentos financieros se hayan valorado por el valor razonable se indicarán: los principales supuestos en que se basan los modelos y técnicas de valoración; las variaciones en el valor registradas en la cuenta de pérdidas y ganancias por cada categoría de instrumentos financieros y, si se trata de instrumentos financieros derivados, su naturaleza y condiciones principales de importe y calendario y los movimientos de la reserva por valor razonable durante el ejercicio.

b) Cuando los instrumentos financieros no se hayan valorado por el valor razonable se indicará el valor razonable para cada clase en los términos y con las condiciones previstas en el Plan General de Contabilidad.

16.ª La conclusión, la modificación o la extinción anticipada de cualquier contrato entre una sociedad mercantil y cualquiera de sus socios o administradores o persona que actúe por cuenta de ellos, cuando se trate de una operación ajena al tráfico ordinario de la sociedad o que no se realice en condiciones normales.

17.ª Nombre y domicilio social de la sociedad que elabore los estados financieros consolidados del grupo al que pertenezca la sociedad y el Registro Mercantil donde estén depositadas las cuentas anuales consolidadas o, si procediera, las circunstancias que eximan de la obligación de consolidar.

18.ª Cuando la sociedad sea la de mayor activo del conjunto de sociedades domiciliadas en España, sometidas a una misma unidad de decisión, porque estén controladas por cualquier medio por una o varias personas físicas o jurídicas no obligadas a consolidar, que actúen conjuntamente, o porque se hallen bajo dirección única por acuerdos o cláusulas estatutarias, deberá incluir una descripción de las citadas sociedades, señalando el motivo por el que se encuentran bajo una misma unidad de decisión, e informará sobre el importe agregado de los activos, pasivos, patrimonio neto, cifra de negocios y resultado del conjunto de las citadas sociedades.

Se entiende por sociedad de mayor activo aquella que en el momento de su incorporación a la unidad de decisión, presente una cifra mayor en el total activo del modelo de balance.

Las restantes sociedades sometidas a una unidad de decisión indicarán en la memoria de sus cuentas anuales la unidad de decisión a la que pertenecen y el Registro Mercantil donde estén depositadas las cuentas anuales de la sociedad que contiene la información exigida en el párrafo primero de esta indicación.

19.ª El importe y la naturaleza de las partidas de ingresos o de gastos cuya cuantía o incidencia sean excepcionales.

20.ª La propuesta de aplicación del resultado.

21.ª La naturaleza y consecuencias financieras de las circunstancias de importancia relativa significativa que se produzcan tras la fecha de cierre de balance y que no se reflejen en la cuenta de pérdidas y ganancias o en el balance, y el efecto financiero de tales circunstancias.

Art. 261. *Memoria abreviada.*—Las sociedades que pueden formular balance abreviado podrán omitir en la memoria las indicaciones que reglamentariamente se determinen.

En cualquier caso deberá suministrarse la información requerida en la indicación primera, quinta, sexta, décima en lo referente al número medio de personas empleadas en el curso del ejercicio, y, decimocuarta, decimoquinta, decimonovena y vigesimoprimera.

Adicionalmente, la memoria deberá expresar de forma global los datos a que se refiere la indicación séptima y duodécima de dicho artículo, así como el nombre y domicilio social de la sociedad que establezca los estados financieros consolidados del grupo menor de empresas incluidas en el grupo al que pertenece la empresa.

CAPÍTULO III

EL INFORME DE GESTIÓN

Art. 262. *Contenido del informe de gestión.*—1. El informe de gestión habrá de contener una exposición fiel sobre la evolución de los negocios y la situación de la sociedad, junto con una descripción de los principales riesgos e incertidumbres a los que se enfrenta.

La exposición consistirá en un análisis equilibrado y exhaustivo de la evolución y los resultados de los negocios y la situación de la sociedad, teniendo en cuenta la magnitud y la complejidad de la misma.

En la medida necesaria para la comprensión de la evolución, los resultados o la situación de la sociedad, este análisis incluirá tanto indicadores clave financieros como, cuando proceda, de carácter no financiero, que sean pertinentes respecto de la actividad empresarial concreta, incluida información so-

Art. 261: Redactado conforme a la Disp. Final 4.ªseis de la Ley 22/2015, de 20 de julio, de Auditoría de Cuentas (*B.O.E.* núm. 173, de 21 de julio), con efectos desde el 17 de junio de 2016. Según su Disp. Final 14.ª4, será de aplicación a los estados financieros que se correspondan con los ejercicios que comiencen a partir del 1 de enero de 2016.

Art. 262: Se da nueva redacción al párrafo tercero del apartado 1 del art. 262, se modifica su apartado 5, y se incluye un nuevo apartado 6 por la Ley 11/2018, de 28 de diciembre, por la que se modifica el Código de Comercio, el texto refundido de la Ley de Sociedades de Capital aprobado por el Real Decreto Legislativo 1/2010, de 2 de julio, y la Ley 22/2015, de 20 de julio, de Auditoría de Cuentas, en materia de información no financiera y diversidad (*B.O.E.* núm. 314, de 29 de diciembre de 2018).

bre cuestiones relativas al medio ambiente, al personal y al cumplimiento de reglas en materia de igualdad y no discriminación y discapacidad. Se exceptúa de la obligación de incluir información de carácter no financiero, a las sociedades que tienen la calificación de empresas pequeñas y medianas de acuerdo con la Directiva 34/2013.

Al proporcionar este análisis, el informe de gestión incluirá, si procede, referencias y explicaciones complementarias sobre los importes detallados en las cuentas anuales.

Las sociedades que no puedan presentar cuenta de pérdidas y ganancias abreviada deberán indicar en el informe de gestión el período medio de pago a sus proveedores; en caso de que dicho período medio sea superior al máximo establecido en la normativa de morosidad, habrán de indicarse asimismo las medidas a aplicar en el siguiente ejercicio para su reducción hasta alcanzar dicho máximo.

2. Informará igualmente sobre los acontecimientos importantes para la sociedad ocurridos después del cierre del ejercicio, la evolución previsible de aquélla, las actividades en materia de investigación y desarrollo y, en los términos establecidos en esta ley, las adquisiciones de acciones propias.

3. Las sociedades que formulen balance y estado de cambios en el patrimonio neto abreviados no estarán obligadas a elaborar el informe de gestión. En ese caso, si la sociedad hubiera adquirido acciones propias o de su sociedad dominante, deberá incluir en la memoria, como mínimo, las menciones exigidas por la letra *d*) del artículo 148.

4. Con respecto al uso de instrumentos financieros por la sociedad, y cuando resulte relevante para la valoración de sus activos, pasivos, situación financiera y resultados, el informe de gestión incluirá lo siguiente:

a) Objetivos y políticas de gestión del riesgo financiero de la sociedad, incluida la política aplicada para cubrir cada tipo significativo de transacción prevista para la que se utilice la contabilidad de cobertura.

b) La exposición de la sociedad al riesgo de precio, riesgo de crédito, riesgo de liquidez y riesgo de flujo de efectivo.

5. Las sociedades de capital deberán incluir en el informe de gestión un estado de información no financiera o elaborar un informe separado con el mismo contenido que el previsto para las cuentas consolidadas por el artículo 49, apartados 5, 6 y 7, del Código de Comercio, aunque referido

exclusivamente a la sociedad en cuestión siempre que concurran en ella los siguientes requisitos:

a) Que el número medio de trabajadores empleados durante el ejercicio sea superior a 500.

b) Que, o bien tengan la consideración de entidades de interés público de conformidad con la legislación de auditoría de cuentas, o bien, durante dos ejercicios consecutivos reúnan, a la fecha de cierre de cada uno de ellos, al menos dos de las circunstancias siguientes:

1.º Que el total de las partidas del activo sea superior a 20.000.000 de euros.

2.º Que el importe neto de la cifra anual de negocios supere los 40.000.000 de euros.

3.º Que el número medio de trabajadores empleados durante el ejercicio sea superior a doscientos cincuenta.

Las sociedades cesarán en la obligación de elaborar el estado de información no financiera si dejan de reunir, durante dos ejercicios consecutivos cualquiera de los requisitos anteriormente establecidos.

En los dos primeros ejercicios sociales desde su constitución, la sociedad estará obligada a elaborar el estado de información no financiera cuando al cierre del primer ejercicio se cumplan, al menos, dos de las tres circunstancias mencionadas en la letra *b)*, siempre que al cierre del ejercicio se cumpla además el requisito previsto en la letra *a)*.

Una sociedad dependiente de un grupo estará dispensada de la obligación establecida en este apartado si dicha empresa y sus dependientes, si las tuviera, están incluidas a su vez en el informe de gestión consolidado de otra empresa, elaborado conforme al contenido establecido en este artículo. Si una sociedad se acoge a esta opción, deberá incluir en el informe de gestión una referencia a la identidad de la sociedad dominante y al Registro Mercantil u otra oficina pública donde deben quedar depositadas sus cuentas junto con el informe de gestión consolidado o, en los supuestos de no quedar obligada a depositar sus cuentas en ninguna oficina pública, o de haber optado por la elaboración del informe separado, sobre dónde se encuentra disponible o se puede acceder a la información consolidada de la sociedad dominante.

6. La información contenida en el informe de gestión en ningún caso justificará su ausencia en las cuentas anuales cuando esta información deba incluirse en éstas de conformidad con lo previsto en este título y las disposiciones que lo desarrollan.

CAPÍTULO IV

LA VERIFICACIÓN
DE LAS CUENTAS ANUALES

Art. 263. *Auditor de cuentas.*—1. Las cuentas anuales y, en su caso, el informe de gestión deberán ser revisados por auditor de cuentas.

2. Se exceptúa de esta obligación a las sociedades que durante dos ejercicios consecutivos reúnan, a la fecha de cierre de cada uno de ellos, al menos dos de las circunstancias siguientes:

a) Que el total de las partidas del activo no supere los dos millones ochocientos cincuenta mil euros.

b) Que el importe neto de su cifra anual de negocios no supere los cinco millones setecientos mil euros.

c) Que el número medio de trabajadores empleados durante el ejercicio no sea superior a cincuenta.

Las sociedades perderán esta facultad si dejan de reunir, durante dos ejercicios consecutivos, dos de las circunstancias a que se refiere el párrafo anterior.

3. En el primer ejercicio social desde su constitución, transformación o fusión, las sociedades quedan exceptuadas de la obligación de auditarse si reúnen, al cierre de dicho ejercicio, al menos dos de las tres circunstancias expresadas en el apartado anterior.

Art. 264. *Nombramiento por la junta general.*—1. La persona que deba ejercer la auditoría de cuentas será nombrada por la junta general antes de que finalice el ejercicio a auditar, por un período de tiempo inicial, que no podrá ser inferior a tres años ni superior a nueve, a contar desde la fecha en que se inicie el primer ejercicio a auditar, sin perjuicio de lo dispuesto en la normativa reguladora de la actividad de auditoría de cuentas respecto a la posibilidad de prórroga y a la duración de los contratos en relación con sociedades calificadas como entidades de interés público.

2. La junta podrá designar a una o varias personas físicas o jurídicas que actuarán conjuntamente. Cuando los designados sean personas físicas, la junta

---

Art. 263: Redactado conforme al art. 49 de la Ley 14/2013, de 27 de septiembre, de apoyo a los emprendedores y su internacionalización (*B.O.E.* núm. 233, de 28 de septiembre).

Art. 264: Redactado conforme a la Disp. Final 4.ªsiete de la Ley 22/2015, de 20 de julio, de Auditoría de Cuentas (*B.O.E.* núm. 173, de 21 de julio), con efectos desde el 1 de enero de 2016.

deberá nombrar tantos suplentes como auditores titulares.

3. La junta general no podrá revocar al auditor antes de que finalice el período inicial para el que fue nombrado, o antes de que finalice cada uno de los trabajos para los que fue contratado una vez finalizado el período inicial, a no ser que medie justa causa.

4. Cualquier cláusula contractual que limite el nombramiento de determinadas categorías o listas de auditores legales o sociedades de auditoría, será nula de pleno derecho.

Art. 265. *Nombramiento por el registrador mercantil.*— 1. Cuando la junta general no hubiera nombrado al auditor antes de que finalice el ejercicio a auditar, debiendo hacerlo, o la persona nombrada no acepte el cargo o no pueda cumplir sus funciones, los administradores y cualquier socio podrán solicitar del registrador mercantil del domicilio social la designación de la persona o personas que deban realizar la auditoría.

En las sociedades anónimas, la solicitud podrá ser realizada también por el comisario del sindicato de obligacionistas.

2. En las sociedades que no estén obligadas a someter las cuentas anuales a verificación por un auditor, los socios que representen, al menos, el 5 por 100 del capital social podrán solicitar del registrador mercantil del domicilio social que, con cargo a la sociedad, nombre un auditor de cuentas para que efectúe la revisión de las cuentas anuales de un determinado ejercicio siempre que no hubieran transcurrido tres meses a contar desde la fecha de cierre de dicho ejercicio.

3. La solicitud de nombramiento de auditor y su designación se realizarán de acuerdo con lo dispuesto en el Reglamento del Registro Mercantil. Antes de aceptar el nombramiento el auditor de cuentas deberá evaluar el efectivo cumplimiento del encargo de acuerdo con lo dispuesto en la normativa reguladora de la actividad de auditoría de cuentas.

Art. 266. *Revocación del auditor.*—1. Cuando concurra justa causa, los administra-

---

Art. 265: Redactado conforme a la Disp. Final 4.ªocho de la Ley 22/2015, de 20 de julio, de Auditoría de Cuentas (*B.O.E.* núm. 173, de 21 de julio), con efectos desde el 1 de enero de 2016.

Art. 266: Redactado conforme a la Disp. Final 14.ªtres de la Ley 15/2015, de 2 de julio, de la Jurisdicción Voluntaria (*B.O.E.* núm. 158, de 3 de julio; corrección de errores en *B.O.E.* núm. 210, de 2 de septiembre).

dores de la sociedad y las personas legitimadas para solicitar el nombramiento de auditor podrán pedir al secretario judicial o registrador mercantil la revocación del que hubieran nombrado ellos o del designado por la junta general y el nombramiento de otro.

2. La solicitud dirigida al Registrador mercantil se tramitará de acuerdo a lo dispuesto en el Reglamento del Registro Mercantil.

Si la revocación se instará ante el secretario judicial, se seguirán los trámites establecidos en la legislación de jurisdicción voluntaria.

3. La resolución que se dicte sobre la revocación del auditor será recurrible ante el juez de lo mercantil.

Adicionalmente, tratándose de sociedades de interés público, los accionistas que representen el 5 por 100 o más de los derechos de voto o del capital, la Comisión de Auditoría o el Instituto de Contabilidad y Auditoría de Cuentas podrán solicitar al juez la revocación del auditor o auditores o la sociedad o sociedades de auditoría designados por la Junta General o por el Registro Mercantil y el nombramiento de otro u otros, cuando concurra justa causa.

Art. 267. *Remuneración del auditor.*—1. La remuneración de los auditores de cuentas se fijará de acuerdo con lo establecido en la Ley de Auditoría de Cuentas.

2. Por el ejercicio de dicha función no podrá percibir ninguna otra remuneración o ventaja de la sociedad auditada.

3. En los supuestos de nombramiento de auditor por el registrador mercantil, al efectuar el nombramiento, éste fijará la retribución a percibir por el auditor para todo el período que deba desempeñar el cargo o, al menos, los criterios para su cálculo. Antes de aceptar el encargo y para su inscripción en el Registro Mercantil, se deberán acordar los honorarios correspondientes. Los auditores podrán solicitar caución adecuada o provisión de fondos a

---

Art. 266, párr. último: Añadido por la Disp. Final 4.ªnueve de la Ley 22/2015, de 20 de julio, de Auditoría de Cuentas (*B.O.E.* núm. 173, de 21 de julio), con efectos desde el 1 de enero de 2016.

Art. 267.1: Sobre honorarios y transparencia en la remuneración de los auditores de cuentas, v. art. 24 de la Ley 22/2015, de 20 de julio, de Auditoría de Cuentas (*B.O.E.* núm. 173, de 21 de julio).

Art. 267.3: Añadido por la Disp. Final 4.ªdiez de la Ley 22/2015, de 20 de julio, de Auditoría de Cuentas (*B.O.E.* núm. 173, de 21 de julio), con efectos desde el 1 de enero de 2016.

cuenta de sus honorarios antes de iniciar el ejercicio de sus funciones.

Art. 268. *Objeto de la auditoría.*—El auditor de cuentas comprobará si las cuentas anuales ofrecen la imagen fiel del patrimonio, de la situación financiera y de los resultados de la sociedad, así como, en su caso, la concordancia del informe de gestión con las cuentas anuales del ejercicio.

Art. 269. *Informe del auditor.*—Los auditores de cuentas emitirán un informe detallado sobre el resultado de su actuación de conformidad con la normativa reguladora de la actividad de auditoría de cuentas.

Art. 270. *Plazo para la emisión del informe.*—1. El auditor de cuentas dispondrá como mínimo de un plazo de un mes, a partir del momento en que le fueren entregadas las cuentas firmadas por los administradores, para presentar su informe.

2. Si, una vez firmado y entregado el informe de auditoría sobre las cuentas iniciales, los administradores se vieran obligados a reformular las cuentas anuales, el auditor habrá de emi-

tir un nuevo informe sobre las cuentas anuales reformuladas.

Art. 271. *Acción social de responsabilidad. Legitimación.*—La legitimación para exigir responsabilidades frente a la sociedad al auditor de cuentas se regirá por lo dispuesto para los administradores de la sociedad.

CAPÍTULO V

LA APROBACIÓN DE LAS CUENTAS

Art. 272. *Aprobación de las cuentas.*—1. Las cuentas anuales se aprobarán por la junta general.

2. A partir de la convocatoria de la junta general, cualquier socio podrá obtener de la sociedad, de forma inmediata y gratuita, los documentos que han de ser sometidos a la aprobación de la misma, así como en su caso, el informe de gestión y el informe del auditor de cuentas.

En la convocatoria se hará mención de este derecho.

3. Salvo disposición contraria de los estatutos, durante ese mismo plazo, el socio o socios de la sociedad de respon-

---

Art. 270.2: Redactado conforme a la Disp. Final 4.ªonce de la Ley 22/2015, de 20 de julio, de Auditoría de Cuentas (*B.O.E.* núm. 173, de 21 de julio), con efectos desde el 1 de enero de 2016.

sabilidad limitada que representen al menos el 5 por 100 del capital podrán examinar en el domicilio social, por sí o en unión de experto contable, los documentos que sirvan de soporte y de antecedente de las cuentas anuales.

Lo dispuesto en el párrafo anterior no impide ni limita el derecho de la minoría a que se nombre un auditor de cuentas con cargo a la sociedad.

Art. 273. *Aplicación del resultado.*—1. La junta general resolverá sobre la aplicación del resultado del ejercicio de acuerdo con el balance aprobado.

2. Una vez cubiertas las atenciones previstas por la ley o los estatutos, sólo podrán repartirse dividendos con cargo al beneficio del ejercicio, o a reservas de libre disposición, si el valor del patrimonio neto no es o, a consecuencia del reparto, no resulta ser inferior al capital social. A estos efectos, los beneficios imputados directamente al patrimonio neto no podrán ser objeto de distribución, directa ni indirecta.

Si existieran pérdidas de ejercicios anteriores que hicieran que ese valor del patrimonio neto de la sociedad fuera inferior a la cifra del capital social, el beneficio se destinará a la compensación de estas pérdidas.

3. Se prohíbe igualmente toda distribución de beneficios a menos que el importe de las reservas disponibles sea, como mínimo, igual al importe de los gastos de investigación y desarrollo que figuren en el activo del balance.

4. [...]

Art. 274. *Reserva legal.*—1. En todo caso, una cifra igual al 10 por 100 del beneficio del ejercicio se destinará a la reserva legal hasta que ésta alcance, al menos, el 20 por 100 del capital social.

2. La reserva legal, mientras no supere el límite indicado, sólo podrá destinarse a la compensación de pérdidas en el caso de que no existan otras reservas disponibles suficientes para este fin.

Art. 275. *Distribución de dividendos.*—1. En la sociedad de responsabilidad limitada, salvo disposición contraria de los estatutos, la distribución de dividendos a los socios se reali-

---

Art. 273.4: Suprimido por la Disp. Final 4.ªdoce de la Ley 22/2015, de 20 de julio, de Auditoría de Cuentas (*B.O.E.* núm. 173, de 21 de julio), con efectos desde el 17 de junio de 2016. Según su Disp. Final 14.ª4, será de aplicación a los estados financieros que se correspondan con los ejercicios que comiencen a partir del 1 de enero de 2016.

zará en proporción a su participación en el capital social.

2. En la sociedad anónima la distribución de dividendos a las acciones ordinarias se realizará en proporción al capital que hubieran desembolsado.

Art. 276. *Momento y forma del pago del dividendo.*—1. En el acuerdo de distribución de dividendos determinará la junta general el momento y la forma del pago.

2. A falta de determinación sobre esos particulares, el dividendo será pagadero en el domicilio social a partir del día siguiente al del acuerdo.

3. El plazo máximo para el abono completo de los dividendos será de doce meses a partir de la fecha del acuerdo de la junta general para su distribución.

Art. 277. *Cantidades a cuenta de dividendos.*—La distribución entre los socios de cantidades a cuenta de dividendos sólo podrá acordarse por la junta general o por los administradores bajo las siguientes condiciones:

a) Los administradores formularán un estado contable en el que se ponga de manifiesto que existe liquidez suficiente para la distribución. Dicho estado se incluirá posteriormente en la memoria.

b) La cantidad a distribuir no podrá exceder de la cuantía de los resultados obtenidos desde el fin del último ejercicio, deducidas las pérdidas procedentes de ejercicios anteriores y las cantidades con las que deban dotarse las reservas obligatorias por ley o por disposición estatutaria, así como la estimación del impuesto a pagar sobre dichos resultados.

Art. 278. *Restitución de dividendos.*—Cualquier distribución de dividendos o de cantidades a cuenta de dividendos que contravenga lo establecido en esta ley deberá ser restituida por los socios que los hubieren percibido, con el interés legal correspondiente, cuando la sociedad pruebe que los perceptores conocían la irregularidad de la distribución o que, habida cuenta de las circunstancias, no podían ignorarla.

Art. 276: Redactado de nuevo por la Ley 11/2018, de 28 de diciembre, por la que se modifica el Código de Comercio, el texto refundido de la Ley de Sociedades de Capital aprobado por el Real Decreto Legislativo 1/2010, de 2 de julio, y la Ley 22/2015, de 20 de julio, de Auditoría de Cuentas, en materia de información no financiera y diversidad (*B.O.E.* núm. 314, de 29 de diciembre de 2018).

CAPÍTULO VI

DEPÓSITO Y PUBLICIDAD DE LAS CUENTAS ANUALES

Art. 279. *Depósito de las cuentas.*—1. Dentro del mes siguiente a la aprobación de las cuentas anuales, los administradores de la sociedad presentarán, para su depósito en el Registro Mercantil del domicilio social, certificación de los acuerdos de la junta de socios de aprobación de dichas cuentas, debidamente firmadas, y de aplicación del resultado, así como, en su caso, de las cuentas consolidadas, a la que se adjuntará un ejemplar de cada una de ellas. Los administradores presentarán también el informe de gestión, que incluirá, cuando proceda, el estado de información no financiera, y el informe del auditor, cuando la sociedad esté obligada a auditoría por una disposición legal o ésta se hubiera acordado a petición de la minoría o de forma voluntaria y se hubiese inscrito el nombramiento de auditor en el Registro Mercantil.

2. Si alguno o varios de los documentos que integran las cuentas anuales se hubieran formulado en forma abreviada, se hará constar así en la certificación, con expresión de la causa.

Art. 280. *Calificación registral.*—1. Dentro de los quince días siguientes al de la fecha del asiento de presentación, el Registrador calificará bajo su responsabilidad si los documentos presentados son los exigidos por la ley, si están debidamente aprobados por la junta general y si constan las preceptivas firmas. Si no apreciare defectos, tendrá por efectuado el depósito, practicando el correspondiente asiento en el libro de depósito de cuentas y en la hoja correspondiente a la sociedad depositante. En caso contrario, procederá conforme a lo establecido respecto de los títulos defectuosos.

2. El Registro Mercantil deberá conservar los documen-

Art. 279.1: Redactado de nuevo por el art. 2.5 de la Ley 11/2018, de 28 de diciembre, por la que se modifica el Código de Comercio, el texto refundido de la Ley de Sociedades de Capital aprobado por el Real Decreto Legislativo 1/2010, de 2 de julio, y la Ley 22/2015, de 20 de julio, de Auditoría de Cuentas, en materia de información no financiera y diversidad (*B.O.E.* núm. 314, de 29 de diciembre de 2018).

Art. 279.2: Redactado conforme al art. 1.°quince de la Ley 25/2011, de 1 de agosto, de reforma parcial de la Ley de Sociedades de Capital y de incorporación de la Directiva 2007/36/CE del Parlamento Europeo y del Consejo, de 11 de julio, sobre el ejercicio de determinados derechos de los accionistas de sociedades cotizadas (*B.O.E.* núm. 184, de 2 de agosto).

tos depositados durante el plazo de seis años.

Art. 281. *Publicidad del depósito.*—Cualquier persona podrá obtener información del Registro Mercantil de todos los documentos depositados.

Art. 282. *Cierre registral.*— 1. El incumplimiento por el órgano de administración de la obligación de depositar, dentro del plazo establecido, los documentos a que se refiere este capítulo dará lugar a que no se inscriba en el Registro Mercantil documento alguno referido a la sociedad mientras el incumplimiento persista.

2. Se exceptúan los títulos relativos al cese o dimisión de administradores, gerentes, directores generales o liquidadores, y a la revocación o renuncia de poderes, así como a la disolución de la sociedad y nombramiento de liquidadores y a los asientos ordenados por la autoridad judicial o administrativa.

Art. 283. *Régimen sancionador.*—1. El incumplimiento por el órgano de administra-

ción de la obligación de depositar, dentro del plazo establecido, los documentos a que se refiere este capítulo, también dará lugar a la imposición a la sociedad de una multa por importe de 1.200 a 60.000 euros por el Instituto de Contabilidad y Auditoría de Cuentas, previa instrucción de expediente conforme al procedimiento establecido reglamentariamente, de acuerdo con lo dispuesto en la Ley de Régimen Jurídico de las Administraciones Públicas y del Procedimiento Administrativo Común.

Cuando la sociedad o, en su caso, el grupo de sociedades tenga un volumen de facturación anual superior a 6.000.000 de euros el límite de la multa para cada año de retraso se elevará a 300.000 euros.

2. La sanción a imponer se determinará atendiendo a la dimensión de la sociedad, en función del importe total de las partidas del activo y de su cifra de ventas, referidos ambos datos al último ejercicio declarado a la Administración tributaria. Estos datos deberán ser facilitados al instructor por la socie-

---

Art. 282: V. S.T.S. (Militar) 249/2015, de 2 de febrero.
Art. 283.1: La Ley 30/1992, de 26 de noviembre, de Régimen Jurídico de las Administraciones Públicas y del Procedimiento Administrativo Común (*B.O.E.* núm. 285, de 27 de noviembre; correcciones de errores en *B.O.E.* núm. 311, de 28 de diciembre de 1992, y núm. 23, de 27 de enero de 1993), ha sido derogada por la Ley 39/2015, de 1 de octubre, del Procedimiento Administrativo Común de las Administraciones Públicas (*B.O.E.* núm. 236, de 2 de octubre). V. arts. 54 a 105 de esta última Ley.

dad; su incumplimiento se considerará a los efectos de la determinación de la sanción. En el supuesto de no disponer de dichos datos, la cuantía de la sanción se fijará de acuerdo con su cifra de capital social, que a tal efecto se solicitará del Registro Mercantil correspondiente.

3. En el supuesto de que los documentos a que se refiere este capítulo hubiesen sido depositados con anterioridad a la iniciación del procedimiento sancionador, la sanción se impondrá en su grado mínimo y reducida en un 50 por 100.

4. Las infracciones a que se refiere este artículo prescribirán a los tres años.

Art. 284. *Publicación.*—En el caso de publicación de los documentos depositados en el Registro Mercantil, deberá indicarse si es íntegra o abreviada. En el primer supuesto deberá reproducirse fielmente el texto de los depositados en el Registro Mercantil, incluyendo siempre íntegramente el informe de los auditores. En el segundo caso, se hará referencia a la oficina del Registro Mercantil en que hubieren sido depositados los documentos. El informe de auditoría podrá ser omitido en esta publicación, pero se indicará si ha sido emitido con reservas o no.

TÍTULO VIII

La modificación de los estatutos sociales

CAPÍTULO PRIMERO

LA MODIFICACIÓN
DE LOS ESTATUTOS SOCIALES

SECCIÓN 1.ª

Disposiciones generales

Art. 285. *Competencia orgánica.*—1. Cualquier modificación de los estatutos será competencia de la junta general.

2. Por excepción a lo establecido en el apartado anterior el órgano de administración será competente para cambiar el domicilio social dentro del territorio nacional, salvo disposición contraria de los estatutos. Se considerará que hay

---

Art. 285.2: El apartado 2 ha sido modificado por el artículo único del Real Decreto-ley 15/2017, de 6 de octubre, de medidas urgentes en materia de movilidad de ope-

disposición contraria de los estatutos solo cuando los mismos establezcan expresamente que el órgano de administración no ostenta esta competencia.

Art. 286. *Propuesta de modificación.*—Los administradores o en su caso, los socios autores de la propuesta deberán redactar el texto íntegro de la modificación que proponen y, en las sociedades anónimas, deberán redactar igualmente un informe escrito con justificación de la misma.

Art. 287. *Convocatoria de la junta general.*—En el anuncio de convocatoria de la junta general, deberán expresarse con la debida claridad los extremos que hayan de modificarse y hacer constar el derecho que corresponde a todos los socios de examinar en el domicilio social el texto íntegro de la modificación propuesta y, en el caso de

sociedades anónimas, del informe sobre la misma, así como pedir la entrega o el envío gratuito de dichos documentos.

Art. 288. *Acuerdo de modificación.*—1. En las sociedades de responsabilidad limitada el acuerdo de modificación de los estatutos sociales se adoptará conforme a lo dispuesto en el artículo 199 sobre mayoría legal reforzada.

2. En las sociedades anónimas y comanditarias por acciones el acuerdo de modificación de los estatutos sociales se adoptará conforme a lo dispuesto en los artículos 194 y 201.

Art. 289. *Publicidad de determinados acuerdos de modificación.*—[...]

Art. 290. *Escritura e inscripción registral de la modificación.*—1. En todo caso, el acuerdo de modificación de es-

---

dores económicos dentro del territorio nacional (*B.O.E.* núm. 242, de 7 de octubre de 2017). Téngase en cuenta que la Disp. Trans. única establece: «A los efectos previstos en el artículo 285.2 del texto refundido de la Ley de Sociedades de Capital, en la redacción dada por este real decreto-ley, se entenderá que hay disposición contraria de los estatutos solo cuando con posterioridad a la entrada en vigor de este real decreto-ley se hubiera aprobado una modificación estatutaria que expresamente declare que el órgano de administración no ostenta la competencia para cambiar el domicilio social dentro del territorio nacional».

Art. 289: Derogado por la Ley 25/2011, de 1 de agosto, de reforma parcial de la Ley de Sociedades de Capital y de incorporación de la Directiva 2007/36/CE del Parlamento Europeo y del Consejo, de 11 de julio, sobre el ejercicio de determinados derechos de los accionistas de sociedades cotizadas (*B.O.E.* núm. 184, de 2 de agosto).

Art. 290.1: Redactado conforme al art. 6.°cuatro del Real Decreto-ley 13/2010, de 3 de diciembre, de actuaciones en el ámbito fiscal, laboral y liberalizadoras para fomentar la inversión y la creación de empleo (*B.O.E.* núm. 293, de 3 de diciembre).

tatutos se hará constar en escritura pública que se inscribirá en el Registro Mercantil. El registrador mercantil remitirá de oficio, de forma telemática y sin coste adicional alguno, el acuerdo inscrito para su publicación en el *Boletín Oficial del Registro Mercantil.*

2.   Una vez inscrito el cambio de denominación social en el Registro Mercantil, se hará constar en los demás Registros por medio de notas marginales.

SECCIÓN 2.ª

Reglas especiales de tutela de los socios

Art. 291.   *Nuevas obligaciones de los socios.*—Cuando la modificación de los estatutos implique nuevas obligaciones para los socios deberá adoptarse con el consentimiento de los afectados.

Art. 292.   *La tutela individual de los derechos del socio en la sociedad de responsabilidad limitada.*—Cuando la modificación afecte a los derechos individuales de cualquier socio

de una sociedad de responsabilidad limitada deberá adoptarse con el consentimiento de los afectados.

Art. 293.   *La tutela colectiva de los derechos de los titulares de clases de acciones en la sociedad anónima.*—1.   Para que sea válida una modificación estatutaria que afecte directa o indirectamente a los derechos de una clase de acciones, será preciso que haya sido acordada por la junta general, con los requisitos establecidos en esta ley, y también por la mayoría de las acciones pertenecientes a la clase afectada. Cuando sean varias las clases afectadas, será necesario el acuerdo separado de cada una de ellas.

2.   Cuando la modificación sólo afecte a una parte de las acciones pertenecientes a la misma y, en su caso, única clase y suponga un trato discriminatorio entre ellas, se considerará a efectos de lo dispuesto en este artículo que constituyen clases independientes las acciones afectadas y las no afectadas por la modificación; siendo preciso, por tanto, el acuerdo separado de cada una de ellas. Se reputará que entraña trato

Art. 293: V. arts. 329 y 338.2 del presente T.R.
Art. 293.2: Redactado conforme al art. único.veintiocho de la Ley 31/2014, de 3 de diciembre, por la que se modifica la Ley de Sociedades de Capital para la mejora del gobierno corporativo (*B.O.E.* núm. 293, de 4 de diciembre).

discriminatorio cualquier modificación que, en el plano sustancial, tenga un impacto, económico o político, claramente asimétrico en unas y otras acciones o en sus titulares.

3. El acuerdo de los accionistas afectados habrá de adoptarse con los mismos requisitos previstos en esta ley para la modificación de los estatutos sociales, bien en junta especial o a través de votación separada en la junta general en cuya convocatoria se hará constar expresamente.

4. A las juntas especiales será de aplicación lo dispuesto en esta ley para la junta general.

Art. 294. *La tutela individual de los socios colectivos en la sociedad comanditaria por acciones.*—Cuando la modificación de los estatutos de la sociedad comanditaria por acciones tenga por objeto el nombramiento de administradores, la modificación del régimen de administración, el cambio de objeto social o la continuación de la sociedad más allá del término previsto en los estatutos el acuerdo será preciso que haya sido acordado por la junta general, con los requisitos establecidos en esta ley, y también con el consentimiento de todos los socios colectivos.

CAPÍTULO II

EL AUMENTO DEL CAPITAL SOCIAL

SECCIÓN 1.ª

Modalidades del aumento

Art. 295. *Modalidades del aumento.*—1. El aumento del capital social podrá realizarse por creación de nuevas participaciones o emisión de nuevas acciones o por elevación del valor nominal de las ya existentes.

2. En ambos casos el aumento del capital podrá realizarse con cargo a nuevas aportaciones dinerarias o no dinerarias al patrimonio social, incluida la aportación de créditos contra la sociedad, o con cargo a beneficios o reservas que ya figurasen en el último balance aprobado.

SECCIÓN 2.ª

El acuerdo de aumento

Art. 296. *El acuerdo de aumento.*—1. El aumento del capital social habrá de acordarse por la junta general con los requisitos establecidos para la modificación de los estatutos sociales.

2. Cuando el aumento haya de realizarse elevando el valor

nominal de las participaciones o de las acciones será preciso el consentimiento de todos los socios, salvo en el caso de que se haga íntegramente con cargo a beneficios o reservas que ya figurasen en el último balance aprobado.

3. En las sociedades anónimas, el valor de cada una de las acciones de la sociedad, una vez aumentado el capital, habrá de estar desembolsado en una cuarta parte como mínimo.

Art. 297. *Delegación en los administradores.*—1. En las sociedades anónimas, la junta general, con los requisitos establecidos para la modificación de los estatutos sociales, podrá delegar en los administradores:

a) La facultad de señalar la fecha en que el acuerdo ya adoptado de aumentar el capital social deba llevarse a efecto en la cifra acordada y de fijar las condiciones del mismo en todo lo no previsto en el acuerdo de la junta. El plazo para el ejercicio de esta facultad delegada no podrá exceder de un año, excepto en el caso de conversión de obligaciones en acciones.

b) La facultad de acordar en una o varias veces el aumento del capital social hasta una cifra determinada en la oportunidad y en la cuantía que ellos decidan, sin previa consulta a la junta general. Estos aumentos no podrán ser superiores en ningún caso a la mitad del capital de la sociedad en el momento de la autorización y deberán realizarse mediante aportaciones dinerarias dentro del plazo máximo de cinco años a contar del acuerdo de la junta.

2. Por el hecho de la delegación los administradores quedan facultados para dar nueva redacción al artículo de los estatutos sociales relativo al capital social, una vez acordado y ejecutado el aumento.

Art. 298. *Aumento con prima.*—1. En los aumentos del capital social será lícita la creación de participaciones sociales y la emisión de acciones con prima.

2. La prima deberá satisfacerse íntegramente en el momento de la asunción de las nuevas participaciones sociales o de la suscripción de las nuevas acciones.

Art. 299. *Aumento con cargo a aportaciones dinerarias.*—1. En las sociedades anónimas, para todo aumento del capital cuyo contravalor consista en nuevas aportaciones dinerarias al patrimonio social, será requisito previo, salvo para las entidades aseguradoras, el total desembolso de las acciones anteriormente emitidas.

2. No obstante lo establecido en el apartado anterior, podrá realizarse el aumento si existe una cantidad pendiente de desembolso que no exceda del 3 por 100 del capital social.

Art. 300. *Aumento con cargo a aportaciones no dinerarias.*—1. Cuando para el contravalor del aumento consista en aportaciones no dinerarias, será preciso que al tiempo de la convocatoria de la junta se ponga a disposición de los socios un informe de los administradores en el que se describirán con detalle las aportaciones proyectadas, su valoración, las personas que hayan de efectuarlas, el número y valor nominal de las participaciones sociales o de las acciones que hayan de crearse o emitirse, la cuantía del aumento del capital social y las garantías adoptadas para la efectividad del aumento según la naturaleza de los bienes en que la aportación consista.

2. En el anuncio de convocatoria de la junta general se hará constar el derecho que corresponde a todos los socios de examinar el informe en el domicilio social, así como pedir la entrega o el envío gratuito del documento.

Art. 301. *Aumento por compensación de créditos.*—1. Cuando el aumento del capital de la sociedad de responsabilidad limitada se realice por compensación de créditos, éstos habrán de ser totalmente líquidos y exigibles. Cuando el aumento del capital de la anónima se realice por compensación de créditos, al menos, un 25 por 100 de los créditos a compensar deberán ser líquidos, estar vencidos y ser exigibles, y el vencimiento de los restantes no podrá ser superior a cinco años.

2. Al tiempo de la convocatoria de la junta general se pondrá a disposición de los socios en el domicilio social un informe del órgano de administración sobre la naturaleza y características de los créditos a compensar, la identidad de los aportantes, el número de participaciones sociales o de acciones que hayan de crearse o emitirse y la cuantía del aumento, en el que expresamente se hará constar la concordancia de los datos relativos a los créditos con la contabilidad social.

3. En la sociedad anónima, al tiempo de la convocatoria de la junta general se pondrá también a disposición de los accionistas en el domicilio social una certificación del auditor de

cuentas de la sociedad que, acredite que, una vez verificada la contabilidad social, resultan exactos los datos ofrecidos por los administradores sobre los créditos a compensar. Si la sociedad no tuviere auditor de cuentas, la certificación deberá ser expedida por un auditor nombrado por el Registro Mercantil a solicitud de los administradores.

4. En el anuncio de convocatoria de la junta general, deberá hacerse constar el derecho que corresponde a todos los socios de examinar en el domicilio social el informe de los administradores y, en el caso de sociedades anónimas, la certificación del auditor de cuentas, así como pedir la entrega o el envío gratuito de dichos documentos.

5. El informe de los administradores y, en el caso de las sociedades anónimas, la certificación del auditor se incorporará a la escritura pública que documente la ejecución del aumento.

Art. 302. *Aumento por conversión de obligaciones.*—Cuando se aumente el capital por conversión de obligaciones en acciones, se aplicará lo establecido en el acuerdo de emisión de las obligaciones.

Art. 303. *Aumento con cargo a reservas.*—1. Cuando el aumento del capital se haga con cargo a reservas, podrán utilizarse para tal fin las reservas disponibles, las reservas por prima de asunción de participaciones sociales o de emisión de acciones y la reserva legal en su totalidad, si la sociedad fuera de responsabilidad limitada, o en la parte que exceda del 10 por 100 del capital ya aumentado, si la sociedad fuera anónima.

2. A la operación deberá servir de base un balance aprobado por la junta general referido a una fecha comprendida dentro de los seis meses inmediatamente anteriores al acuerdo de aumento del capital, verificado por el auditor de cuentas de la sociedad, o por un auditor nombrado por el Registro Mercantil a solicitud de los administradores, si la sociedad no estuviera obligada a verificación contable.

SECCIÓN 3.ª

La ejecución del acuerdo de aumento

Art. 304. *Derecho de preferencia.*—1. En los aumentos

---

de capital social con emisión de nuevas participaciones sociales o de nuevas acciones, ordinarias o privilegiadas, con cargo a aportaciones dinerarias, cada socio tendrá derecho a asumir un número de participaciones sociales o de suscribir un número de acciones proporcional al valor nominal de las que posea.

2. No habrá lugar al derecho de preferencia cuando el aumento del capital se deba a la absorción de otra sociedad o de todo o parte del patrimonio escindido de otra sociedad o a la conversión de obligaciones en acciones.

Art. 305. *Plazo para el ejercicio del derecho de preferencia.*—1. En las sociedades de responsabilidad limitada, el derecho de preferencia se ejercitará en el plazo que se hubiera fijado al adoptar el acuerdo de aumento. En las sociedades anónimas, el derecho de preferencia se ejercitará en el plazo que determinan los administradores.

2. El plazo para el ejercicio del derecho no podrá ser inferior a un mes desde la publicación del anuncio de la oferta de asunción de las nuevas partici-

paciones o de suscripción de nuevas acciones en el *Boletín Oficial del Registro Mercantil.*

3. En las sociedades de responsabilidad limitada y en las sociedades anónimas cuando todas las acciones sean nominativas, el órgano de administración podrá sustituir la publicación del anuncio por una comunicación escrita a cada uno de los socios y, en su caso, a los usufructuarios inscritos en el Libro registro de socios o en Libro de acciones nominativas, computándose el plazo de asunción de las nuevas participaciones o de las nuevas acciones desde el envío de la comunicación.

Art. 306. *Transmisión del derecho de preferencia.*—1. En todo caso, en las sociedades de responsabilidad limitada, la transmisión voluntaria por actos *inter vivos* del derecho de asunción preferente de las nuevas participaciones sociales podrá efectuarse a favor de las personas que, conforme a esta ley o a los estatutos de la sociedad puedan adquirir libremente las participaciones sociales. Los estatutos podrán reconocer, además, la posibilidad de la transmisión de este derecho a

---

Art. 305: V. art. 416.2 del presente T.R.
Art. 306: V. art. 416.2 del presente T.R.

otras personas, sometiéndola al mismo sistema y condiciones previstos para la transmisión *inter vivos* de las participaciones sociales, con modificación, en su caso, de los plazos establecidos en dicho sistema.

2. En las sociedades anónimas los derechos de suscripción preferente serán transmisibles en las mismas condiciones que las acciones de las que deriven.

En caso de aumento con cargo a reservas, la misma regla será de aplicación a los derechos de asignación gratuita de las nuevas acciones.

Art. 307. *Derecho de preferencia de segundo grado.*—1. En las sociedades de responsabilidad limitada, salvo que los estatutos dispongan otra cosa, las participaciones no asumidas en el ejercicio del derecho de preferencia serán ofrecidas por el órgano de administración a los socios que lo hubieren ejercitado, para su asunción y desembolso durante un plazo no superior a quince días desde la conclusión del establecido para la asunción preferente. Si existieren varios socios interesados en asumir las participaciones ofrecidas, éstas se adjudicarán en proporción a las que cada uno de ellos ya tuviere en la sociedad.

2. Durante los quince días siguientes a la finalización del plazo anterior, el órgano de administración podrá adjudicar las participaciones no asumidas a personas extrañas a la sociedad.

Art. 308. *Exclusión del derecho de preferencia.*—1. En los casos en que el interés de la sociedad así lo exija, la junta general, al decidir el aumento del capital, podrá acordar la supresión total o parcial del derecho de suscripción preferente.

2. Para que sea válido el acuerdo de exclusión del derecho de preferencia será necesario:

a) Que los administradores elaboren un informe en el que especifiquen el valor de las participaciones o de las acciones de la sociedad y se justifiquen detalladamente la propuesta y la contraprestación a satisfacer por las nuevas participaciones o por las nuevas acciones, con la indicación de las personas a las que hayan de atribuirse, y, en las sociedades anónimas, que un experto independiente, distinto del auditor de las cuen-

---

Art. **308:** V. arts. 504.1 y 505.1 del presente T.R.

Art. **308.2.a):** Letra redactada conforme a la Disp. Final 4.ª catorce de la Ley 22/2015, de 20 de julio, de Auditoría de Cuentas (*B.O.E.* núm. 173, de 21 de julio), con efectos desde el 1 de enero de 2016.

tas de la sociedad, nombrado a estos efectos por el Registro Mercantil, elabore otro informe, bajo su responsabilidad, sobre el valor razonable de las acciones de la sociedad, sobre el valor teórico del derecho de preferencia cuyo ejercicio se propone suprimir o limitar y sobre la razonabilidad de los datos contenidos en el informe de los administradores.

b) Que en la convocatoria de la junta se hayan hecho constar la propuesta de supresión del derecho de preferencia, el tipo de creación de las nuevas participaciones sociales o de emisión de las nuevas acciones y el derecho de los socios a examinar en el domicilio social el informe o los informes a que se refiere el número anterior así como pedir la entrega o el envío gratuito de estos documentos.

c) Que el valor nominal de las nuevas participaciones o de las nuevas acciones, más, en su caso, el importe de la prima, se corresponda con el valor real atribuido a las participaciones en el informe de los administradores en el caso de las sociedades de responsabilidad limitada o con el valor que resulte del informe del experto independiente en el caso de las sociedades anónimas.

Art. 309. *Boletín de suscripción de acciones.*—1. En la sociedad anónima, cuando se ofrezcan públicamente acciones para su suscripción, la oferta quedará sujeta a los requisitos establecidos por las normas reguladoras del mercado de valores y la suscripción se hará constar en un documento que, bajo el título «boletín de suscripción», se extenderá por duplicado y contendrá, al menos, las siguientes indicaciones:

a) La denominación y domicilio de la sociedad, así como los datos identificadores de su inscripción en el Registro Mercantil.

b) El nombre y apellidos o la denominación o razón social, la nacionalidad y el domicilio del suscriptor.

c) El número de acciones que suscribe, el valor nominal de cada una de ellas y su serie, si existiesen varias, así como su tipo de emisión.

d) El importe que abona el suscriptor con expresión, en su caso, de la parte que corresponda al valor nominal desembolsado y la que corresponda a la prima de emisión.

e) La identificación de la entidad de crédito en la que se verifique la suscripción y se

---

Art. 308.2.c): Letra redactada conforme a la Disp. Final 4.ªcatorce de la Ley 22/2015, de 20 de julio, de Auditoría de Cuentas (*B.O.E.* núm. 173, de 21 de julio), con efectos desde el 1 de enero de 2016.

desembolsen los importes mencionados en el boletín.

f) La fecha a partir de la cual el suscriptor podrá exigir la restitución del desembolso realizado en caso de no haber sido debidamente inscrita en el Registro Mercantil la ejecución del acuerdo de aumento del capital.

g) La fecha y la firma del suscriptor o de su representante, así como de la persona que recibe las cantidades desembolsadas.

2. Todo suscriptor tendrá derecho a obtener copia firmada del boletín de suscripción.

Art. 310. *Aumento incompleto en las sociedades de responsabilidad limitada.*—1. En las sociedades de responsabilidad limitada, cuando el aumento del capital social no se haya desembolsado íntegramente dentro del plazo fijado al efecto, el capital quedará aumentado en la cuantía desembolsada, salvo que en el acuerdo se hubiera previsto que el aumento quedaría sin efecto en caso de desembolso incompleto.

2. En el caso de que el aumento del capital quede sin efecto, el órgano de administración, dentro del mes siguiente al vencimiento del plazo fijado para el desembolso, deberá restituir las aportaciones realizadas. Si las aportaciones fueran dinerarias, la restitución podrá hacerse mediante consignación del importe a nombre de los respectivos aportantes en una entidad de crédito del domicilio social, comunicando a éstos por escrito la fecha de la consignación y la entidad depositaria.

Art. 311. *Aumento incompleto en las sociedades anónimas.*—1. En las sociedades anónimas, cuando el aumento del capital no se haya suscrito íntegramente dentro del plazo fijado para la suscripción, el capital sólo se aumentará en la cuantía de las suscripciones efectuadas si las condiciones de la emisión hubieran previsto expresamente esta posibilidad.

2. En el caso de que el aumento del capital quede sin efecto, el órgano de administración lo publicará en el *Boletín Oficial del Registro Mercantil* y, dentro del mes siguiente al vencimiento del plazo de suscripción, deberá restituir las aportaciones realizadas. Si las aportaciones fueran dinerarias, la restitución deberá hacerse directamente a los respectivos aportantes o mediante consignación del importe a nombre de éstos en el Banco de España o en la Caja General de Depósitos.

Art. 312. *El desembolso en los aumentos del capital social.*—Quienes hayan asumido las nuevas participaciones o suscrito las nuevas acciones quedan obligados a hacer su aportación desde el momento mismo de la suscripción.

SECCIÓN 4.ª

La inscripción de la operación de aumento

Art. 313. *Facultades de los administradores.*—Una vez ejecutado el acuerdo de aumento del capital social, los administradores deberán dar nueva redacción a los estatutos sociales a fin de recoger en los mismos la nueva cifra de capital social, a cuyo efecto se entenderán facultados por el acuerdo de aumento.

Art. 314. *La escritura de ejecución del aumento.*—La escritura que documenta la ejecución deberá expresar los bienes o derechos aportados y, en el caso de las sociedades de responsabilidad limitada o de las anónimas no cotizadas, si el aumento se hubiera realizado por creación de nuevas participaciones sociales o por emisión de nuevas acciones, la identidad de las personas a quienes se hayan adjudicado, la numeración de las participaciones o de las acciones atribuidas, así como la declaración del órgano de administración de que la titularidad de las participaciones se ha hecho constar en el libro-registro de socios o de que la titularidad de las acciones nominativa se ha hecho constar en el libro-registro de acciones nominativas.

Art. 315. *Inscripción de la operación de aumento.*—El acuerdo de aumento del capital social y la ejecución del mismo deberán inscribirse simultáneamente en el Registro Mercantil.

Art. 316. *Derecho a la restitución de aportaciones.*—1. Cuando hubieran transcurrido seis meses desde la apertura del plazo para el ejercicio de derecho de preferencia sin que se hubieran presentado para su inscripción en el Registro los documentos acreditativos de la ejecución del aumento del capital, quienes hubieran asumido las nuevas participaciones sociales o los suscriptores de las nuevas acciones podrán pedir la resolución de la obligación de

Art. 315: Redactado de nuevo por el apartado 6 del art. 3.º de la Ley 5/2021, de 12 de abril, por la que se modifica el texto refundido de la Ley de Sociedades de Capital, aprobado por el Real Decreto Legislativo 1/2010, de 2 de julio, y otras normas financieras, en lo que respecta al fomento de la implicación a largo plazo de los accionistas en las sociedades cotizadas (*B.O.E.* núm. 88, de 13 de abril de 2021).

aportar y exigir la restitución de las aportaciones realizadas.

2. Si la falta de presentación de los documentos a inscripción fuere imputable a la sociedad, podrán exigir también el interés legal.

CAPÍTULO III

LA REDUCCIÓN DEL CAPITAL SOCIAL

SECCIÓN 1.ª

*Modalidades
de la reducción*

Art. 317. *Modalidades de la reducción.*—1. La reducción del capital puede tener por finalidad el restablecimiento del equilibrio entre el capital y el patrimonio neto de la sociedad disminuido por consecuencia de pérdidas, la constitución o el incremento de la reserva legal o de las reservas voluntarias o la devolución del valor de las aportaciones. En las sociedades anónimas, la reducción del capital puede tener también por finalidad la condonación de la obligación de realizar las aportaciones pendientes.

2. La reducción podrá realizarse mediante la disminución del valor nominal de las participaciones sociales o de las acciones, su amortización o su agrupación.

Art. 318. *El acuerdo de reducción del capital social.*—1. La reducción del capital social habrá de acordarse por la junta general con los requisitos de la modificación de estatutos.

2. El acuerdo de la junta expresará, como mínimo, la cifra de reducción del capital, la finalidad de la reducción, el procedimiento mediante el cual la sociedad ha de llevarlo a cabo, el plazo de ejecución y la suma que haya de abonarse, en su caso, a los socios.

Art. 319. *Publicación del acuerdo de reducción.*—El acuerdo de reducción del capital de las sociedades anónimas deberá ser publicado en el *Boletín Oficial del Registro Mercantil* y en la página web de la sociedad o, en el caso de que no exista, en un periódico de gran circulación en la provincia en que la sociedad tenga su domicilio.

Art. 319: Redactado conforme al art. 6.°cinco del Real Decreto-ley 13/2010, de 3 de diciembre, de actuaciones en el ámbito fiscal, laboral y liberalizadoras para fomentar la inversión y la creación de empleo (*B.O.E.* núm. 293, de 3 de diciembre).

SECCIÓN 2.ª

La reducción por pérdidas

Art. 320. *Principio de paridad de trato.*—Cuando la reducción tenga por finalidad el restablecimiento del equilibrio entre el capital y el patrimonio neto de la sociedad disminuido por consecuencia de pérdidas, deberá afectar por igual a todas las participaciones sociales o a todas las acciones en proporción a su valor nominal, pero respetando los privilegios que a estos efectos hubieran podido otorgarse en la ley o en los estatutos para determinadas participaciones sociales o para determinadas clases de acciones.

Art. 321. *Prohibiciones.*—La reducción del capital por pérdidas en ningún caso podrá dar lugar a reembolsos a los socios o, en las sociedades anónimas, a la condonación de la obligación de realizar las aportaciones pendientes.

Art. 322. *Presupuesto de la reducción del capital social.*—1. En las sociedades de responsabilidad limitada no se podrá reducir el capital por pérdidas en tanto la sociedad cuente con cualquier clase de reservas.

2. En las sociedades anónimas no se podrá reducir el capital por pérdidas en tanto la sociedad cuente con cualquier clase de reservas voluntarias o cuando la reserva legal, una vez efectuada la reducción, exceda del 10 por 100 del capital.

Art. 323. *El balance.*—1. El balance que sirva de base a la operación de reducción del capital por pérdidas deberá referirse a una fecha comprendida dentro de los seis meses inmediatamente anteriores al acuerdo, previa verificación por el auditor de cuentas de la sociedad y estar aprobado por la junta general. Cuando la sociedad no estuviera obligada a someter a auditoría las cuentas anuales, el auditor será nombrado por los administradores de la sociedad.

2. El balance y el informe de auditoría se incorporarán a la escritura pública de reducción.

Art. 324. *Publicidad del acuerdo de reducción.*—En el acuerdo de la junta de reducción del capital por pérdidas y

Art. 322: V. art. 328 del presente T.R.
Art. 323: V. art. 328 del presente T.R.
Art. 324: V. art. 328 del presente T.R.

en el anuncio público del mismo deberá hacerse constar expresamente la finalidad de la reducción.

Art. 325. *Destino del excedente.*—En las sociedades anónimas, el excedente del activo sobre el pasivo que deba resultar de la reducción del capital por pérdidas deberá atribuirse a la reserva legal sin que ésta pueda llegar a superar a tales efectos la décima parte de la nueva cifra de capital.

Art. 326. *Condición para el reparto de dividendos.*—Para que la sociedad pueda repartir dividendos una vez reducido el capital será preciso que la reserva legal alcance el 10 por 100 del nuevo capital.

Art. 327. *Carácter obligatorio de la reducción.*—En la sociedad anónima, la reducción del capital tendrá carácter obligatorio cuando las pérdidas hayan disminuido su patrimonio neto por debajo de las dos terceras partes de la cifra del capital y hubiere transcurrido un ejercicio social sin haberse recuperado el patrimonio neto.

*Reducción para dotar
la reserva legal*

Art. 328. *Reducción para dotar la reserva legal.*—A la reducción del capital para la constitución o el incremento de la reserva legal será de aplicación lo establecido en los artículos 322 a 326.

*Reducción para la devolución
del valor de las aportaciones*

Art. 329. *Requisitos del acuerdo de reducción.*—Cuando el acuerdo de reducción con devolución del valor de las aportaciones no afecte por igual a todas las participaciones o a todas las acciones de la sociedad, será preciso, en las sociedades de responsabilidad limitada, el consentimiento individual de los titulares de esas participaciones y, en las sociedades anónimas, el acuerdo separado de la mayoría de los accionistas interesados, adoptado en la forma prevista en el artículo 293.

Art. 325: V. art. 328 del presente T.R.
Art. 326: V. art. 328 del presente T.R.

Art. 330. *Regla de la prorrata.*—La devolución del valor de las aportaciones a los socios habrá de hacerse a prorrata del valor desembolsado de las respectivas participaciones sociales o acciones, salvo que, por unanimidad, se acuerde otro sistema.

SECCIÓN 5.ª

La tutela de los acreedores*

Subsección 1.ª

La tutela de los acreedores de sociedades de responsabilidad limitada

Art. 331. *La responsabilidad solidaria de los socios de sociedades de responsabilidad limitada.*—1. Los socios a quienes se hubiera restituido la totalidad o parte del valor de sus aportaciones responderán solidariamente entre sí y con la sociedad del pago de las deudas sociales contraídas con anterioridad a la fecha en que la reducción fuera oponible a terceros.
2. La responsabilidad de cada socio tendrá como límite el importe de lo percibido en concepto de restitución de la aportación social.

3. La responsabilidad de los socios prescribirá a los cinco años a contar desde la fecha en que la reducción fuese oponible a terceros.
4. En la inscripción en el Registro Mercantil de la ejecución del acuerdo de reducción, deberá expresarse la identidad de las personas a quienes se hubiera restituido la totalidad o parte de las aportaciones sociales o, en su caso, la declaración del órgano de administración de que ha sido constituida la reserva a que se refiere el artículo siguiente.

Art. 332. *Exclusión de la responsabilidad solidaria.*—1. Cuando, al acordarse la reducción mediante la restitución de la totalidad o parte del valor de las aportaciones sociales, se dotase una reserva con cargo a beneficios o reservas libres por un importe igual al percibido por los socios en concepto de restitución de la aportación social, no habrá lugar a la responsabilidad solidaria de los socios.
2. La reserva será indisponible hasta que transcurran cinco años a contar desde la publicación de la reducción en el *Boletín Oficial del Registro Mercantil*, salvo que antes del

---

* V. art. 356.3 del presente T.R.

vencimiento de dicho plazo hubieren sido satisfechas todas las deudas sociales contraídas con anterioridad a la fecha en que la reducción fuera oponible a terceros.

Art. 333. *Derecho estatutario de oposición.*—1. En las sociedades de responsabilidad limitada, los estatutos podrán establecer que ningún acuerdo de reducción del capital que implique restitución de sus aportaciones a los socios pueda llevarse a efecto sin que transcurra un plazo de tres meses a contar desde la fecha en que se haya notificado a los acreedores.

2. Esta notificación se hará personalmente, y si ello no fuera posible, por desconocerse el domicilio de los acreedores, por medio de anuncios que habrán de publicarse en el *Boletín Oficial del Registro Mercantil,* y en la página web de la sociedad o, en el caso de que no exista, en un diario de los de mayor circulación en la localidad en que radique el domicilio de la sociedad.

3. Durante dicho plazo, los acreedores ordinarios podrán oponerse a la ejecución del acuerdo de reducción, si sus créditos no son satisfechos o la sociedad no presta garantía.

4. Será nula toda restitución que se realice antes de transcurrir el plazo de tres meses o a pesar de la oposición entablada, en tiempo y forma, por cualquier acreedor.

5. La devolución de capital habrá de hacerse a prorrata de las respectivas participaciones sociales, salvo que, por unanimidad, se acuerde otro sistema.

Subsección 2.ª

La tutela de los acreedores de sociedades anónimas

Art. 334. *Derecho de oposición de los acreedores de sociedades anónimas.*—1. Los acreedores de la sociedad anónima cuyos créditos hayan nacido antes de la fecha del último anuncio del acuerdo de reducción del capital, no hayan vencido en ese momento y hasta que se les garanticen tales créditos tendrán el derecho de oponerse a la reducción.

2. Los acreedores cuyos créditos se encuentren ya suficientemente garantizados no gozarán de este derecho.

Art. 333.2: Redactado conforme al art. 6.°seis del Real Decreto-ley 13/2010, de 3 de diciembre, de actuaciones en el ámbito fiscal, laboral y liberalizadoras para fomentar la inversión y la creación de empleo (*B.O.E.* núm. 293, de 3 de diciembre).

Art. 335. *Exclusión del derecho de oposición.*—Los acreedores no podrán oponerse a la reducción en los casos siguientes:

a) Cuando la reducción del capital tenga por única finalidad restablecer el equilibrio entre el capital y el patrimonio neto de la sociedad disminuido por consecuencia de pérdidas.

b) Cuando la reducción tenga por finalidad la constitución o el incremento de la reserva legal.

c) Cuando la reducción se realice con cargo a beneficios o a reservas libres o por vía de amortización de acciones adquiridas por la sociedad a título gratuito. En este caso, el importe del valor nominal de las acciones amortizadas o de la disminución del valor nominal de las mismas deberá destinarse a una reserva de la que sólo será posible disponer con los mismos requisitos exigidos para la reducción del capital social.

Art. 336. *Ejercicio del derecho de oposición.*—El derecho de oposición habrá de ejercitarse en el plazo de un mes a contar desde la fecha del último anuncio del acuerdo.

Art. 337. *Efectos de la oposición.*—En caso de ejercicio del derecho de oposición, la reducción del capital social no podrá llevarse a efecto hasta que la sociedad preste garantía a satisfacción del acreedor o, en otro caso, hasta que notifique a dicho acreedor la prestación de fianza solidaria en favor de la sociedad por una entidad de crédito debidamente habilitada para prestarla por la cuantía del crédito de que fuera titular el acreedor y hasta tanto no prescriba la acción para exigir su cumplimiento.

SECCIÓN 6.ª

Reducción mediante adquisición de participaciones o acciones propias para su amortización

Art. 338. *Requisitos de la reducción.*—1. Cuando la reducción del capital hubiere de realizarse mediante la adquisición de participaciones o de acciones de la sociedad para su posterior amortización, deberá ofrecerse la adquisición a todos los socios.

2. Si el acuerdo de reducción hubiera de afectar solamente a una clase de acciones, deberá adoptarse con el acuerdo separado de la mayoría de las acciones pertenecientes a la clase afectada, adoptado en la forma prevista en el artículo 293.

Art. 339. *La oferta de adquisición.*—1. En las sociedades de responsabilidad limitada, la oferta se remitirá a cada uno de los socios por correo certificado con acuse de recibo.

2. En las sociedades anónimas, la propuesta de adquisición deberá ser publicada en el *Boletín Oficial del Registro Mercantil* y en un periódico de gran circulación en la provincia en que la sociedad tenga su domicilio, habrá de mantenerse, al menos, durante un mes, incluirá todas las menciones que sean razonablemente necesarias para la información de los accionistas que deseen enajenar y, en su caso, expresará las consecuencias que se deriven de no alcanzar las acciones ofrecidas el número fijado en el acuerdo.

Cuando todas las acciones sean nominativas, los estatutos podrán permitir que se sustituya la publicación de la oferta por el envío de la misma a cada uno de los accionistas por correo certificado con acuse de recibo.

Art. 340. *La aceptación.*—1. El plazo de aceptación de la oferta se computará desde el envío de la comunicación.

2. Si las aceptaciones excedieran del número de participaciones o de acciones previamente fijado por la sociedad, se reducirán las ofrecidas por cada socio en proporción al número cuya titularidad ostente cada uno de ellos.

3. A no ser que en el acuerdo de la junta o en la propuesta de adquisición se hubiera establecido otra cosa, cuando las aceptaciones no alcancen el número de participaciones o de acciones previamente fijado, se entenderá que el capital queda reducido en la cantidad correspondiente a las aceptaciones recibidas.

Art. 341. *Bonos de disfrute.*—1. En la reducción del capital con amortización de acciones podrán atribuirse bonos de disfrute a los titulares de las acciones amortizadas, especificando en el acuerdo de reducción el contenido de los derechos atribuidos a estos bonos.

2. Los bonos de disfrute no podrán atribuir el derecho de voto.

Art. 342. *La obligación de amortizar.*—Las participaciones sociales adquiridas por la sociedad deberán ser amortizadas en el plazo de tres años a contar de la fecha del ofrecimiento de la adquisición. Las acciones adquiridas por la sociedad deberán ser amortizadas dentro del mes siguiente a la terminación del plazo de la oferta de adquisición.

CAPÍTULO IV

REDUCCIÓN Y AUMENTO DEL CAPITAL SIMULTÁNEOS

Art. 343. *Reducción y aumento del capital simultáneos.—* 1. El acuerdo de reducción del capital social a cero o por debajo de la cifra mínima legal sólo podrá adoptarse cuando simultáneamente se acuerde la transformación de la sociedad o el aumento de su capital hasta una cantidad igual o superior a la mencionada cifra mínima.

2. En todo caso habrá de respetarse el derecho de asunción o de suscripción preferente de los socios.

Art. 344. *Eficacia condicionada del acuerdo de reducción.—* En caso de acuerdo de reducción y de aumento del capital simultáneos, la eficacia del acuerdo de reducción quedará condicionada, en su caso, a la ejecución del acuerdo de aumento del capital.

Art. 345. *La inscripción simultánea.—*La inscripción del acuerdo de reducción en el Registro Mercantil no podrá practicarse a no ser que simultáneamente se presente a inscripción el acuerdo de transformación o de aumento de capital, así como, en este último caso, su ejecución.

TÍTULO IX

Separación y exclusión de socios

CAPÍTULO PRIMERO

LA SEPARACIÓN DE SOCIOS

Art. 346. *Causas legales de separación.—*1. Los socios que no hubieran votado a favor del correspondiente acuerdo, incluidos los socios sin voto, tendrán derecho a separarse de la sociedad de capital en los casos siguientes:

a) Sustitución o modificación sustancial del objeto social.

b) Prórroga de la sociedad.

Art. 346.1.a): Letra redactada conforme al art. 1.°diecisiete de la Ley 25/2011, de 1 de agosto, de reforma parcial de la Ley de Sociedades de Capital y de incorporación de la Directiva 2007/36/CE del Parlamento Europeo y del Consejo, de 11 de julio, sobre el ejercicio de determinados derechos de los accionistas de sociedades cotizadas (*B.O.E.* núm. 184, de 2 de agosto).

c) Reactivación de la sociedad.

d) Creación, modificación o extinción anticipada de la obligación de realizar prestaciones accesorias, salvo disposición contraria de los estatutos.

2. En las sociedades de responsabilidad limitada tendrán, además, derecho a separarse de la sociedad los socios que no hubieran votado a favor del acuerdo de modificación del régimen de transmisión de las participaciones sociales.

3. En los casos de modificación estructural los socios tendrán el derecho de enajenación o separación en los términos establecidos en el libro primero del Real Decreto-ley 5/2023, de 28 de junio, por el que se adoptan y prorrogan determinadas medidas de respuesta a las consecuencias económicas y sociales de la Guerra de Ucrania, de apoyo a la reconstrucción de la isla de La Palma y a otras situaciones de vulnerabilidad; de transposición de Directivas de la Unión Europea en materia de modificaciones estructurales de sociedades mercantiles y conciliación de la vida familiar y la vida profesional de los progenitores y los cuidadores; y de ejecución y cumplimiento del Derecho de la Unión Europea.

Art. 347. *Causas estatutarias de separación.*—1. Los estatutos podrán establecer otras causas de separación distintas a las previstas en la presente ley. En este caso determinarán el modo en que deberá acreditarse la existencia de la causa, la forma de ejercitar el derecho de separación y el plazo de su ejercicio.

2. Para la incorporación a los estatutos, la modificación o la supresión de estas causas de separación será necesario el consentimiento de todos los socios.

Art. 348. *Ejercicio del derecho de separación.*—1. Los acuerdos que den lugar al derecho de separación se publicarán en el *Boletín Oficial del Registro Mercantil*. En las sociedades de responsabilidad limitada y en las anónimas cuando todas las acciones sean nominativas, los administradores podrán sustituir la publicación por una comunicación es-

---

Art. 346.3: Modificado por el Real Decreto-ley 5/2023, de 28 de junio, por el que se adoptan y prorrogan determinadas medidas de respuesta a las consecuencias económicas y sociales de la Guerra de Ucrania, de apoyo a la reconstrucción de la isla de La Palma y a otras situaciones de vulnerabilidad; de transposición de Directivas de la Unión Europea en materia de modificaciones estructurales de sociedades mercantiles y conciliación de la vida familiar y la vida profesional de los progenitores y los cuidadores; y de ejecución y cumplimiento del Derecho de la Unión Europea.

crita a cada uno de los socios que no hayan votado a favor del acuerdo.

2. El derecho de separación habrá de ejercitarse por escrito en el plazo de un mes a contar desde la publicación del acuerdo o desde la recepción de la comunicación.

Art. 348 bis. *Derecho de separación en caso de falta de distribución de dividendos.—* 1. Sin perjuicio de lo dispuesto en la disposición adicional undécima, salvo disposición contraria de los estatutos, transcurrido el quinto ejercicio contado desde la inscripción en el Registro Mercantil de la sociedad, el socio o socia que hubiera hecho constar en el acta su protesta por la insuficiencia de los dividendos reconocidos tendrá derecho de separación en el caso de que la junta general no acordara la distribución como dividendo de, al menos, el 25 por 100 de los beneficios obtenidos durante el ejercicio anterior que sean legalmente distribuibles siempre que se hayan obtenido beneficios durante los tres ejercicios anteriores. Sin embargo, aun cuando se produzca la anterior circunstancia, el derecho de separación no surgirá si el total de los dividendos distribuidos durante los últimos cinco años equivale, por lo menos, al 25 por 100 de los beneficios legalmente distribuibles registrados en dicho periodo.

Lo dispuesto en el párrafo anterior se entenderá sin perjuicio del ejercicio de las acciones de impugnación de acuerdos sociales y de responsabilidad que pudieran corresponder.

2. Para la supresión o modificación de la causa de sepa-

Art. 348 bis: Redactado de nuevo por la Ley 11/2018, de 28 de diciembre, por la que se modifica el Código de Comercio, el texto refundido de la Ley de Sociedades de Capital aprobado por el Real Decreto Legislativo 1/2010, de 2 de julio, y la Ley 22/2015, de 20 de julio, de Auditoría de Cuentas, en materia de información no financiera y diversidad (*B.O.E.* núm. 314, de 29 de diciembre de 2018).

Téngase en cuenta que el derecho de separación previsto en los apartados 1 y 4 se suspende hasta el 31 de diciembre de 2020, por el art. 40.8 del Real Decreto-ley 8/2020, de 17 de marzo en la redacción dada por la Disp. Final 4.ª3 del Real Decreto-ley 25/2020, de 3 de julio.

Art. 348 bis.1 y 4: Redactados de nuevo por el apartado 1 del art. 5.º del Real Decreto-ley 7/2021, de 27 de abril, de transposición de directivas de la Unión Europea en las materias de competencia, prevención del blanqueo de capitales, entidades de crédito, telecomunicaciones, medidas tributarias, prevención y reparación de daños medioambientales, desplazamiento de trabajadores en la prestación de servicios transnacionales y defensa de los consumidores (*B.O.E.* núm. 101, de 28 de abril de 2021).

ración a que se refiere el apartado anterior, será necesario el consentimiento de todos los socios, salvo que se reconozca el derecho a separarse de la sociedad al socio que no hubiera votado a favor de tal acuerdo.

3. El plazo para el ejercicio del derecho de separación será de un mes a contar desde la fecha en que se hubiera celebrado la junta general ordinaria de socios.

4. Cuando la sociedad estuviere obligada a formular cuentas consolidadas, deberá reconocerse, salvo disposición contraria en los estatutos, el mismo derecho de separación al socio o socia de la dominante, aunque no se diere el requisito establecido en el apartado primero, si la junta general de la citada sociedad no acordara la distribución como dividendo de al menos el 25 por 100 de los resultados positivos consolidados atribuidos a la sociedad dominante del ejercicio anterior, siempre que sean legalmente distribuibles y, además, se hubieran obtenido resultados positivos consolidados atribuidos a la sociedad dominante durante los tres ejercicios anteriores.

5. Lo dispuesto en este artículo no será de aplicación en los siguientes supuestos:

a) Cuando se trate de sociedades cotizadas o sociedades cuyas acciones estén admitidas a negociación en un sistema multilateral de negociación.

b) Cuando la sociedad se encuentre en concurso.

c) Cuando, al amparo de la legislación concursal, la sociedad haya puesto en conocimiento del juzgado competente para la declaración de su concurso la iniciación de negociaciones para alcanzar un acuerdo de refinanciación o para obtener adhesiones a una propuesta anticipada de convenio, o cuando se haya comunicado a dicho juzgado la apertura de negociaciones para alcanzar un acuerdo extrajudicial de pagos.

d) Cuando la sociedad haya alcanzado un acuerdo de refinanciación que satisfaga las condiciones de irrescindibilidad fijadas en la legislación concursal.

e) Cuando se trate de Sociedades Anónimas Deportivas.

Art. 349. *Inscripción del acuerdo.*—Para la inscripción en el Registro Mercantil de la escritura que documente el acuerdo que origina el derecho de separación, será necesario que la propia escritura u otra posterior contenga la declaración de los administradores de que ningún socio ha ejercitado el derecho de separación dentro del plazo establecido o de que la sociedad, previa autorización de la junta general, ha adquirido las participaciones sociales o acciones de los socios separados, o la reducción del capital.

CAPÍTULO II

LA EXCLUSIÓN DE SOCIOS

Art. 350. *Causas legales de exclusión de los socios.*—La sociedad de responsabilidad limitada podrá excluir al socio que incumpla voluntariamente la obligación de realizar prestaciones accesorias, así como al socio administrador que infrinja la prohibición de competencia o hubiera sido condenado por sentencia firme a indemnizar a la sociedad los daños y perjuicios causados por actos contrarios a esta ley o a los estatutos o realizados sin la debida diligencia.

Art. 351. *Causas estatutarias de exclusión de socios.*— En las sociedades de capital, con el consentimiento de to-dos los socios, podrán incorporarse a los estatutos causas determinadas de exclusión o modificarse o suprimirse las que figurasen en ellos con anterioridad.

Art. 352. *Procedimiento de exclusión.*—1. La exclusión requerirá acuerdo de la junta general. En el acta de la reunión o en anejo se hará constar la identidad de los socios que hayan votado a favor del acuerdo.

2. Salvo en el caso de condena del socio administrador a indemnizar a la sociedad, la exclusión de un socio con participación igual o superior al 25 por 100 en el capital social requerirá, además del acuerdo de la junta general, resolución judicial firme, siempre que el socio no se conforme con la exclusión acordada.

3. Cualquier socio que hubiera votado a favor del acuerdo estará legitimado para ejercitar la acción de exclusión en nombre de la sociedad cuando ésta no lo hubiera hecho en el plazo de un mes a contar desde la fecha de adopción del acuerdo de exclusión.

Art. 351: Redactado conforme al art. 1.°diecinueve de la Ley 25/2011, de 1 de agosto, de reforma parcial de la Ley de Sociedades de Capital y de incorporación de la Directiva 2007/36/CE del Parlamento Europeo y del Consejo, de 11 de julio, sobre el ejercicio de determinados derechos de los accionistas de sociedades cotizadas (*B.O.E.* núm. 184, de 2 de agosto).

CAPÍTULO III

NORMAS COMUNES
A LA SEPARACIÓN
Y LA EXCLUSIÓN DE SOCIOS

Art. 353. *Valoración de las participaciones o de las acciones del socio.*—1. A falta de acuerdo entre la sociedad y el socio sobre el valor razonable de las participaciones sociales o de las acciones, o sobre la persona o personas que hayan de valorarlas y el procedimiento a seguir para su valoración, serán valoradas por un experto independiente, designado por el registrador mercantil del domicilio social a solicitud de la sociedad o de cualquiera de los socios titulares de las participaciones o de las acciones objeto de valoración.

2. Si las acciones cotizasen en un mercado secundario oficial, el valor de reembolso será el del precio medio de cotización del último trimestre.

Art. 354. *Informe del experto independiente.*—1. Para el ejercicio de su función, el experto podrá obtener de la sociedad todas las informaciones y documentos que considere útiles y proceder a todas las verificaciones que estime necesarias.

2. En el plazo máximo de dos meses a contar desde su nombramiento, el experto emitirá su informe, que notificará inmediatamente por conducto notarial a la sociedad y a los socios afectados, acompañando copia, y depositará otra en el Registro Mercantil.

Art. 355. *Retribución del experto independiente.*—1. La retribución del experto correrá a cargo de la sociedad.

2. No obstante, en los casos de exclusión, la sociedad podrá deducir de la cantidad a reembolsar al socio excluido lo que resulte de aplicar a los honorarios satisfechos el porcentaje que dicho socio tuviere en el capital social.

Art. 356. *Reembolso.*—1. Dentro de los dos meses siguientes a la recepción del informe de valoración, los socios

---

Art. 353.1: Redactado conforme a la Disp. Final 4.ªquince de la Ley 22/2015, de 20 de julio, de Auditoría de Cuentas (*B.O.E.* núm. 173, de 21 de julio), con efectos desde el 1 de enero de 2016.
    Art. 354: Redactado conforme a la Disp. Final 4.ªdieciséis de la Ley 22/2015, de 20 de julio, de Auditoría de Cuentas (*B.O.E.* núm. 173, de 21 de julio), con efectos desde el 1 de enero de 2016.
    Art. 355: Redactado conforme a la Disp. Final 4.ªdiecisiete de la Ley 22/2015, de 20 de julio, de Auditoría de Cuentas (*B.O.E.* núm. 173, de 21 de julio), con efectos desde el 1 de enero de 2016.

afectados tendrán derecho a obtener en el domicilio social el valor razonable de sus participaciones sociales o acciones en concepto de precio de las que la sociedad adquiere o de reembolso de las que se amortizan.

2. Transcurrido dicho plazo, los administradores consignarán en entidad de crédito del término municipal en que radique el domicilio social, a nombre de los interesados, la cantidad correspondiente al referido valor.

3. Por excepción a lo establecido en los apartados anteriores, en todos aquellos casos en los que los acreedores de la sociedad de capital tuvieran derecho de oposición, el reembolso a los socios sólo podrá producirse transcurrido el plazo de tres meses contados desde la fecha de notificación personal a los acreedores o la publicación en el *Boletín Oficial del Registro Mercantil* y en uno de los diarios de mayor circulación en la localidad en que radique el domicilio social, y siempre que los acreedores ordinarios no hubiesen ejercido el derecho de oposición. Si los acreedores hubieran ejercitado ese derecho se estará a lo establecido en la sección 5.ª del capítulo III del título VIII.

Art. 357. *Protección de los acreedores de las sociedades de*

responsabilidad limitada.—Los socios de las sociedades de responsabilidad limitada a quienes se hubiere reembolsado el valor de las participaciones amortizadas estarán sujetos al régimen de responsabilidad por las deudas sociales establecido para el caso de reducción de capital por restitución de aportaciones.

Art. 358. *Escritura pública de reducción del capital social.*— 1. Salvo que la junta general que haya adoptado los acuerdos correspondientes autorice la adquisición por la sociedad de las participaciones o de las acciones de los socios afectados, efectuado el reembolso o consignado el importe de las mismas, los administradores, sin necesidad de acuerdo específico de la junta general, otorgarán inmediatamente escritura pública de reducción del capital social expresando en ella las participaciones o acciones amortizadas, la identidad del socio o socios afectados, la causa de la amortización, la fecha de reembolso o de la consignación y la cifra a la que hubiera quedado reducido el capital social.

2. En el caso de que, como consecuencia de la reducción, el capital social descendiera por debajo del mínimo legal, se estará a lo dispuesto en esta ley en materia de disolución.

Art. 359. *Escritura pública de adquisición.*—En el caso de adquisición por la sociedad de las participaciones o acciones de los socios afectados, efectuado el pago del precio o consignado su importe, los administradores, sin necesidad de acuerdo específico de la junta general, otorgarán escritura pública de adquisición de participaciones sociales o de acciones, sin que sea preceptivo el concurso de los socios excluidos o separados, expresando en ella las participaciones o acciones adquiridas, la identidad del socio o socios afectados, la causa de la separación o de la exclusión y la fecha de pago o consignación.

TÍTULO X

Disolución y liquidación

CAPÍTULO PRIMERO

LA DISOLUCIÓN

SECCIÓN 1.ª

Disolución de pleno derecho

Art. 360. *Disolución de pleno derecho.*—1. Las sociedades de capital se disolverán de pleno derecho en los siguientes casos:

a) Por el transcurso del término de duración fijado en los estatutos, a no ser que con anterioridad hubiera sido expresamente prorrogada e inscrita la prórroga en el Registro Mercantil.

b) Por el transcurso de un año desde la adopción del acuerdo de reducción del capital social por debajo del mínimo legal como consecuencia del cumplimiento de una ley, si no se hubiere inscrito en el Registro Mercantil la transformación o la disolución de la sociedad, o el aumento del capital social hasta una cantidad igual o superior al mínimo legal.

Transcurrido un año sin que se hubiere inscrito la transformación o la disolución de la sociedad o el aumento de su capital, los administradores responderán personal y solidariamente entre sí y con la sociedad de las deudas sociales.

2. El registrador, de oficio o a instancia de cualquier interesado, hará constar la disolución de pleno derecho en la hoja abierta a la sociedad.

Art. 361. *Disolución y concurso.*—1. La declaración de concurso de la sociedad de capital no constituirá, por sí sola, causa de disolución.

2. La apertura de la fase de liquidación en el concurso de acreedores producirá la disolución de pleno derecho de la sociedad.

En tal caso, el juez del concurso hará constar la disolución en la resolución de apertura de la fase de liquidación del concurso.

SECCIÓN 2.ª

Disolución por constatación de la existencia de causa legal o estatutaria

Art. 362. *Disolución por constatación de la existencia de causa legal o estatutaria.*—Las sociedades de capital se disolverán por la existencia de causa legal o estatutaria debidamente constatada por la junta general o por resolución judicial.

Art. 363. *Causas de disolución.*—1. La sociedad de capital deberá disolverse:

a) Por el cese en el ejercicio de la actividad o actividades que constituyan el objeto social. En particular, se entenderá que se ha producido el cese tras un período de inactividad superior a un año.

b) Por la conclusión de la empresa que constituya su objeto.

c) Por la imposibilidad manifiesta de conseguir el fin social.

d) Por la paralización de los órganos sociales de modo que resulte imposible su funcionamiento.

e) Por pérdidas que dejen reducido el patrimonio neto a una cantidad inferior a la mitad del capital social, a no ser que éste se aumente o se reduzca en la medida suficiente, y siempre que no sea procedente solicitar la declaración de concurso.

f) Por reducción del capital social por debajo del mínimo legal, que no sea consecuencia del cumplimiento de una ley.

g) Porque el valor nominal de las participaciones sociales sin voto o de las acciones sin voto excediera de la mitad del capital social desembolsado y no se restableciera la proporción en el plazo de dos años.

h) Por cualquier otra causa establecida en los estatutos.

Art. 363: Redactado conforme al art. 1.°veinte de la Ley 25/2011, de 1 de agosto, de reforma parcial de la Ley de Sociedades de Capital y de incorporación de la Directiva 2007/36/CE del Parlamento Europeo y del Consejo, de 11 de julio, sobre el ejercicio de determinados derechos de los accionistas de sociedades cotizadas (*B.O.E.* núm. 184, de 2 de agosto).

V. art. 364 del presente T.R.

2. La sociedad comanditaria por acciones deberá disolverse también por fallecimiento, cese, incapacidad o apertura de la fase de liquidación en el concurso de acreedores de todos los socios colectivos, salvo que en el plazo de seis meses y mediante modificación de los estatutos se incorpore algún socio colectivo o se acuerde la transformación de la sociedad en otro tipo social.

Art. 364. *Acuerdo de disolución.*—En los casos previstos en el artículo anterior, la disolución de la sociedad requerirá acuerdo de la junta general adoptado con la mayoría ordinaria establecida para las sociedades de responsabilidad limitada en el artículo 198, y con el quórum de constitución y las mayorías establecidas para las sociedades anónimas en los artículos 193 y 201.

Art. 365. *Deber de convocatoria.*—1. Cuando concurra causa legal o estatutaria, los administradores deberán convocar la junta general en el plazo de dos meses para que adopte el acuerdo de disolución. Cualquier socio podrá solicitar de los administradores la convocatoria si, a su juicio, concurriera causa de disolución.

2. La junta general podrá adoptar el acuerdo de disolución o, si constare en el orden del día, aquel o aquellos que sean necesarios para la remoción de la causa.

3. Los administradores no estarán obligados a convocar junta general para que adopte el acuerdo de disolución cuando hubieran solicitado en debida forma la declaración de concurso de la sociedad o comunicado al juzgado competente la existencia de negociaciones con los acreedores para alcanzar un plan de reestructuración del activo, del pasivo o de ambos. La convocatoria de la junta procederá de inmediato en tanto dejen de estar vigentes los efectos de esa comunicación.

Art. 366. *Disolución judicial.*—1. Si la junta no fuera convocada, no se celebrara, o no adoptara alguno de los acuerdos previstos en el artículo anterior, cualquier interesado podrá instar la disolución de la sociedad ante el juez de lo mercantil del domicilio social. La solicitud de disolución judicial deberá dirigirse contra la sociedad.

Art. 364: V. art. 453.2 del presente T.R.
Art. 365: Modificado por la Ley 16/2022, de 5 de septiembre, de reforma del texto refundido de la Ley Concursal.
Art. 366: V. art. 453.2 del presente T.R.

2. Los administradores están obligados a solicitar la disolución judicial de la sociedad cuando el acuerdo social fuese contrario a la disolución o no pudiera ser logrado.

La solicitud habrá de formularse en el plazo de dos meses a contar desde la fecha prevista para la celebración de la junta, cuando ésta no se haya constituido, o desde el día de la junta, cuando el acuerdo hubiera sido contrario a la disolución o no se hubiera adoptado.

Art. 367. *Responsabilidad solidaria por las deudas sociales.*—1. Los administradores que incumplan la obligación de convocar la junta general en el plazo de dos meses a contar desde el acaecimiento de una causa legal o estatutaria de disolución o, en caso de nombramiento posterior, a contar desde la fecha de la aceptación del cargo, para que adopte, en su caso, el acuerdo de disolución o aquel o aquellos que sean necesarios para la remoción de la causa, así como los que los que no soliciten la disolución judicial en el plazo de dos meses a contar desde la fecha prevista para la celebración de la junta, cuando esta no se haya consti-

tuida, o desde el día de la junta, cuando el acuerdo hubiera sido contrario a la disolución, responderán solidariamente de las obligaciones sociales posteriores al acaecimiento de la causa de disolución o, en caso de nombramiento en esa junta o después de ella, de las obligaciones sociales posteriores a la aceptación del nombramiento.

2. Salvo prueba en contrario, las obligaciones sociales cuyo cumplimiento sea reclamado judicialmente por acreedores legítimos se presumirán de fecha posterior al acaecimiento de la causa de disolución o a la aceptación del nombramiento por el administrador.

3. No obstante el previo acaecimiento de causa legal o estatutaria de disolución, los administradores de la sociedad no serán responsables de las deudas posteriores al acaecimiento de la causa de disolución o, en caso de nombramiento en esa junta o después de ella, de las obligaciones sociales posteriores a la aceptación del nombramiento, si en el plazo de dos meses a contar desde el acaecimiento de la causa de disolución o de la aceptación el nombramiento, hubieran comunicado al juzgado la existencia de ne-

---

Art. 367: Modificado por la Ley 16/2022, de 5 de septiembre, de reforma del texto refundido de la Ley Concursal.

gociaciones con los acreedores para alcanzar un plan de reestructuración o hubieran solicitado la declaración de concurso de la sociedad. Si el plan de reestructuración no se alcanzase, el plazo de los dos meses se reanudará desde que la comunicación del inicio de negociaciones deje de producir efectos.

SECCIÓN 3.ª

Disolución por mero acuerdo de la junta general

Art. 368. *Disolución por mero acuerdo de la junta general.*—La sociedad de capital podrá disolverse por mero acuerdo de la junta general adoptado con los requisitos establecidos para la modificación de los estatutos.

SECCIÓN 4.ª

Disposiciones comunes

Art. 369. *Publicidad de la disolución.*—La disolución de la sociedad se inscribirá en el Registro Mercantil. El registrador mercantil remitirá de oficio, de forma telemática y sin coste adicional alguno, la inscripción de la disolución al *Boletín Oficial del Registro Mercantil* para su publicación.

Art. 370. *Reactivación de la sociedad disuelta.*—1. La junta general podrá acordar el retorno de la sociedad disuelta a la vida activa siempre que haya desaparecido la causa de disolución, el patrimonio contable no sea inferior al capital social y no haya comenzado el pago de la cuota de liquidación a los socios. No podrá acordarse la reactivación en los casos de disolución de pleno derecho.

2. El acuerdo de reactivación se adoptará con los requisitos establecidos para la modificación de los estatutos.

3. El socio que no vote a favor de la reactivación tiene derecho a separarse de la sociedad.

4. Los acreedores sociales podrán oponerse al acuerdo de reactivación, en las mismas condiciones y con los mismos efectos previstos en la ley para el caso de reducción del capital.

Art. 369: Redactado conforme al art. 1.º veintiuno de la Ley 25/2011, de 1 de agosto, de reforma parcial de la Ley de Sociedades de Capital y de incorporación de la Directiva 2007/36/CE del Parlamento Europeo y del Consejo, de 11 de julio, sobre el ejercicio de determinados derechos de los accionistas de sociedades cotizadas (*B.O.E.* núm. 184, de 2 de agosto).

CAPÍTULO II

LA LIQUIDACIÓN

SECCIÓN 1.ª

Disposiciones generales

Art. 371. *Sociedad en liqui-dación.*—1. La disolución de la sociedad abre el período de liquidación.

2. La sociedad disuelta conservará su personalidad jurídica mientras la liquidación se realiza. Durante ese tiempo deberá añadir a su denominación la expresión «en liquidación».

3. Durante el período de liquidación se observarán las disposiciones de los estatutos en cuanto a la convocatoria y reunión de las juntas generales de socios, a las que darán cuenta los liquidadores de la marcha de la liquidación para que acuerden lo que convenga al interés común, y continuarán aplicándose a la sociedad las demás normas previstas en esta ley que no sean incompatibles con las establecidas en este capítulo.

Art. 372. *Especialidad de la liquidación concursal.*—En caso de apertura de la fase de liquidación en el concurso de acreedores de la sociedad, la liquidación se realizará conforme a lo establecido en el capítulo II del título V de la Ley Concursal.

Art. 373. *Intervención del Gobierno en las sociedades anónimas.*—1. Cuando el Gobierno, a instancia de accionistas que representen, al menos, la quinta parte del capital social, o del personal de la empresa, juzgase conveniente para la economía nacional o para el interés social la continuación de la sociedad anónima, podrá acordarlo así por real decreto, en que se concretará la forma en que ésta habrá de subsistir y las compensaciones que, al ser expropiados de su derecho, han de recibir los accionistas.

2. En todo caso, el real decreto reservará a los accionistas, reunidos en junta general, el derecho a prorrogar la vida de la sociedad y a continuar la explotación de la empresa, siempre que el acuerdo se adopte dentro del plazo de tres meses, a contar de la publicación del real decreto.

Art. 372: Sobre la fase de liquidación, v. arts. 142 a 162 de la Ley 22/2003, de 9 de julio, Concursal (*B.O.E.* núm. 164, de 10 de julio), constitutivos del capítulo II («De la fase de liquidación») del título V («De las fases de convenio o de liquidación»).

SECCIÓN 2.ª

Los liquidadores

Art. 374. *Cese de los administradores.*—1. Con la apertura del período de liquidación cesarán en su cargo los administradores, extinguiéndose el poder de representación.

2. Los antiguos administradores, si fuesen requeridos, deberán prestar su colaboración para la práctica de las operaciones de liquidación.

Art. 375. *Los liquidadores.*—1. Con la apertura del período de liquidación los liquidadores asumirán las funciones establecidas en esta ley, debiendo velar por la integridad del patrimonio social en tanto no sea liquidado y repartido entre los socios.

2. Serán de aplicación a los liquidadores las normas establecidas para los administradores que no se opongan a lo dispuesto en este capítulo.

Art. 376. *Nombramiento de liquidadores.*—1. Salvo disposición contraria de los estatutos o, en su defecto, en caso de nombramiento de los liquidadores por la junta general de socios que acuerde la disolución de la sociedad, quienes fueren administradores al tiempo de la disolución de la sociedad quedarán convertidos en liquidadores.

2. En los casos en los que la disolución hubiera sido consecuencia de la apertura de la fase de liquidación de la sociedad en concurso de acreedores, no procederá el nombramiento de los liquidadores.

Art. 377. *Cobertura de vacantes.*—1. En caso de fallecimiento o de cese del liquidador único, de todos los liquidadores solidarios, de alguno de los liquidadores que actúen conjuntamente, o de la mayoría de los liquidadores que actúen colegiadamente, sin que existan suplentes, cualquier socio o persona con interés legítimo podrá solicitar del secretario judicial o registrador mercantil del domicilio social la convocatoria de junta general para el nom-

---

Art. 376: Redactado conforme al art. 1.º veintidós de la Ley 25/2011, de 1 de agosto, de reforma parcial de la Ley de Sociedades de Capital y de incorporación de la Directiva 2007/36/CE del Parlamento Europeo y del Consejo, de 11 de julio, sobre el ejercicio de determinados derechos de los accionistas de sociedades cotizadas (*B.O.E.* núm. 184, de 2 de agosto).

Art. 377: Redactado conforme a la Disp. Final 14.ª cuatro de la Ley 15/2015, de 2 de julio, de la Jurisdicción Voluntaria (*B.O.E.* núm. 158, de 3 de julio; corrección de errores en *B.O.E.* núm. 210, de 2 de septiembre).

bramiento de los liquidadores. Además, cualquiera de los liquidadores que permanezcan en el ejercicio del cargo podrá convocar la junta general con ese único objeto.

2. Cuando la junta convocada de acuerdo con el apartado anterior no proceda al nombramiento de liquidadores, cualquier interesado podrá solicitar su designación al secretario judicial o registrador mercantil del domicilio social.

3. La solicitud dirigida al registrador mercantil se tramitará de acuerdo a lo dispuesto en el Reglamento del Registro Mercantil. La instada ante el secretario judicial seguirá los trámites establecidos en la legislación de jurisdicción voluntaria.

4. La resolución por la que se acuerde o rechace el nombramiento, será recurrible ante el juez de lo mercantil.

Art. 378. *Duración del cargo.*—Salvo disposición contraria de los estatutos, los liquidadores ejercerán su cargo por tiempo indefinido.

Art. 379. *Poder de representación.*—1. Salvo disposición contraria de los estatutos, el poder de representación corresponderá a cada liquidador individualmente.

2. La representación de los liquidadores se extiende a todas aquellas operaciones que sean necesarias para la liquidación de la sociedad.

3. Los liquidadores podrán comparecer en juicio en representación de la sociedad y concertar transacciones y arbitrajes cuando así convenga al interés social.

Art. 380. *Separación de los liquidadores.*—1. La separación de los liquidadores designados por la junta general, podrá ser acordada por la misma aun cuando no conste en el orden del día. Si los liquidadores hubieran sido designados en los estatutos sociales, el acuerdo deberá ser adoptado con los requisitos de mayoría y, en el caso de sociedades anónimas, de quórum, establecidos para la modificación de los estatutos.

Los liquidadores de la sociedad anónima podrán también ser separados por decisión del secretario judicial o registrador mercantil del domicilio social, mediante justa causa, a petición de accionistas que repre-

---

Art. 378: V. S.T.S. (Militar) 249/2015, de 2 de febrero.
Art. 380: Redactado conforme a la Disp. Final 14.ªcuatro de la Ley 15/2015, de 2 de julio, de la Jurisdicción Voluntaria (*B.O.E.* núm. 158, de 3 de julio; corrección de errores en *B.O.E.* núm. 210, de 2 de septiembre).

senten la vigésima parte del capital social.

2. La separación de los liquidadores nombrados por el secretario judicial o por registrador mercantil sólo podrá ser decidida por aquel que los hubiera nombrado, a solicitud fundada de quien acredite interés legítimo.

3. La resolución que se dicte sobre la separación de los liquidadores será recurrible ante el juez de lo mercantil.

Art. 381. *Interventores.*—
1. En caso de liquidación de sociedades anónimas, los accionistas que representen la vigésima parte del capital social podrán solicitar del secretario judicial o del registrador mercantil del domicilio social la designación de un interventor que fiscalice las operaciones de liquidación.

Si la sociedad hubiera emitido y tuviera en circulación obligaciones, también podrá nombrar un interventor el sindicato de obligacionistas.

2. La solicitud dirigida al registrador mercantil se tramitará de acuerdo a lo dispuesto en el Reglamento del Registro Mercantil. La instada ante el secretario judicial seguirá los trámites establecidos en la legislación de jurisdicción voluntaria.

3. La resolución por la que se acuerde o rechace el nombramiento, será recurrible ante el juez de lo mercantil.

Art. 382. *Intervención pública en la liquidación de la sociedad anónima.*—En las sociedades anónimas, cuando el patrimonio que haya de ser objeto de liquidación y división sea cuantioso, estén repartidas entre gran número de tenedores las acciones o las obligaciones, o la importancia de la liquidación por cualquier otra causa lo justifique, podrá el Gobierno designar persona que se encargue de intervenir y presidir la liquidación de la sociedad y de velar por el cumplimiento de las leyes y del estatuto social.

SECCIÓN 3.ª

Las operaciones de liquidación

Art. 383. *Deber inicial de los liquidadores.*—En el plazo de tres meses a contar desde la apertura de la liquidación, los liquidadores formularán un inventario y un balance de la so-

Art. 381: Redactado conforme a la Disp. Final 14.ªcinco de la Ley 15/2015, de 2 de julio, de la Jurisdicción Voluntaria (*B.O.E.* núm. 158, de 3 de julio; corrección de errores en *B.O.E.* núm. 210, de 2 de septiembre).

ciedad con referencia al día en que se hubiera disuelto.

Art. 384. *Operaciones sociales.*—A los liquidadores corresponde concluir las operaciones pendientes y realizar las nuevas que sean necesarias para la liquidación de la sociedad.

Art. 385. *Cobro de los créditos y pago de las deudas sociales.*—1. A los liquidadores corresponde percibir los créditos sociales y pagar las deudas sociales.

2. En las sociedades anónimas y comanditarias por acciones, los liquidadores deberán percibir los desembolsos pendientes que estuviesen acordados al tiempo de iniciarse la liquidación. También podrán exigir otros desembolsos pendientes hasta completar el importe nominal de las acciones en la cuantía necesaria para satisfacer a los acreedores.

Art. 386. *Deberes de llevanza de la contabilidad y de conservación.*—Los liquidadores deberán llevar la contabilidad de la sociedad, así como llevar y custodiar los libros, la documentación y correspondencia de ésta.

Art. 387. *Deber de enajenación de bienes sociales.*—Los liquidadores deberán enajenar los bienes sociales.

Art. 388. *Deber de información a los socios.*—1. Los liquidadores harán llegar periódicamente a conocimiento de los socios y de los acreedores el estado de la liquidación por los medios que en cada caso se reputen más eficaces.

2. Si la liquidación se prolongase por un plazo superior al previsto para la aprobación de las cuentas anuales, los liquidadores presentarán a la junta general, dentro de los seis primeros meses de cada ejercicio, las cuentas anuales de la sociedad y un informe pormenorizado que permitan apreciar con exactitud el estado de la liquidación.

Art. 387: Redactado conforme al art. 1.°veintitrés de la Ley 25/2011, de 1 de agosto, de reforma parcial de la Ley de Sociedades de Capital y de incorporación de la Directiva 2007/36/CE del Parlamento Europeo y del Consejo, de 11 de julio, sobre el ejercicio de determinados derechos de los accionistas de sociedades cotizadas (*B.O.E.* núm. 184, de 2 de agosto).

Art. 388.2: Redactado conforme al art. 1.°veinticuatro de la Ley 25/2011, de 1 de agosto, de reforma parcial de la Ley de Sociedades de Capital y de incorpo-ración de la Directiva 2007/36/CE del Parlamento Europeo y del Consejo, de 11 de julio, sobre el ejercicio de determinados derechos de los accionistas de sociedades cotizadas (*B.O.E.* núm. 184, de 2 de agosto).

Art. 389. *Sustitución de los liquidadores por duración excesiva de la liquidación.—* 1. Transcurridos tres años desde la apertura de la liquidación sin que se haya sometido a la aprobación de la junta general el balance final de liquidación, cualquier socio o persona con interés legítimo podrá solicitar del secretario judicial o registrador mercantil del domicilio social la separación de los liquidadores.

2. El secretario judicial o registrador mercantil, previa audiencia de los liquidadores, acordará la separación si no existiere causa que justifique la dilación y nombrará liquidadores a la persona o personas que tenga por conveniente, fijando su régimen de actuación.

3. La resolución que se dicte sobre la revocación del auditor será recurrible ante el juez de lo mercantil.

Art. 390. *Balance final de liquidación.—* 1. Concluidas las operaciones de liquidación, los liquidadores someterán a la aprobación de la junta general un balance final, un informe completo sobre dichas operaciones y un proyecto de división entre los socios del activo resultante.

2. El acuerdo aprobatorio podrá ser impugnado por los socios que no hubieran votado a favor del mismo, en el plazo de dos meses a contar desde la fecha de su adopción. Al admitir la demanda de impugnación, el juez acordará de oficio la anotación preventiva de la misma en el Registro Mercantil.

SECCIÓN 4.ª

La división del patrimonio social

Art. 391. *División del patrimonio social.—* 1. La división del patrimonio resultante de la liquidación se practicará con arreglo a las normas que se hubiesen establecido en los estatutos o, en su defecto, a las fijadas por la junta general.

2. Los liquidadores no podrán satisfacer la cuota de liquidación a los socios sin la previa satisfacción a los acreedores del importe de sus créditos o sin consignarlo en una entidad de crédito del término municipal en que radique el domicilio social.

Art. 389: Redactado conforme a la Disp. Final 14.ªcinco de la Ley 15/2015, de 2 de julio, de la Jurisdicción Voluntaria (*B.O.E.* núm. 158, de 3 de julio; corrección de errores en *B.O.E.* núm. 210, de 2 de septiembre).

Art. 392. *El derecho a la cuota de liquidación.*—1. Salvo disposición contraria de los estatutos sociales, la cuota de liquidación correspondiente a cada socio será proporcional a su participación en el capital social.

2. En las sociedades anónimas y comanditarias por acciones, si todas las acciones no se hubiesen liberado en la misma proporción, se restituirá en primer término a los accionistas que hubiesen desembolsado mayores cantidades el exceso sobre la aportación del que hubiese desembolsado menos y el resto se distribuirá entre los accionistas en proporción al importe nominal de sus acciones.

Art. 393. *Contenido del derecho a la cuota de liquidación.*—1. Salvo acuerdo unánime de los socios, éstos tendrán derecho a percibir en dinero la cuota resultante de la liquidación.

2. Los estatutos podrán establecer en favor de alguno o varios socios el derecho a que la cuota resultante de la liquidación les sea satisfecha mediante la restitución de las aportaciones no dinerarias realizadas o mediante la entrega de otros bienes sociales, si subsistieren en el patrimonio social, que serán apreciadas en su valor real al tiempo de aprobarse el proyecto de división entre los socios del activo resultante.

En este caso, los liquidadores deberán enajenar primero los demás bienes sociales y si, una vez satisfechos los acreedores, el activo resultante fuere insuficiente para satisfacer a todos los socios su cuota de liquidación, los socios con derecho a percibirla en especie deberán pagar previamente en dinero a los demás socios la diferencia que corresponda.

Art. 394. *El pago de la cuota de liquidación.*—1. Transcurrido el término para impugnar el balance final de liquidación sin que contra él se hayan formulado reclamaciones o firme la sentencia que las hubiese resuelto, se procederá al pago de la cuota de liquidación a los socios. Cuando existan créditos no vencidos se asegurará previamente el pago.

2. Las cuotas de liquidación no reclamadas en el término de los noventa días siguientes al acuerdo de pago se consignarán en la Caja General de Depósitos, a disposición de sus legítimos dueños.

SECCIÓN 5.ª

*La extinción
de la sociedad*

Art. 395. *Escritura pública de extinción de la sociedad.*—1. Los liquidadores otorgarán escritura pública de extinción de la sociedad que contendrá las siguientes manifestaciones:

a) Que ha transcurrido el plazo para la impugnación del acuerdo de aprobación del balance final sin que se hayan formulado impugnaciones o que ha alcanzado firmeza la sentencia que las hubiera resuelto.

b) Que se ha procedido al pago de los acreedores o a la consignación de sus créditos.

c) Que se ha satisfecho a los socios la cuota de liquidación o consignado su importe.

2. A la escritura pública se incorporarán el balance final de liquidación y la relación de los socios, en la que conste su identidad y el valor de la cuota de liquidación que les hubiere correspondido a cada uno.

Art. 396. *Cancelación de los asientos registrales.*—1. La escritura pública de extinción se inscribirá en el Registro Mercantil.

2. En la inscripción se transcribirá el balance final de liquidación y se hará constar la identidad de los socios y el valor de la cuota de liquidación que hu-

biere correspondido a cada uno de ellos, y se expresará que quedan cancelados todos los asientos relativos a la sociedad.

3. Los liquidadores depositarán en el Registro Mercantil los libros y documentos de la sociedad extinguida.

Art. 397. *Exigencia de responsabilidad a los liquidadores tras la cancelación de la sociedad.*—Los liquidadores serán responsables ante los socios y los acreedores de cualquier perjuicio que les hubiesen causado con dolo o culpa en el desempeño de su cargo.

SECCIÓN 6.ª

Activo y pasivo sobrevenidos

Art. 398. *Activo sobrevenido.*—1. Cancelados los asientos relativos a la sociedad, si aparecieran bienes sociales los liquidadores deberán adjudicar a los antiguos socios la cuota adicional que les corresponda, previa conversión de los bienes en dinero cuando fuere necesario.

2. Transcurridos seis meses desde que los liquidadores fue-

Art. 397: Redactado conforme al art. 1.º veinticinco de la Ley 25/2011, de 1 de agosto, de reforma parcial de la Ley de Sociedades de Capital y de incorporación de la Directiva 2007/36/CE del Parlamento Europeo y del Consejo, de 11 de julio, sobre el ejercicio de determinados derechos de los accionistas de sociedades cotizadas (*B.O.E.* núm. 184, de 2 de agosto).

ren requeridos para dar cumplimiento a lo establecido en el apartado anterior, sin que hubieren adjudicado a los antiguos socios la cuota adicional, o en caso de defecto de liquidadores, cualquier interesado podrá solicitar del juez del último domicilio social el nombramiento de persona que los sustituya en el cumplimiento de sus funciones.

Art. 399. *Pasivo sobrevenido.*—1. Los antiguos socios responderán solidariamente de las deudas sociales no satisfechas hasta el límite de lo que hubieran recibido como cuota de liquidación.

2. La responsabilidad de los socios se entiende sin perjuicio de la responsabilidad de los liquidadores.

Art. 400. *Formalización de actos jurídicos tras la cancelación de la sociedad.*—1. Para el cumplimiento de requisitos de forma relativos a actos jurídicos anteriores a la cancelación de los asientos de la sociedad, o cuando fuere necesario, los antiguos liquidadores podrán formalizar actos jurídicos en nombre de la sociedad extinguida con posterioridad a la cancelación registral de ésta.

2. En defecto de liquidadores, cualquier interesado podrá solicitar la formalización por el juez del domicilio que hubiere tenido la sociedad.

TÍTULO XI

Las obligaciones

CAPÍTULO PRIMERO

LA EMISIÓN
DE LAS OBLIGACIONES

Art. 401. *Sociedad emisora.*—1. Las sociedades de capital podrán emitir y garantizar series numeradas de obligacio-

nes u otros valores que reconozcan o creen una deuda.

2. El importe total de las emisiones de la sociedad limitada no podrá ser superior al doble de sus recursos propios, salvo que la emisión esté garantizada con hipoteca, con prenda de valores, con garantía pú-

---

Art. 401: Redactado conforme al art. 45.uno de la Ley 5/2015, de 27 de abril, de fomento de la financiación empresarial (*B.O.E.* núm. 101, de 28 de abril; corrección de errores en *B.O.E.* núm. 279, de 21 de noviembre).

blica o con un aval solidario de entidad de crédito.

En el caso de que la emisión esté garantizada con aval solidario de sociedad de garantía recíproca, el límite y demás condiciones del aval quedarán determinados por la capacidad de garantía de la sociedad en el momento de prestarlo, de acuerdo con su normativa específica.

Las obligaciones previstas en los artículos 67 a 72 resultarán de aplicación a los aumentos de capital mediante aportaciones no dinerarias que se realicen por sociedades limitadas que tengan obligaciones u otros valores que reconozcan o creen deuda en circulación.

La sociedad de responsabilidad limitada no podrá en ningún caso emitir ni garantizar obligaciones convertibles en participaciones sociales.

3. Salvo lo establecido en leyes especiales, los valores que reconozcan o creen una deuda emitidos por sociedad anónima y sociedad de responsabilidad limitada quedarán sometidos al régimen establecido para las obligaciones en el presente título.

Art. 402. *Prohibición legal.*—[...]

Art. 403. *Condiciones de la emisión.*—En los supuestos que prevea la legislación especial aplicable a las emisiones de obligaciones u otros valores que reconozcan o creen deuda, será necesaria la constitución de una asociación de defensa o sindicato de obligacionistas y la designación, por la sociedad, de una persona que, con el nombre de comisario, concurra al otorgamiento del contrato de emisión en nombre de los futuros obligacionistas, de acuerdo con lo establecido en los artículos 419 a 429.

Art. 404. *Garantías de la emisión.*—1. La total emisión podrá garantizarse a favor de los titulares presentes y futuros de los valores, especialmente:

a) Con hipoteca mobiliaria o inmobiliaria.

b) Con prenda de valores, que deberán ser depositados en entidad de crédito.

c) Con prenda sin desplazamiento.

Art. 402: Derogado por la Disp. Derog., letra *g*), de la Ley 5/2015, de 27 de abril, de fomento de la financiación empresarial (*B.O.E.* núm. 101, de 28 de abril; corrección de errores en *B.O.E.* núm. 279, de 21 de noviembre).

Art. 403: Redactado conforme al art. 45.dos de la Ley 5/2015, de 27 de abril, de fomento de la financiación empresarial (*B.O.E.* núm. 101, de 28 de abril; corrección de errores en *B.O.E.* núm. 279, de 21 de noviembre).

d) Con garantía del Estado, de comunidad autónoma, provincia o municipio.

e) Con aval solidario de entidad de crédito.

f) Con el aval solidario de una sociedad de garantía recíproca inscrita en el registro especial del Ministerio de Economía y Hacienda.

2. Además de las garantías mencionadas, los obligacionistas podrán hacer efectivos los créditos sobre los demás bienes, derechos y acciones de la entidad deudora.

Art. 405. *De la emisión de obligaciones en el extranjero por sociedad española.*—1. Las sociedades españolas po-drán emitir en el extranjero obligaciones u otros títulos de deuda.

2. La ley española determinará la capacidad, el órgano competente y las condiciones de adopción del acuerdo de emisión.

3. La ley a la cual se haya sometido la emisión regirá los derechos de los obligacionistas frente al emisor, sus formas de organización colectiva y el régimen del reembolso y amortización de las obligaciones.

4. En el caso de obligaciones convertibles, el contenido del derecho de conversión se regirá por la ley extranjera que rija la emisión, pero siempre dentro de los límites establecidos por la sociedad española como ley rectora de la sociedad.

La ley española determinará el valor al que se pueden emitir obligaciones, los límites a la conversión y el régimen de exclusión del derecho de suscripción preferente.

Art. 406. *Competencia del órgano de administración.*—1. Salvo disposición contraria de los estatutos y sin perjuicio de lo previsto en el apartado siguiente, el órgano de administración será competente para acordar la emisión y la admisión a negociación de obligaciones, así como para acordar el otorgamiento de garantías de la emisión de obligaciones.

2. La junta general de accionistas será competente para acordar la emisión de obligaciones convertibles en acciones o de obligaciones que atribuyan a los obligacionistas una participación en las ganancias sociales.

Art. 405: Redactado conforme al art. 45.tres de la Ley 5/2015, de 27 de abril, de fomento de la financiación empresarial (*B.O.E.* núm. 101, de 28 de abril; corrección de errores en *B.O.E.* núm. 279, de 21 de noviembre).

Art. 406: Redactado conforme al art. 45.cuatro de la Ley 5/2015, de 27 de abril, de fomento de la financiación empresarial (*B.O.E.* núm. 101, de 28 de abril; corrección de errores en *B.O.E.* núm. 279, de 21 de noviembre).

Art. 407. *Escritura pública.*—1. La emisión de obligaciones se hará constar en escritura pública que será otorgada por representante de la sociedad y por una persona que, con el nombre de comisario, represente a los futuros obligacionistas.

2. La escritura pública de emisión deberá contener las siguientes menciones:

a) La identidad, el objeto social y el capital de la sociedad emisora, con expresión de si está íntegramente desembolsado. Si tuviera obligaciones en circulación, se harán constar aquellas emisiones de obligaciones que estén total o parcialmente pendientes de amortización, de conversión o de canje, con expresión del importe.

b) La expresión del órgano que hubiera acordado la emisión y la fecha en que se hubiera adoptado el acuerdo.

c) El importe total de la emisión y el número de obligaciones que la integran, con expresión de si se representan por medio de títulos, por medio de anotaciones en cuenta o mediante sistemas basados en tecnología de registros distribuidos.

d) El valor nominal de las obligaciones que se emiten, así como los intereses que devenguen o la fórmula para determinar el tipo, las primas, los lotes y demás ventajas si los tuviere.

e) El reglamento de organización y funcionamiento del sindicato de obligacionistas y de sus relaciones con la sociedad emisora.

f) El régimen de amortización de las obligaciones, con expresión de las condiciones y de los plazos en que tenga lugar.

3. Si se emitieran obligaciones especialmente garantizadas, la escritura expresará, además, las garantías de la emisión. Si las garantías fueran reales, se identificará el bien sobre el que se hubiera constituido la garantía con expresión del Registro público en el que se hubiera inscrito la garantía y la fecha de inscripción o la entidad depositaria de los bienes o derechos pignorados y la fecha de la pignoración. Si las garantías fueran personales, el garante deberá concurrir al otorgamiento de la escritura de emisión.

Art. 408. *Anuncio de la emisión.*—[...]

Art. 407: Modificado por la Ley 6/2023, de 17 de marzo, de los Mercados de Valores y de los Servicios de Inversión.

Art. 408: Derogado por la Disp. Derog., letra *g*), de la Ley 5/2015, de 27 de abril, de fomento de la financiación empresarial (*B.O.E.* núm. 101, de 28 de abril; corrección de errores en *B.O.E.* núm. 279, de 21 de noviembre).

Art. 409. *Suscripción.*—La suscripción de las obligaciones implica para cada obligacionista la ratificación plena del contrato de emisión y, en su caso, su adhesión al sindicato.

Art. 410. *Régimen de prelación.*—[...]

Art. 411. *Reducción del capital y reservas.*—1. Salvo que la emisión estuviera garantizada con hipoteca, con prenda de valores, con garantía pública o con aval solidario de entidad de crédito, se precisará el consentimiento del sindicato de obligacionistas para reducir la cifra del capital social o el importe de las reservas, de modo que se disminuya la proporción inicial entre la suma de éstos y la cuantía de las obligaciones pendientes de amortizar.

2. El consentimiento del sindicato de obligacionistas no será necesario cuando simultáneamente se aumente el capital de la sociedad con cargo a las cuentas de regularización y actualización de balances o a las reservas.

CAPÍTULO II

REPRESENTACIÓN DE LAS OBLIGACIONES

Art. 412. *Representación de las obligaciones.*—1. Las obligaciones podrán representarse por medio de títulos o por medio de anotaciones en cuenta.

2. Las obligaciones representadas por medio de títulos podrán ser nominativas o al portador, tendrán fuerza ejecutiva y serán transferibles con sujeción a las disposiciones del Código de Comercio y a las leyes aplicables.

3. Las obligaciones representadas por medio de anotaciones en cuenta se regirán por la normativa reguladora del mercado de valores.

Art. 413. *Título de la obligación.*—Los títulos de una emisión deberán ser iguales y contener:

a) Su designación específica.

b) Las características de la sociedad emisora y, en especial, el lugar en que ésta ha de pagar.

Art. 409: Redactado conforme al art. 45.seis de la Ley 5/2015, de 27 de abril, de fomento de la financiación empresarial (*B.O.E.* núm. 101, de 28 de abril; corrección de errores en *B.O.E.* núm. 279, de 21 de noviembre).
    Art. 410: Derogado por la Disp. Derog., letra *g*), de la Ley 5/2015, de 27 de abril, de fomento de la financiación empresarial (*B.O.E.* núm. 101, de 28 de abril; corrección de errores en *B.O.E.* núm. 279, de 21 de noviembre).

c) La fecha de la escritura de emisión y la designación del notario y protocolo respectivo.

d) El importe de la emisión, en euros.

e) El número, valor nominal, intereses, vencimientos, primas y lotes del título, si los tuviere.

f) Las garantías de la emisión.

g) La firma, por lo menos, de un administrador.

CAPÍTULO III

OBLIGACIONES CONVERTIBLES

Art. 414. *Requisitos de la emisión.*—1. La sociedad podrá emitir obligaciones convertibles en acciones, siempre que la junta general determine las bases y las modalidades de la conversión y acuerde aumentar el capital en la cuantía necesaria.

2. Los administradores deberán redactar con anterioridad a la convocatoria de la junta un informe que explique las bases y modalidades de la conversión, que deberá ser acompañado por otro de un auditor de cuentas, distinto al auditor de la sociedad, designado a tal efecto por el Registro Mercantil.

Art. 415. *Prohibiciones legales.*—1. Las obligaciones convertibles no pueden emitirse por una cifra inferior a su valor nominal.

2. Las obligaciones convertibles no pueden ser convertidas en acciones cuando el valor nominal de aquéllas sea inferior al de éstas.

Art. 416. *Derecho de suscripción preferente.*—1. Los accionistas de la sociedad tendrán derecho de suscripción preferente de las obligaciones convertibles.

2. El derecho de suscripción preferente de las obligaciones convertibles en acciones se regirá por lo dispuesto en los artículos 304 a 306.

Art. 417. *Supresión del derecho de suscripción preferente.*—1. Con los requisitos establecidos para la modificación de los estatutos sociales, la junta general, al decidir la emisión de obligaciones convertibles, podrá acordar la supresión total o parcial del derecho de preferencia de los socios en los casos en que el interés de la sociedad así lo exija.

2. Para que sea válido el acuerdo de exclusión del dere-

Art. 417.2.b): Letra redactada conforme a la Disp. Final 4.ªdieciocho de la Ley 22/2015, de 20 de julio, de Auditoría de Cuentas (*B.O.E.* núm. 173, de 21 de julio), con efectos desde el 1 de enero de 2016.

cho de preferencia será necesario:

a) Que en el informe de los administradores se justifique detalladamente la propuesta.

b) Que en el informe del experto independiente se contenga un juicio técnico sobre la razonabilidad de los datos contenidos en el informe de los administradores y sobre la idoneidad de la relación de conversión, y, en su caso, de sus fórmulas de ajuste, para compensar una eventual dilución de la participación económica de los accionistas.

c) Que en la convocatoria de la junta se hayan hecho constar la propuesta de supresión del derecho de preferencia.

Art. 418. *Conversión.*—1. Salvo que la junta general hubiere establecido otro procedimiento al acordar la emisión, los obligacionistas podrán solicitar en cualquier momento la conversión. En este caso, dentro del primer mes de cada semestre los administradores emitirán las acciones que correspondan a los obligacionistas que hayan solicitado la conversión durante el semestre anterior e inscribirán durante el siguiente mes en el Registro Mercantil el aumento de capi-tal correspondiente a las acciones emitidas.

2. En cualquier caso, la junta general deberá señalar el plazo máximo para que pueda llevarse a efecto la conversión.

En tanto ésta sea posible, si se produce un aumento de capital con cargo a reservas o se reduce el capital por pérdidas, deberá modificarse la relación de cambio de las obligaciones por acciones, en proporción a la cuantía del aumento o de la reducción de forma que afecte de igual manera a los accionistas y a los obligacionistas.

3. La junta general no podrá acordar la reducción de capital mediante restitución de sus aportaciones a los accionistas o condonación de los dividendos pasivos, en tanto existan obligaciones convertibles, a no ser que, con carácter previo y suficientes garantías, se ofrezca a los obligacionistas la posibilidad de realizar la conversión.

CAPÍTULO IV

EL SINDICATO
DE OBLIGACIONISTAS

Art. 419. *Constitución del sindicato.*—El sindicato de obligacionistas quedará constitui-

---

Art. 419: V. art. 403 del presente T.R.

do, una vez que se inscriba la escritura de emisión, entre los adquirentes de las obligaciones a medida que vayan recibiendo los títulos o practicándose las anotaciones.

Art. 420. *Gastos del sindicato.*—Los gastos normales que ocasione el sostenimiento del sindicato correrán a cargo de la sociedad emisora, sin que en ningún caso puedan exceder del 2 por 100 de los intereses anuales devengados por las obligaciones emitidas.

Art. 421. *Comisario.*— 1. Acordada la emisión de las obligaciones, la sociedad emisora procederá al nombramiento de comisario, que deberá ser persona física o jurídica con reconocida experiencia en materias jurídicas o económicas. La sociedad emisora fijará la retribución del comisario.

2. El comisario tutelará los intereses comunes de los obligacionistas y, además de las facultades que le hayan sido conferidas en la escritura de emisión, tendrá las que le atribuya la asamblea general de obligacionistas.

3. El comisario establecerá el reglamento interno del sindicato, ajustándose en lo previsto al régimen establecido en la escritura de emisión.

4. El comisario será el representante legal del sindicato de obligacionistas, así como el órgano de relación entre la sociedad y los obligacionistas. Como tal, podrá asistir, con voz y sin voto, a las deliberaciones de la junta general de la sociedad emisora, informar a ésta de los acuerdos del sindicato y requerir de la misma los informes que, a su juicio, o al de la asamblea de obligacionistas, interesen a éstos.

5. El comisario presenciará los sorteos que hubieren de celebrarse, tanto para la adjudicación como para la amortización de las obligaciones, y vigilará el reembolso del nominal y el pago de los intereses.

6. El comisario podrá ejercitar en nombre del sindicato las acciones que correspondan contra la sociedad emisora, contra los administradores o liquidadores y contra quienes hubieran garantizado la emisión.

7. El comisario responderá frente a los obligacionistas y,

Art. **420:** V. art. 403 del presente T.R.
Art. **421:** Redactado conforme al art. 45.siete de la Ley 5/2015, de 27 de abril, de fomento de la financiación empresarial (*B.O.E.* núm. 101, de 28 de abril; corrección de errores en *B.O.E.* núm. 279, de 21 de noviembre).
V. art. 403 del presente T.R.

en su caso, frente a la sociedad de los daños que cause por los actos realizados en el desempeño de su cargo sin la diligencia profesional con que debe ejercerlo.

Art. 422. *Facultad y obligación de convocar la asamblea.*—1. La asamblea general de obligacionistas podrá ser convocada por los administradores de la sociedad o por el comisario. Éste, además, deberá convocarla siempre que lo soliciten obligacionistas que representen, por los menos, la vigésima parte de las obligaciones emitidas y no amortizadas.

2. El comisario podrá requerir la asistencia de los administradores de la sociedad y éstos asistir aunque no hubieren sido convocados.

3. Si el comisario no atiende oportunamente la solicitud de convocatoria de la asamblea efectuada por los obligacionistas a que se refiere el apartado 1, podrá realizarse la convocatoria, previa audiencia del comisario, por el secretario judicial o por el registrador mercantil del domicilio social.

El secretario judicial procederá a convocar la asamblea general de obligacionistas de conformidad con lo establecido en la legislación de jurisdicción voluntaria.

El registrador mercantil procederá a convocar la asamblea general en la forma contemplada en el Reglamento del Registro Mercantil.

Contra el decreto o resolución por la que se acuerde la convocatoria de la asamblea general de obligacionistas no cabrá recurso alguno.

Art. 423. *Forma de convocatoria.*—La convocatoria de la asamblea general de obligacionistas se hará en la forma prevista en el reglamento del sindicato, que debe asegurar su conocimiento por los obligacionistas.

Art. 424. *Competencia de la asamblea.*—La asamblea de obligacionistas, debidamente convocada, se presume facultada para acordar lo necesario

---

Art. 422: Redactado conforme a la Disp. Final 14.ªseis de la Ley 15/2015, de 2 de julio, de la Jurisdicción Voluntaria (*B.O.E.* núm. 158, de 3 de julio; corrección de errores en *B.O.E.* núm. 210, de 2 de septiembre).

V. art. 403 del presente T.R.

Art. 423: Redactado conforme al art. 45.ocho de la Ley 5/2015, de 27 de abril, de fomento de la financiación empresarial (*B.O.E.* núm. 101, de 28 de abril; corrección de errores en *B.O.E.* núm. 279, de 21 de noviembre).

V. art. 403 del presente T.R.

Art. 424: V. art. 403 del presente T.R.

a la mejor defensa de los legítimos intereses de los obligacionistas frente a la sociedad emisora, modificar, de acuerdo con la misma, las garantías establecidas, destituir o nombrar al comisario, ejercer, cuando proceda, las acciones judiciales correspondientes y aprobar los gastos ocasionados por la defensa de los intereses comunes.

Art. 424 bis. *Asistencia.*— 1. Los obligacionistas podrán asistir personalmente o hacerse representar por medio de otro obligacionista. En ningún caso podrán hacerse representar por los administradores de la sociedad, aunque sean obligacionistas.

2. El comisario deberá asistir a la asamblea general de obligacionistas, aunque no la hubiera convocado.

Art. 424 ter. *Derecho de voto.*—Cada obligación conferirá al obligacionista un derecho de voto proporcional al valor nominal no amortizado de las obligaciones de que sea titular.

Art. 425. *Adopción de acuerdos.*—1. Los acuerdos se adoptarán por mayoría absoluta de los votos emitidos. Por excepción, las modificaciones del plazo o de las condiciones del reembolso del valor nominal, de la conversión o del canje requerirán el voto favorable de las dos terceras partes de las obligaciones en circulación.

2. Los acuerdos adoptados por la asamblea general de obligacionistas vincularán a todos los obligacionistas, incluso a los no asistentes y a los disidentes.

Art. 426. *Acciones individuales.*—Las acciones judiciales o extrajudiciales que correspondan a los obligacionistas podrán ser ejercitadas indivi-

---

Art. **424 bis:** Añadido por el art. 45.nueve de la Ley 5/2015, de 27 de abril, de fomento de la financiación empresarial (*B.O.E.* núm. 101, de 28 de abril; corrección de errores en *B.O.E.* núm. 279, de 21 de noviembre).
V. art. 403 del presente T.R.
Art. **424 ter:** Añadido por el art. 45.diez de la Ley 5/2015, de 27 de abril, de fomento de la financiación empresarial (*B.O.E.* núm. 101, de 28 de abril; corrección de errores en *B.O.E.* núm. 279, de 21 de noviembre).
V. art. 403 del presente T.R.
Art. **425:** Redactado conforme al art. 45.once de la Ley 5/2015, de 27 de abril, de fomento de la financiación empresarial (*B.O.E.* núm. 101, de 28 de abril; corrección de errores en *B.O.E.* núm. 279, de 21 de noviembre).
V. art. 403 del presente T.R.
Art. **426:** V. art. 403 del presente T.R.

dual o separadamente cuando no contradigan los acuerdos del sindicato, dentro de su competencia y sean compatibles con las facultades que al mismo se hubiesen conferido.

Art. 427. *Impugnación de los acuerdos de la asamblea general de obligacionistas.*—Los acuerdos de la asamblea general de obligacionistas podrán ser impugnados por los obligacionistas conforme a lo dispuesto en esta Ley, para la impugnación de los acuerdos sociales.

Art. 428. *Intervención.*—Cuando la sociedad haya retrasado en más de seis meses el pago de los intereses vencidos o la amortización del principal, el comisario podrá proponer al consejo la suspensión de cualquiera de los administradores y convocar la junta general de accionistas, si aquéllos no lo hicieren cuando estimen que deben ser sustituidos.

Art. 429. *Ejecución de garantías.*—Si la emisión se hubiera garantizado con hipoteca o con prenda y la sociedad hubiera demorado el pago de intereses por más de seis meses, el comisario, previo acuerdo de la asamblea general de obligacionistas, podrá ejecutar los bienes que constituyan la garantía para hacer pago del principal con los intereses vencidos.

CAPÍTULO V

REEMBOLSO Y RESCATE DE LAS OBLIGACIONES

Art. 430. *Rescate.*—La sociedad podrá rescatar las obligaciones emitidas:

a) Por amortización o por pago anticipado, de acuerdo con las condiciones de la escritura de emisión.

b) Como consecuencia de los convenios celebrados entre la sociedad y el sindicato de obligacionistas.

c) Por adquisición en bolsa, al efecto de amortizarlas.

d) Por conversión en acciones, de acuerdo con los titulares.

Art. 427: Redactado conforme al art. 45.doce de la Ley 5/2015, de 27 de abril, de fomento de la financiación empresarial (*B.O.E.* núm. 101, de 28 de abril).

V. art. 403 del presente T.R.

Art. 428: Redactado conforme al art. 45.trece de la Ley 5/2015, de 27 de abril, de fomento de la financiación empresarial (*B.O.E.* núm. 101, de 28 de abril).

V. art. 403 del presente T.R.

Art. 429: V. art. 403 del presente T.R.

Art. 431. *Repetición de intereses.*—Los intereses de las obligaciones amortizadas que el obligacionista cobre de buena fe no podrán ser objeto de repetición por la sociedad emisora.

Art. 432. *Reembolso.*—1. La sociedad deberá satisfacer el importe de las obligaciones en el plazo convenido, con las primas, lotes y ventajas que en la escritura de emisión se hubiesen fijado.

2. Igualmente estará obligada a celebrar los sorteos periódicos en los términos y forma previstos por el cuadro de amortización, con intervención del comisario y siempre en presencia de notario, que levantará el acta correspondiente.

La falta de cumplimiento de esta obligación autorizará a los acreedores para reclamar el reembolso anticipado de las obligaciones.

Art. 433. *Cancelación de garantías.*—1. Para cancelar total o parcialmente las garantías de la emisión, si las obligaciones se hallan representadas por medio de títulos, será necesario presentar y estampillar aquéllos o inutilizarlos, sustituyéndolos por otros, de acuerdo con lo establecido para la sustitución de los títulos en el artículo 117, cuando subsista el crédito sin la garantía.

Si se hallan representadas por medio de anotaciones en cuenta será preciso devolver los certificados expedidos por las entidades encargadas de los registros contables de anotaciones en cuenta y practicar el consiguiente asiento de modificación en el correspondiente registro.

2. Exceptúase el caso de que el rescate hubiera sido realizado como consecuencia de los convenios celebrados entre la sociedad y el sindicato de obligacionistas, si el acuerdo de cancelación hubiera sido válidamente adoptado por mayoría y el sindicato no pudiera presentar todos los títulos.

TÍTULO XII

Sociedad nueva empresa

CAPÍTULO PRIMERO

DISPOSICIONES GENERALES

Arts. 434 a 438.   [*Derogados*]

CAPÍTULO II

REQUISITOS CONSTITUTIVOS

Arts. 439 a 442.   [*Derogados*]

CAPÍTULO III

CAPITAL SOCIAL
Y PARTICIPACIONES SOCIALES

Arts. 443 a 445.   [*Derogados*]

CAPÍTULO IV

ÓRGANOS SOCIALES

Arts. 446 a 449.   [*Derogados*]

CAPÍTULO V

MODIFICACIONES
ESTATUTARIAS

Arts. 450 a 452.   [*Derogados*]

CAPÍTULO VI

DISOLUCIÓN

Art. 453.   [*Derogado*]

CAPÍTULO VII

CONVERSIÓN EN SOCIEDAD
DE RESPONSABILIDAD
LIMITADA

Art. 454.   [*Derogado*]

Arts. 434 a 454: Derogados por la Ley 18/2022, de 28 de septiembre, de creación y crecimiento de empresas.

TÍTULO XIII

Sociedad anónima europea

CAPÍTULO PRIMERO

DISPOSICIONES GENERALES

Art. 455. *Régimen de la sociedad anónima europea.*—La sociedad anónima europea (SE) que tenga su domicilio en España se regirá por lo establecido en el Reglamento (CE) número 2157/2001 del Consejo, de 8 de octubre de 2001, por las disposiciones de este título y por la ley que regula la implicación de los trabajadores en las sociedades anónimas europeas.

Art. 456. *Prohibición de identidad de denominaciones.*—No se podrá inscribir en el Registro Mercantil una sociedad anónima europea que vaya a tener su domicilio en España cuya denominación sea idéntica a la de otra sociedad española preexistente.

Art. 457. *Inscripción y publicación de los actos relativos a la sociedad anónima europea.*—1. En el Registro Mercantil se depositará el proyecto de constitución de una sociedad anónima europea que vaya a tener su domicilio en España.

2. La constitución y demás actos inscribibles de una sociedad anónima europea que tenga su domicilio en España se inscribirán en el Registro Mercantil conforme a lo dispuesto para las sociedades anónimas.

3. Los actos y datos de una sociedad anónima europea con domicilio en España deberán hacerse públicos en los casos y forma previstos en las disposiciones generales aplicables a las sociedades anónimas.

CAPÍTULO II

DOMICILIO SOCIAL
Y SU TRASLADO
A OTRO ESTADO MIEMBRO

Art. 458. *Domicilio social.*—La sociedad anónima europea deberá fijar su domicilio en España cuando su admi-

---

Art. 455: V. Reglamento (CE) núm. 2157/2001 del Consejo, de 8 de octubre de 2001, por el que se aprueba el Estatuto de la Sociedad Anónima Europea (SE) (*D.O.C.E.* núm. 294, de 10 de noviembre).

nistración central se halle dentro del territorio español.

Art. 459. *Discordancia entre domicilio registral y domicilio real.*—Cuando una sociedad anónima europea domiciliada en España deje de tener su administración central en España debe regularizar su situación en el plazo de un año, bien volviendo a implantar su administración central en España, bien trasladando su domicilio social al Estado miembro en el que tenga su administración central.

Art. 460. *Procedimiento de la regularización.*—Las sociedades anónimas europeas que se encuentren en el supuesto descrito en el artículo anterior que no regularicen la situación en el plazo de un año, se deberán disolver conforme al régimen general previsto en esta ley, pudiendo el Gobierno designar a la persona que se encargue de intervenir y presidir la liquidación y de velar por el cumplimiento de las leyes y del estatuto social.

Art. 461. *Protección de los socios.*—En el caso de que una sociedad anónima europea con domicilio en España acuerde su traslado a otro Estado miembro de la Unión Europea, los accionistas que voten en contra del acuerdo de cambio de domicilio podrán ejercer el derecho de enajenación de sus acciones conforme a lo dispuesto en el libro primero del Real Decreto-ley 5/2023, de 28 de junio, por el que se adoptan y prorrogan determinadas medidas de respuesta a las consecuencias económicas y sociales de la Guerra de Ucrania, de apoyo a la reconstrucción de la isla de La Palma y a otras situaciones de vulnerabilidad; de transposición de Directivas de la Unión Europea en materia de modificaciones estructurales de sociedades mercantiles y conciliación de la vida familiar y la vida profesional de los progenitores y los cuidadores; y de ejecución y cumplimiento del Derecho de la Unión Europea, cuando los socios vayan a quedar sometidos a una ley extranjera.

Art. 459: V. art. 460 del presente T.R.

Art. 461: Modificado por el Real Decreto-ley 5/2023, de 28 de junio, por el que se adoptan y prorrogan determinadas medidas de respuesta a las consecuencias económicas y sociales de la Guerra de Ucrania, de apoyo a la reconstrucción de la isla de La Palma y a otras situaciones de vulnerabilidad; de transposición de Directivas de la Unión Europea en materia de modificaciones estructurales de sociedades mercantiles y conciliación de la vida familiar y la vida profesional de los progenitores y los cuidadores; y de ejecución y cumplimiento del Derecho de la Unión Europea.

Art. 462. *Protección de los acreedores.*—En los supuestos de modificaciones estructurales intraeuropeas, los acreedores cuyo crédito haya nacido antes de la fecha de publicación del proyecto de traslado del domicilio social a otro Estado miembro tendrán los derechos previstos en libro primero del Real Decreto-ley 5/2023, de 28 de junio, por el que se adoptan y prorrogan determinadas medidas de respuesta a las consecuencias económicas y sociales de la Guerra de Ucrania, de apoyo a la reconstrucción de la isla de La Palma y a otras situaciones de vulnerabilidad; de transposición de Directivas de la Unión Europea en materia de modificaciones estructurales de sociedades mercantiles y conciliación de la vida familiar y la vida profesional de los progenitores y los cuidadores; y de ejecución y cumplimiento del Derecho de la Unión Europea.

Art. 463. *Certificación previa al traslado.*—El registrador mercantil del domicilio social, a la vista de los datos obrantes en el Registro y en la escritura pública de traslado presentada, certificará el cumplimiento de los actos y trámites que han de realizarse por la sociedad antes del traslado.

Art. 464. *Oposición al traslado del domicilio a otro Estado miembro.*—1. El traslado de domicilio de una sociedad anónima europea registrada en territorio español que suponga un cambio de la legislación aplicable no surtirá efecto si el Gobierno, a propuesta del Ministro de Justicia o de la Comunidad Autónoma donde la sociedad anónima tenga su domicilio social, se opone por razones de interés público.

Cuando la sociedad anónima europea esté sometida a la supervisión de una autoridad de vigilancia, la oposición podrá formularse también por dicha autoridad.

2. Una vez que tenga por efectuado el depósito, el registrador mercantil, en el plazo de cinco días, comunicará al Ministerio de Justicia, a la Comunidad Autónoma donde la sociedad

---

Art. 462: Modificado por el Real Decreto-ley 5/2023, de 28 de junio, por el que se adoptan y prorrogan determinadas medidas de respuesta a las consecuencias económicas y sociales de la Guerra de Ucrania, de apoyo a la reconstrucción de la isla de La Palma y a otras situaciones de vulnerabilidad; de transposición de Directivas de la Unión Europea en materia de modificaciones estructurales de sociedades mercantiles y conciliación de la vida familiar y la vida profesional de los progenitores y los cuidadores; y de ejecución y cumplimiento del Derecho de la Unión Europea.

anónima tenga su domicilio social y, en su caso, a la autoridad de vigilancia correspondiente la presentación de un proyecto de traslado de domicilio de una sociedad anónima europea.

3. El acuerdo de oposición al traslado de domicilio habrá de formularse dentro del plazo de los dos meses siguientes a la publicación del proyecto de traslado de domicilio. El acuerdo podrá recurrirse ante la autoridad judicial competente.

CAPÍTULO III

CONSTITUCIÓN

SECCIÓN 1.ª

Disposiciones generales

Art. 465. *Participación de otras sociedades en la constitución de una sociedad anónima europea.*—En la constitución de una sociedad anónima europea que se haya de domiciliar en España, además de las sociedades indicadas en el Reglamento (CE) número 2157/2001, podrán participar las sociedades que, aun cuando no tengan su administración central en la Unión Europea, estén constitui-

das con arreglo al ordenamiento jurídico de un Estado miembro, tengan en él su domicilio y una vinculación efectiva y continua con la economía de un Estado miembro.

Se presume que existe vinculación efectiva cuando la sociedad tenga un establecimiento en dicho Estado miembro desde el que dirija y realice sus operaciones.

Art. 466. *Oposición a la participación de una sociedad española en la constitución de una sociedad anónima europea mediante fusión.*—1. El Gobierno, a propuesta del Ministro de Justicia o de la Comunidad Autónoma donde la sociedad anónima tenga su domicilio social, podrá oponerse por razones de interés público a que una sociedad española participe en la constitución mediante fusión de una sociedad anónima europea en otro Estado miembro.

Cuando la sociedad española que participe en la constitución de una sociedad anónima europea mediante fusión esté sometida a la supervisión de una autoridad de vigilancia, la oposición a su participación podrá formularse también por dicha autoridad.

Art. 465: V. Reglamento (CE) núm. 2157/2001 del Consejo, de 8 de octubre de 2001, por el que se aprueba el Estatuto de la Sociedad Anónima Europea (SE) (*D.O.C.E.* núm. 294, de 10 de noviembre).

2. Una vez que tenga por efectuado el depósito del proyecto de fusión, el registrador mercantil, en el plazo de cinco días, comunicará al Ministerio de Justicia, a la Comunidad Autónoma donde la sociedad anónima tenga su domicilio social y, en su caso, a la autoridad de vigilancia correspondiente, dicho depósito, para que éstos puedan formular su oposición a la fusión.

3. La oposición habrá de formularse antes de la expedición del certificado a que se refiere el artículo 469. El acuerdo de oposición podrá recurrirse ante la autoridad judicial competente.

SECCIÓN 2.ª

Constitución por fusión

Art. 467. *Nombramiento de experto o expertos que han de informar sobre el proyecto de fusión.*—En el supuesto de que una o más sociedades españolas participen en la fusión o cuando la sociedad anónima europea vaya a fijar su domicilio en España, el registrador mercantil será la autoridad competente para, previa petición conjunta de las sociedades que se fusionan, designar uno o varios expertos independientes que elaboren el informe único previsto en el artículo 22 del Reglamento (CE) número 2157/2001.

Art. 468. *Derecho de separación de los accionistas.*—Los accionistas de las sociedades españolas que voten en contra del acuerdo de una fusión que implique la constitución de una sociedad anónima europea domiciliada en otro Estado miembro podrán separarse de la sociedad conforme a lo dispuesto en esta ley para los casos de separación de socios. Igual derecho tendrán los accionistas de una sociedad española que sea absorbida por

---

Art. 467: El art. 22 del Reglamento (CE) núm. 2157/2001 del Consejo, de 8 de octubre de 2001, por el que se aprueba el Estatuto de la Sociedad Anónima Europea (SE) (*D.O.C.E.* núm. 294, de 10 de noviembre), dispone lo siguiente:

«*Art. 22.* Como alternativa a peritos que operen por cuenta de cada una de las sociedades que se fusionen, uno o más peritos independientes tal como se definen en el artículo 10 de la Directiva 78/855/CEE, designados para ello, previa petición conjunta de dichas sociedades, por una autoridad judicial o administrativa del Estado miembro del que dependa una de las sociedades que se fusionen o la futura SE, podrán estudiar el proyecto de fusión y redactar un informe único destinado a la totalidad de los accionistas.

»Los peritos estarán facultados para pedir a cada una de las empresas que se fusionen cualquier información que consideren necesaria para poder llevar a cabo su cometido.»

una sociedad anónima europea domiciliada en otro Estado miembro.

Art. 469. *Certificación relativa a la sociedad que se fusiona.*—El registrador mercantil del domicilio social, a la vista de los datos obrantes en el Registro y en la escritura pública de fusión presentada, certificará el cumplimiento por parte de la sociedad anónima española que se fusiona de todos los actos y trámites previos a la fusión.

Art. 470. *Inscripción de la sociedad resultante de la fusión.*—En el caso de que la sociedad anónima europea resultante de la fusión fije su domicilio en España, el registrador mercantil del domicilio social controlará la existencia de los certificados de las autoridades competentes de los países en los que tenían su domicilio las sociedades extranjeras participantes en la fusión y la legalidad del procedimiento en cuanto a la realización de la fusión y la constitución de la sociedad anónima europea.

SECCIÓN 3.ª

Constitución por holding

Art. 471. *Publicidad del proyecto de constitución.*—1. Los administradores de la sociedad o sociedades españolas que participen en la constitución de una sociedad anónima europea *holding* deberán depositar en el Registro Mercantil correspondiente el proyecto de constitución de esta sociedad. Una vez que tenga por efectuado el depósito, el registrador comunicará el hecho del depósito y la fecha en que hubiera tenido lugar al registrador mercantil central, para su inmediata publicación en el *Boletín Oficial del Registro Mercantil.*
2. La junta general que deba pronunciarse sobre la operación no podrá reunirse antes de que haya transcurrido, al menos, el plazo de un mes desde la fecha de la publicación a que se refiere el apartado anterior.

Art. 472. *Nombramiento de experto o expertos que han de informar sobre el proyecto de constitución.*—1. La autoridad competente para el nom-

---

Art. 469: V. art. 466.3 del presente T.R.

Art. 472.1: El art. 32 del Reglamento (CE) núm. 2157/2001 del Consejo, de 8 de octubre de 2001, por el que se aprueba el Estatuto de la Sociedad Anónima Europea (SE) (*D.O.C.E.* núm. 294, de 10 de noviembre), dispone lo siguiente:
«*Art. 32.* 1. Podrá constituirse una SE con arreglo al apartado 2 del artículo 2.

bramiento de experto o expertos independientes previstos en el apartado 4 del artículo 32 del Reglamento (CE) número 2157/2001 será el registrador mercantil del domicilio de cada sociedad española que promueva la constitución de una sociedad anónima europea *holding* o del domicilio de la futura sociedad anónima europea.

2. La solicitud de nombramiento de experto o expertos independientes se efectuará conforme a lo dispuesto en el Reglamento del Registro Mercantil.

»Las sociedades que promuevan la constitución de una SE con arreglo al apartado 2 del artículo 2 conservarán su personalidad jurídica.

»2. Los órganos de dirección o de administración de las sociedades que promuevan la operación redactarán, en los mismos términos, un proyecto de constitución de la SE. Dicho proyecto incluirá un informe en el que se justifiquen y expliquen los aspectos jurídicos y económicos de la constitución y en el que se indiquen las consecuencias de la adopción de la forma de SE para los accionistas y para los trabajadores. En dicho proyecto figurarán asimismo las indicaciones establecidas en las letras *a*), *b*), *c*), *f*), *g*), *h*) e *i*) del apartado 1 del artículo 20 y se fijará el porcentaje mínimo de las acciones o participaciones de cada una de las sociedades que promuevan la operación que deberán aportar los accionistas para constituir la SE. Dicho porcentaje de acciones deberá ser superior al 50 por 100 de los derechos de voto permanentes.

»3. Para cada una de las sociedades que promuevan la operación, el proyecto de constitución de la SE se hará público según los procedimientos previstos por la legislación de cada Estado miembro, con arreglo al artículo 3 de la Directiva 68/151/CEE, por lo menos un mes antes de la fecha de la reunión de la junta general que deba pronunciarse sobre la operación.

»4. Uno o más peritos independientes de las sociedades que promuevan la operación, designados o autorizados por una autoridad judicial o administrativa del Estado miembro del que dependa cada sociedad con arreglo a las disposiciones nacionales adoptadas en aplicación de la Directiva 78/855/CEE, examinarán el proyecto de constitución establecido de conformidad con el apartado 2 y elaborarán un informe escrito destinado a los accionistas de cada una de las sociedades. Previo acuerdo de las sociedades que promuevan la operación, uno o más peritos independientes, designados o autorizados por una autoridad judicial o administrativa del Estado miembro del domicilio de las sociedades que promuevan la operación o la futura SE con arreglo a las disposiciones nacionales adoptadas en aplicación de la Directiva 78/855/CEE, podrán elaborar un informe escrito para los accionistas del conjunto de las sociedades.

»5. El informe deberá indicar las dificultades especiales de evaluación y declarar si la relación de canje de acciones o de participaciones propuesta es pertinente y razonable y señalará también qué métodos se siguieron para su determinación y si dichos métodos son adecuados en el caso concreto de que se trate.

»6. El proyecto de constitución de la SE se someterá a la aprobación de la junta general de cada una de las sociedades que promuevan la operación.

»La implicación de los trabajadores en la SE se decidirá con arreglo a lo dispuesto en la Directiva 2001/86/CE. La junta general de cada una de las sociedades que promueven la operación podrá reservarse la posibilidad de condicionar el registro de la SE a la ratificación expresa por ésta de las disposiciones que así se establezcan.

»7. Las disposiciones del presente artículo se aplicarán, *mutatis mutandis*, a las sociedades de responsabilidad limitada.»

Art. 473. *Protección de los socios de las sociedades participantes en la constitución.*—Los socios de las sociedades promotoras de la constitución de una sociedad anónima europea *holding* que hubieran votado en contra del acuerdo de su constitución podrán separarse de la sociedad de la que formen parte conforme a lo previsto en esta ley para los casos de separación de socios.

SECCIÓN 4.ª

Constitución por transformación

Art. 474. *Transformación de una sociedad anónima existente en sociedad anónima europea.*— En el caso de constitución de una sociedad anónima europea mediante la transformación de una sociedad anónima española, sus administradores redactarán un proyecto de transformación de acuerdo con lo previsto en el Reglamento (CE) número 2157/2001 y un informe en el que se explicarán y justificarán los aspectos jurídicos y económicos de la transformación y se indicarán las consecuencias que supondrá para los accionistas y para los trabajadores la adopción de la forma de sociedad anónima europea. El proyecto de transformación será depositado en el Registro Mercantil y se publicará conforme a lo establecido en el artículo 471.

Art. 475. *Certificación de los expertos.*—Uno o más expertos independientes, designados por el registrador mercantil del domicilio de la sociedad que se transforma, certificarán, antes de que se convoque la junta general que ha de aprobar el proyecto de transformación y los estatutos de la sociedad anónima europea, que esa sociedad dispone de activos netos suficientes, al menos, para la cobertura del capital y de las reservas de la sociedad anónima europea.

CAPÍTULO IV

ÓRGANOS SOCIALES

SECCIÓN 1.ª

Sistemas de administración

Art. 476. *Opción estatutaria.*—La sociedad anónima europea que se domicilie en Espa-

---

Art. 474: V. arts. 37 y 66 del Reglamento (CE) núm. 2157/2001 del Consejo, de 8 de octubre de 2001, por el que se aprueba el Estatuto de la Sociedad Anónima Europea (SE) (*D.O.C.E.* núm. 294, de 10 de noviembre).

ña podrá optar por un sistema de administración monista o dual, y lo hará constar en sus estatutos.

Art. 477. *Sistema monista.*—En caso de que se opte por un sistema de administración monista, será de aplicación a su órgano de administración lo establecido en la presente ley para los administradores de las sociedades anónimas, en cuanto no contradiga lo dispuesto en el Reglamento (CE) 2157/2001, y en la ley que regula la implicación de los trabajadores en las sociedades anónimas europeas.

SECCIÓN 2.ª

Sistema dual

Art. 478. *Órganos del sistema dual.*—En el caso de que se opte por un sistema de administración dual, existirá una dirección y un Consejo de control.

Art. 479. *Facultades de la dirección.*—1. La gestión y la representación de la sociedad corresponden a la dirección.

2. Cualquier limitación a las facultades de los directores de las sociedades anónimas europeas, aunque se halle inscrita en el Registro Mercantil, será ineficaz frente a terceros.

3. La titularidad y el ámbito del poder de representación de los directores se regirán conforme a lo dispuesto para los administradores en esta ley.

Art. 480. *Modos de organizar la dirección.*—1. La gestión podrá confiarse, conforme dispongan los estatutos, a un solo director, a varios directores que actúen solidaria o conjuntamente o a un consejo de dirección.

2. Cuando la gestión se confíe conjuntamente a más de dos personas, éstas constituirán el consejo de dirección.

Art. 481. *Composición del consejo de dirección.*—El consejo de dirección estará formado por un mínimo de tres miembros y un máximo de siete.

Art. 482. *Determinación del número de los miembros de la dirección.*—Los estatutos de la sociedad, cuando no determinen el número concreto, establecerán el número máximo y el mínimo, y las reglas para su determinación.

Art. 477: V. arts. 43 a 51 del Reglamento (CE) núm. 2157/2001 del Consejo, de 8 de octubre de 2001, por el que se aprueba el Estatuto de la Sociedad Anónima Europea (SE) (*D. O. C. E.* núm. 294, de 10 de noviembre).

Art. 483. *Organización, funcionamiento y régimen de adopción de acuerdos del consejo de dirección.*—Salvo lo dispuesto en el Reglamento (CE) número 2157/2001, la organización, funcionamiento y régimen de adopción de acuerdos del consejo de dirección se regirá por lo establecido en los estatutos sociales y, en su defecto, por lo previsto en esta ley para el consejo de administración de las sociedades anónimas.

Art. 484. *Límite a la cobertura de vacante en la dirección por un miembro del consejo de control.*—La duración del nombramiento de un miembro del Consejo de control para cubrir una vacante de la dirección conforme al artículo 39.3 del Reglamento (CE) número 2157/2001 no será superior al año.

Art. 485. *Funcionamiento del consejo de control.*—Será de aplicación al consejo de control lo previsto en esta ley para el funcionamiento del consejo de administración de las sociedades anónimas en cuanto no contradiga lo dispuesto en el Reglamento (CE) número 2157/2001.

Art. 486. *Nombramiento y revocación de los miembros del consejo de control.*—Los miembros del consejo de control serán nombrados y revocados por la junta general, sin perjuicio de lo dispuesto en el Reglamento (CE) número 2157/2001, en la ley que regula la implicación de los trabajadores en las

---

Art. 483: V. arts. 8.°, 12, 20, 32, 37 a 41, 51, 54.2 y 66.3 del Reglamento (CE) núm. 2157/2001 del Consejo, de 8 de octubre de 2001, por el que se aprueba el Estatuto de la Sociedad Anónima Europea (SE) (*D.O.C.E.* núm. 294, de 10 de noviembre).

Art. 484: El art. 39.3 del Reglamento (CE) núm. 2157/2001 del Consejo, de 8 de octubre de 2001, por el que se aprueba el Estatuto de la Sociedad Anónima Europea (SE) (*D.O.C.E.* núm. 294, de 10 de noviembre), dispone lo siguiente:

«*Art. 39.* [...] 3. No podrá ejercerse simultáneamente la función de miembro del órgano de dirección y del órgano de control de la misma SE. No obstante, el órgano de vigilancia podrá, en caso de vacante, designar a uno de sus miembros para ejercer las funciones de miembro del órgano de dirección. Durante este período, las funciones del interesado en calidad de miembro del órgano de control quedarán en suspenso. Los Estados miembros podrán establecer una limitación temporal de este período.»

Art. 485: V. arts. 38 a 42, 48, 50 y 54.2 del Reglamento (CE) núm. 2157/2001 del Consejo, de 8 de octubre de 2001, por el que se aprueba el Estatuto de la Sociedad Anónima Europea (SE) (*D.O.C.E.* núm. 294, de 10 de noviembre).

Art. 486: V. art. 39.2 del Reglamento (CE) núm. 2157/2001 del Consejo, de 8 de octubre de 2001, por el que se aprueba el Estatuto de la Sociedad Anónima Europea (SE) (*D.O.C.E.* núm. 294, de 10 de noviembre).

sociedades anónimas europeas y de lo establecido en el artículo 243.

Art. 487. *Representación frente a los miembros de la dirección.*—La representación de la sociedad frente a los miembros de la dirección corresponde al consejo de control.

Art. 488. *Asistencia de la dirección a las reuniones del consejo de control.*—El consejo de control, cuando lo estime conveniente, podrá convocar a los miembros de la dirección para que asistan a sus reuniones con voz pero sin voto.

Art. 489. *Operaciones sometidas a autorización previa del consejo de control.*—El consejo de control podrá acordar que determinadas operaciones de la dirección se sometan a su autorización previa. La falta de autorización previa será inoponible a los terceros, salvo que la sociedad pruebe que el tercero hubiera actuado en fraude o con mala fe en perjuicio de la sociedad.

Art. 490. *Responsabilidad de los miembros de los órganos de administración.*—Las disposiciones sobre responsabilidad previstas para los administradores de sociedades de capital se aplicarán a los miembros de los órganos de administración, de dirección y del consejo de control en el ámbito de sus respectivas funciones.

Art. 491. *Impugnación de acuerdos de los órganos de administración.*—Los miembros de cada órgano colegiado podrán impugnar los acuerdos nulos o anulables del consejo o comisión a que pertenezcan en el plazo de un mes desde su adopción. Igualmente podrán impugnar tales acuerdos los accionistas que representen al menos el 5 por 100 del capital social en el plazo de un mes desde que tuvieren conocimiento de ellos, siempre que no hubiera transcurrido un año desde su adopción.

SECCIÓN 3.ª

Junta general

Art. 492. *Convocatoria de la junta general en el sistema dual.*—1. En el sistema dual de administración, la competencia para la convocatoria de la junta general corresponde a la dirección. La dirección deberá convocar la junta general cuando lo soliciten accionistas que sean titulares de, al menos, el 5 por 100 del capital social.

2. Si las juntas no fueran convocadas dentro de los plazos establecidos por el Reglamento (CE) número 2157/2001 o los estatutos, podrán serlo por el consejo de control o, a petición de cualquier socio, por el registrador mercantil del domicilio social conforme a lo previsto para las juntas generales en esta Ley.

3. El Consejo de control podrá convocar la junta general de accionistas cuando lo estime conveniente para el interés social.

Art. 493. *Plazo de convocatoria de la junta general.*—La junta general de la sociedad anónima europea deberá ser convocada por lo menos un mes antes de la fecha fijada para su celebración.

Art. 494. *Inclusión de nuevos asuntos en el orden del día.*— Los accionistas minoritarios que sean titulares de, al menos, el 5 por 100 del capital social podrán solicitar la inclusión de asuntos en el orden del día de la junta general ya convocada, así como solicitar la convocatoria de la junta general extraordinaria, conforme a lo establecido en esta ley. El complemento de la convocatoria deberá publicarse con quince días de antelación como mínimo a la fecha establecida para la reunión de la junta.

Art. 492.2: Redactado conforme a la Disp. Final 14.ªsiete de la Ley 15/2015, de 2 de julio, de la Jurisdicción Voluntaria (*B.O.E.* núm. 158, de 3 de julio; corrección de errores en *B.O.E.* núm. 210, de 2 de septiembre).

V. art. 55.3 del Reglamento (CE) núm. 2157/2001 del Consejo, de 8 de octubre de 2001, por el que se aprueba el Estatuto de la Sociedad Anónima Europea (SE) (*D.O.C.E.* núm. 294, de 10 de noviembre).

TÍTULO XIV

Sociedades anónimas cotizadas*

CAPÍTULO PRIMERO

DISPOSICIONES GENERALES

Art. 495. *Concepto de sociedad cotizada y ámbito de aplicación de este Título.*—1. Son sociedades cotizadas las sociedades anónimas cuyas acciones estén admitidas a negociación en un mercado regulado español.

2. En lo no previsto en este Título, las sociedades cotizadas se regirán por las disposiciones generales aplicables a las sociedades anónimas, con las siguientes particularidades que se indican a continuación:

a) El porcentaje mínimo del 5 por 100 que determinadas disposiciones aplicables a las sociedades anónimas exigen para el ejercicio de ciertos derechos de los accionistas reconocidos en esta Ley será del 3 por 100 en las sociedades cotizadas.

b) La fracción del capital social necesaria para poder impugnar acuerdos sociales, conforme a los artículos 206.1 y 251, será del 1 por 1.000 del capital social.

c) Sin perjuicio de lo dispuesto en el artículo 205.1 para los acuerdos que resultaren contrarios al orden público, la acción de impugnación de los acuerdos sociales caducará en el plazo de tres meses.

3. A las sociedades anónimas cuyas acciones estén admitidas a negociación en un mercado regulado de otro Estado miembro del Espacio Económico Europeo o en un mercado equiparable de un tercer Estado y no lo estén en un mercado español, les serán de aplicación las disposiciones contenidas en el presente Título con las especialidades siguientes:

a) Se entenderán cumplidas por equivalencia dichas disposiciones cuando la sociedad cumpla normas o requisitos funcionalmente análogos exigidos a las sociedades coti-

---

* V. Disp. Adic. 7.ª (párr. 2.º) del presente T.R.

Art. 495: Redactado de nuevo por el apartado 7 del art. 3.º de la Ley 5/2021, de 12 de abril, por la que se modifica el texto refundido de la Ley de Sociedades de Capital, aprobado por el Real Decreto Legislativo 1/2010, de 2 de julio, y otras normas financieras, en lo que respecta al fomento de la implicación a largo plazo de los accionistas en las sociedades cotizadas (*B.O.E.* núm. 88, de 13 de abril de 2021).

zadas por la ley del mercado extranjero e inaplicables las que resulten incompatibles con los requisitos establecidos en la ley del mercado extranjero para la admisión a negociación y el mantenimiento de esta.

b)   Las formas de comunicación y publicidad se ajustarán a lo previsto en la ley del mercado extranjero. La información sobre el grado de seguimiento de las recomendaciones de gobierno corporativo se formulará por referencia a los códigos o estándares aplicables en el mercado extranjero.

c)   La representación y documentación de las acciones podrá ajustarse a los requerimientos de la ley del mercado extranjero. En su caso, la llevanza del libro registro contable de las acciones podrá ser encomendada a una entidad autorizada en dicho mercado.

d)   Las referencias a la Comisión Nacional del Mercado de Valores contenidas en el presente Título se entenderán hechas a la autoridad prevista por la ley del mercado extranjero.

CAPÍTULO II

ESPECIALIDADES EN MATERIA DE ACCIONES

SECCIÓN 1.ª

Representación de las acciones

Art. 496.   *Representación de las acciones de sociedades cotizadas.*—1.   Las acciones y las obligaciones que pretendan acceder o permanecer admitidas a cotización en un mercado regulado que esté domiciliado o que opere en España habrán de representarse necesariamente por medio de anotaciones en cuenta.

2.   Tan pronto como los valores se representen por anotaciones en cuenta, los títulos en que anteriormente se reflejaban quedarán amortizados de pleno derecho, debiendo darse publicidad a su anulación mediante anuncios en el *Boletín Oficial del Registro Mercantil*, en los correspondientes a las Bolsas de Valores y en tres diarios de máxima difusión en el territorio nacional.

3.   El Gobierno, previo informe de la Comisión Nacional del Mercado de Valores, fijará

Art. **496.1:** Redactado de nuevo por el apartado 8 del art. 3.º de la Ley 5/2021, de 12 de abril, por la que se modifica el texto refundido de la Ley de Sociedades de Capital, aprobado por el Real Decreto Legislativo 1/2010, de 2 de julio, y otras normas financieras, en lo que respecta al fomento de la implicación a largo plazo de los accionistas en las sociedades cotizadas (*B.O.E.* núm. 88, de 13 de abril de 2021).

los plazos y el procedimiento para la representación por medio de anotaciones en cuenta de las acciones cotizadas.

Art. 497. *Derecho a conocer la identidad de los accionistas.*—1. La sociedad o un tercero nombrado por la sociedad tendrán derecho a obtener en cualquier momento del depositario central de valores la información que permita determinar la identidad de sus accionistas, con el fin de comunicarse directamente con ellos con vistas a facilitar el ejercicio de sus derechos y su implicación en la sociedad. Esta información incluirá, como mínimo:

a) su nombre y datos de contacto; incluidos la dirección completa y, si se dispone de él, el correo electrónico del accionista y, cuando se trate de una persona jurídica, su identificador único, como el código de identificación como entidad jurídica (LEI) o, en caso de que no se disponga de estos, su número de registro o número de identificación fiscal,

b) el número de acciones de las que es titular; y

c) si la sociedad lo solicita, uno o más de los siguientes datos: las clases de dichas acciones y, cuando este dato esté disponible, la fecha a partir de la cual es su titular.

Los demás datos personales que deban facilitarse lo serán siempre y cuando sean necesarios para permitir a la sociedad cumplir con la finalidad de identificar a sus accionistas y comunicarse con ellos.

2. El mismo derecho tendrán las asociaciones de accionistas que se hubieran constituido en la sociedad emisora y que representen al menos el 1 por 100 del capital social, así como los accionistas que tengan individual o conjuntamente una participación de, al menos, el 3 por 100 del capital social, exclusivamente a efectos de facilitar su comunicación con los accionistas para el ejercicio de sus derechos y la mejor defensa de sus intereses comunes.

En la solicitud deberá hacerse constar la finalidad de la consulta y la información no podrá utilizarse para otros fines distintos de los que figuran en la solicitud.

Art. 497: Redactado de nuevo por el apartado 9 del art. 3.º de la Ley 5/2021, de 12 de abril, por la que se modifica el texto refundido de la Ley de Sociedades de Capital, aprobado por el Real Decreto Legislativo 1/2010, de 2 de julio, y otras normas financieras, en lo que respecta al fomento de la implicación a largo plazo de los accionistas en las sociedades cotizadas (*B.O.E.* núm. 88, de 13 de abril de 2021).

En el supuesto de utilización abusiva o perjudicial de la información solicitada, la asociación de accionistas o socios serán responsables de los daños y perjuicios causados. Esta responsabilidad, de carácter civil, será independiente de la responsabilidad administrativa en que puedan incurrir por infracción de la normativa de protección de datos personales.

3. Los datos personales de los accionistas se tratarán de conformidad con este artículo para que la sociedad pueda identificarlos, con el fin de comunicarse directamente con ellos con vistas a facilitar el ejercicio de sus derechos y su implicación en la sociedad y su tratamiento se ajustará plenamente a lo establecido por el Reglamento (UE) n.º 2016/679 del Parlamento Europeo y del Consejo, de 27 de abril de 2016, relativo a la protección de las personas físicas en lo que respecta al tratamiento de datos personales y a la libre circulación de estos datos y por el que se deroga la Directiva 95/46/CE; así como, en general, a la normativa de protección de datos de carácter personal. El Reglamento (UE) n.º 2016/679 y, en general, la normativa de protección de datos de carácter personal, se aplicarán a los accionistas y asociaciones de accionistas que soliciten los datos a

efectos de facilitar su comunicación con los demás accionistas para el ejercicio de sus derechos y la mejor defensa de sus intereses comunes. Toda transmisión de datos personales a intermediarios de terceros países deberá cumplir asimismo los requisitos establecidos en el Reglamento (UE) n.º 2016/679 y dichos intermediarios de terceros países, aunque radiquen fuera de la UE, deberán comprometerse al cumplimiento de la normativa de protección de datos contemplada por dicho Reglamento UE.

Salvo que un acto legislativo sectorial de la Unión Europea o su normativa de transposición establezca un período más largo, las sociedades y los intermediarios o prestadores de servicios, aunque radiquen fuera de la UE, no conservarán los datos personales obtenidos del accionista durante un período superior a doce meses desde que tengan conocimiento de que este ha dejado de ser accionista. Las sociedades y los intermediarios articularán procedimientos que garanticen que los datos personales de los accionistas están actualizados. El plazo de conservación de los datos personales por los accionistas y asociaciones de accionistas que los hayan obtenido de conformidad con el apartado 2 no será superior al tiempo necesario para la realización de los fines del tratamiento de los datos personales, esto es, el ejercicio de sus derechos y la mejor defensa de sus intereses comunes.

Los accionistas que sean personas jurídicas podrán ejercer el derecho de rectificación de la información incompleta o inexacta sobre su identidad como accionistas.

4. Las solicitudes y respuestas formuladas de conformidad con lo dispuesto en los apartados anteriores se rigen por lo dispuesto en el Reglamento de Ejecución (UE) 2018/1212 de la Comisión de 3 de septiembre de 2018 por el que se establecen requisitos mínimos de ejecución de las disposiciones de la Directiva 2007/36/CE del Parlamento Europeo y del Consejo, en lo relativo a la identificación de los accionistas, la transmisión de información y la facilitación del ejercicio de los derechos de los accionistas.

Art. 497 bis. *Derecho a identificar a los beneficiarios últimos.*—1. En el supuesto de que la entidad o persona legiti-mada como accionista en virtud del registro contable de las acciones sea una entidad intermediaria que custodia dichas acciones por cuenta de beneficiarios últimos o de otra entidad intermediaria, el derecho a conocer la identidad de los accionistas regulado en el artículo anterior comprenderá también el derecho a conocer la identidad de dichos beneficiarios últimos.

A estos efectos, la sociedad cotizada, o un tercero designado por la sociedad, podrá solicitar la identificación de los beneficiarios últimos directamente a la entidad intermediaria o solicitárselo indirectamente por medio del depositario central de valores. Las asociaciones de accionistas que representen al menos el 1 por 100 del capital social o los accionistas que sean titulares individual o conjuntamente de una participación de, al menos, el 3 por 100 del capital social, solicitarán la identificación de los beneficiarios últimos a la entidad intermediaria necesariamente por medio del depositario central de valores. En ambos supuestos, la entidad intermediaria comunicará direc-

---

Art. 497 bis: Añadido por el apartado 10 del art. 3.º de la Ley 5/2021, de 12 de abril, por la que se modifica el texto refundido de la Ley de Sociedades de Capital, aprobado por el Real Decreto Legislativo 1/2010, de 2 de julio, y otras normas financieras, en lo que respecta al fomento de la implicación a largo plazo de los accionistas en las sociedades cotizadas (*B.O.E.* núm. 88, de 13 de abril de 2021).

tamente al solicitante la identidad de los beneficiarios últimos.

2. A los efectos establecidos en esta Ley, se considera beneficiario último a la persona por cuenta de quien actúe la entidad intermediaria legitimada como accionista en virtud del registro contable, directamente o a través de una cadena de intermediarios.

3. Cuando existan varias entidades intermediarias en cadena custodiando las acciones de un mismo beneficiario último, estas se transmitirán entre sí sin demora la solicitud de la sociedad en cuestión, de forma que cualquier entidad intermediaria de la cadena que posea la información solicitada sobre el beneficiario último la transmitirá directamente y sin demora al solicitante de la información.

4. El conocimiento por parte de la sociedad cotizada o de los demás solicitantes autorizados del beneficiario último de sus acciones, no afectará en modo alguno a la titularidad ni al ejercicio de los derechos económicos y políticos que le correspondan a la entidad intermediaria o persona legitimada como accionista en virtud de la normativa reguladora del registro contable de las acciones.

5. La sociedad es ajena a las relaciones entre el beneficiario último y la entidad o entidades intermediarias y a las relaciones entre las entidades que formen parte de la cadena de entidades intermediarias. Las obligaciones establecidas respecto del beneficiario último incumben únicamente a la entidad o entidades intermediarias, que habrán de cumplirlas bajo su responsabilidad. La sociedad no queda obligada frente a los beneficiarios últimos.

6. Será de aplicación a las solicitudes y respuestas formuladas de conformidad con lo dispuesto en los apartados anteriores el Reglamento de Ejecución (UE) 2018/1212 de la Comisión, de 3 de septiembre de 2018, por el que se establecen requisitos mínimos de ejecución de las disposiciones de la Directiva 2007/36/CE del Parlamento Europeo y del Consejo, en lo relativo a la identificación de los accionistas, la transmisión de información y la facilitación del ejercicio de los derechos de los accionistas.

7. El Reglamento (UE) n.º 2016/679 y, en general, la normativa de protección de datos de carácter personal se aplicarán a los tratamientos de datos personales de los beneficiarios últimos descritos en este artículo, en los términos y condiciones que se establecen en el artículo 497.3.

8. Mediante Orden de la persona titular del Ministerio de Asuntos Económicos y Transformación Digital se podrán concretar otros aspectos técnicos y formales necesarios en relación con la identificación de los accionistas y de los beneficiarios últimos.

SECCIÓN 2.ª

Acciones con derecho a un dividendo preferente

Art. 498. *Obligación de acordar el reparto del dividendo preferente.*—Cuando el privilegio conferido por acciones emitidas por sociedades cotizadas consista en el derecho a obtener un dividendo preferente la sociedad estará obligada a acordar el reparto del dividendo si existieran beneficios distribuibles, sin que los estatutos puedan disponer otra cosa.

Art. 499. *Régimen legal del dividendo preferente.*—1. El régimen legal del dividendo preferente de las acciones privilegiadas emitidas por sociedades cotizadas será el establecido para las acciones sin voto en la sección 2.ª del capítulo II del título IV.

2. En caso de acciones sin voto, se estará a lo que dispongan los estatutos sociales respecto del derecho de suscripción preferente de los titulares de estas acciones, así como respecto de la recuperación del derecho de voto en el caso de no satisfacción del dividendo mínimo y respecto del carácter no acumulativo del mismo.

SECCIÓN 3.ª

Acciones rescatables

Art. 500. *Emisión de acciones rescatables.*—1. Las sociedades anónimas cotizadas podrán emitir acciones que sean rescatables a solicitud de la sociedad emisora, de los titulares de estas acciones o de ambos, por un importe nominal no superior a la cuarta parte del capital social. En el acuerdo de emisión se fijarán las condiciones para el ejercicio del derecho de rescate.

2. Las acciones rescatables deberán ser íntegramente desembolsadas en el momento de la suscripción.

3. Si el derecho de rescate se atribuye exclusivamente a la sociedad, no podrá ejercitarse antes de que transcurran tres años a contar desde la emisión.

Art. 501. *Amortización de acciones rescatables.*—1. La amortización de las acciones rescatables deberá realizarse con cargo a beneficios o a reservas libres o con el producto de una nueva emisión de acciones acordada por la junta general con la finalidad de financiar la operación de amortización.

2. Si se amortizaran estas acciones con cargo a beneficios o a reservas libres, la sociedad deberá constituir una reserva por el importe del valor nominal de las acciones amortizadas.

3. En el caso de que no existiesen beneficios o reservas libres en cantidad suficiente ni se emitan nuevas acciones para financiar la operación, la amortización sólo podrá llevarse a cabo con los requisitos establecidos para la reducción de capital social mediante devolución de aportaciones.

SECCIÓN 4.ª

*Acciones sometidas
a usufructo*

Art. 502. *Cálculo del valor de nuevas acciones sometidas a usufructo.*—1. Cuando se suscriban nuevas acciones, bien por el nudo propietario o el usufructuario, el usufructo se extenderá a las acciones cuyo desembolso hubiera podido calcularse conforme al precio medio de cotización durante el período de suscripción.

2. Las cantidades que hayan de pagarse en caso de extinción del usufructo o por no haber ejercitado el nudo propietario derecho de suscripción preferente en caso de aumento de capital, se calcularán de acuerdo con el valor de cotización media del trimestre anterior a la producción de los hechos anteriormente mencionados.

CAPÍTULO III

Especialidades en materia
de suscripción de acciones

Art. 503. *Plazo mínimo para el ejercicio del derecho de suscripción y anuncio de la oferta.*—En las sociedades cotizadas el ejercicio del derecho de suscripción preferente se realizará dentro del plazo concedido por los administradores de la sociedad, que no podrá ser inferior a catorce días desde la publicación del anuncio de la oferta de suscripción de la nue-

---

Arts. 503 a 508: Redactados de nuevo por el apartado 11 del art. 3.º de la Ley 5/2021, de 12 de abril, por la que se modifica el texto refundido de la Ley de Sociedades de Capital, aprobado por el Real Decreto Legislativo 1/2010, de 2 de julio, y otras normas financieras, en lo que respecta al fomento de la implicación a largo plazo de los accionistas en las sociedades cotizadas (*B.O.E.* núm. 88, de 13 de abril de 2021).

va emisión en el *Boletín Oficial del Registro Mercantil.*

Art. 504. *Régimen de exclusión del derecho de suscripción preferente.*—1. La exclusión del derecho de suscripción preferente en sociedades cotizadas requerirá, con carácter general, del informe de experto independiente previsto en el artículo 308, siempre que el consejo de administración eleve una propuesta para emitir acciones o valores convertibles con exclusión del derecho de suscripción preferente, por un importe superior al 20 por 100 del capital. En los casos en los que el importe de la emisión sea inferior al 20 por 100 del capital, la sociedad cotizada podrá, no obstante, obtener voluntariamente dicho informe.

2. En los supuestos no contemplados en el apartado 1 de este artículo, el valor nominal de las acciones a emitir, más en su caso el importe de la prima de emisión, deberá corresponder al valor razonable que resulte del informe de los administradores.

3. Salvo que los administradores justifiquen otra cosa, para lo cual será preciso aportar el oportuno informe de experto independiente, y, en cualquier caso para operaciones que no superen el 20 por 100 del capital, se presumirá que el valor razonable es el valor de mercado, establecido por referencia a la cotización bursátil, siempre que no sea inferior en más de un 10 por 100 al precio de dicha cotización.

4. Las acciones podrán ser emitidas a un precio inferior al valor razonable. En ese caso, el informe de los administradores deberá justificar que el interés social no solo exige la exclusión del derecho de suscripción preferente, sino también el tipo de emisión propuesto. Adicionalmente será precisa la elaboración del informe de experto independiente, el cual se pronunciará específicamente sobre el importe de la dilución económica esperada y la razonabilidad de los datos y consideraciones recogidos en el informe de los administradores para justificarla.

Art. 505. *Determinación del precio y demás condiciones de emisión en aumentos de capital con exclusión del derecho de suscripción preferente.*—El acuerdo de aumento de capital con exclusión del derecho de suscripción adoptado por la junta general podrá fijar la fecha, precio y demás condiciones de la emisión o delegar su fijación en el consejo de administración. Este, por su parte, podrá determinar directamente el precio de emisión o establecer el procedimiento para su determinación que considere razonable, siempre y cuando sea adecuado, de acuerdo con las prácticas aceptadas del mercado, para asegurar que el precio de emisión resultante se corresponde con el valor razonable.

Art. 506. *Delegación de la facultad de excluir el derecho de suscripción preferente en caso de emisión de nuevas acciones.*—1. Cuando la junta general delegue en los administradores la facultad de aumentar el capital social podrá atribuirles también la facultad de excluir el derecho de suscripción preferente en relación con las emisiones de acciones que sean objeto de delegación si el interés de la sociedad así lo exigiera. La delegación para aumentar el capital con exclusión del derecho de suscripción preferente no podrá referirse a más del 20 por 100 del capital de la sociedad en el momento de la autorización.

2. El anuncio de convocatoria de la junta general en el que figure la propuesta de delegar en los administradores la facultad de aumentar el capital social deberá, en su caso, contener expresamente la autorización a los mismos para excluir el derecho de suscripción preferente. Desde la convocatoria de la junta general se pondrá a disposición de los accionistas un informe de los administradores en el que se justifique la propuesta de delegación de esa facultad.

3. El acuerdo de ampliación adoptado con base en la delegación de la junta deberá acompañarse del correspondiente informe justificativo de los administradores. Asimismo, la sociedad podrá obtener voluntariamente el informe de experto independiente previsto en el artículo 308.

4. El valor nominal de las acciones a emitir, más, en su caso, el importe de la prima de emisión deberá corresponder al valor razonable en los términos previstos en el apartado 3 del artículo 504. El informe de los administradores será puesto a disposición de los accionistas y comunicado a la primera junta general que se celebre tras el acuerdo de ampliación.

Art. 507. *Suscripción incompleta.*—Salvo que el acuerdo prevea lo contrario, el aumento de capital será eficaz aunque la suscripción no haya sido completa.

Art. 508. *Entrega de las acciones en los aumentos de capital.*—1. En las sociedades cotizadas, el acuerdo de aumento de capital podrá inscribirse en el Registro Mercantil antes de su ejecución, salvo que se hubiera excluido la posibilidad de suscripción incompleta.

2. Sin perjuicio de lo previsto en el artículo 34 para la constitución de la sociedad, en el supuesto de aumento de capital, una vez inscrito el acuerdo de aumento de capital de conformidad con el apartado anterior y otorgada la escritura de ejecución del aumento de capital, las acciones podrán ser entregadas y transmitidas.

La escritura de ejecución fijará el importe final del aumento de capital sin necesidad de detallar la identidad de los suscriptores y se presentará a inscripción dentro de los cinco días siguientes a la fecha de su otorgamiento.

En el supuesto de que se entreguen las acciones no serán aplicables el artículo 316 ni el artículo 309.1.*f*).

CAPÍTULO IV

LÍMITE MÁXIMO DE LA AUTOCARTERA

Art. 509. *Límite máximo de la autocartera.*—Salvo en los supuestos de libre adquisición de las propias acciones, en las sociedades cotizadas el valor nominal de las acciones propias adquiridas directa o indirectamente por la sociedad, sumándose al de las que ya posean la sociedad adquirente y sus filiales y, en su caso, la sociedad dominante y sus filiales, no podrá ser superior al 10 por 100 del capital suscrito.

CAPÍTULO V

OBLIGACIONES

Art. 510. *Emisión de obligaciones convertibles.*—En las sociedades cotizadas, la emisión de obligaciones convertibles en acciones no exigirá los informes de experto independiente contemplados en el apartado 2 del artículo 414 y en la letra *b*) del apartado 2 del artículo 417 cuando esta no alcance el 20 por 100 del capital. La sociedad cotizada podrá, no obstante, obtener voluntariamente dichos informes. El informe de los administradores deberá justificar la razonabili-

---

Arts. 510, 511 y 512: Redactados de nuevo por el apartado 12 del art. 3.º de la Ley 5/2021, de 12 de abril, por la que se modifica el texto refundido de la Ley de Sociedades de Capital, aprobado por el Real Decreto Legislativo 1/2010, de 2 de julio, y otras normas financieras, en lo que respecta al fomento de la implicación a largo plazo de los accionistas en las sociedades cotizadas (*B. O. E.* núm. 88, de 13 de abril de 2021).

dad de las condiciones financieras de la emisión y la idoneidad de la relación de conversión y sus fórmulas de ajuste para evitar la dilución de la participación económica de los accionistas.

Art. 511. *Delegación de la facultad de excluir el derecho de suscripción preferente en caso de emisión de obligaciones convertibles.*—1. En el caso de sociedades cotizadas, cuando la junta general delegue en los administradores la facultad de emitir obligaciones convertibles, podrá atribuirles también la facultad de excluir el derecho de suscripción preferente en relación a las emisiones de obligaciones convertibles que sean objeto de delegación si el interés de la sociedad así lo exigiera. En tal caso, el número máximo de acciones en que puedan convertirse las obligaciones atendiendo a su relación de conversión inicial, de ser fija, o a su relación de conversión mínima, de ser variable, sumado al de las acciones emitidas por los administradores al amparo de la delegación prevista en el

artículo 506, no podrá exceder del 20 por 100 del número de acciones integrantes del capital social en el momento de la autorización.

2. En el anuncio de convocatoria de la junta general en el que figure la propuesta de delegar en los administradores la facultad de emitir obligaciones convertibles también deberá constar expresamente la propuesta de exclusión del derecho de suscripción preferente. Desde la convocatoria de junta general se pondrá a disposición de los accionistas un informe de los administradores en el que se justifique la propuesta de exclusión.

3. El acuerdo de emisión de obligaciones convertibles adoptado con base en la delegación de la junta deberá acompañarse del correspondiente informe justificativo de los administradores. Este informe y, en su caso, el informe del experto independiente serán puestos a disposición de los accionistas y comunicado a la primera junta general que se celebre tras la adopción del acuerdo de emisión.

CAPÍTULO VI

ESPECIALIDADES
DE LA JUNTA GENERAL
DE ACCIONISTAS

SECCIÓN 1.ª*

*Competencias de la junta
general*

Art. 511 bis. *Competencias
adicionales.*—1. En las sociedades cotizadas constituyen
materias reservadas a la competencia de la junta general, además de las reconocidas en el artículo 160, las siguientes:
a) La transferencia a entidades dependientes de actividades esenciales desarrolla-
das hasta ese momento por la
propia sociedad, aunque ésta
mantenga el pleno dominio de
aquéllas.
b) Las operaciones cuyo
efecto sea equivalente al de la
liquidación de la sociedad.

c) La política de remuneraciones de los consejeros en los
términos establecidos en esta
ley.
2. Se presumirá el carácter
esencial de las actividades y de
los activos operativos cuando
el volumen de la operación supere el 25 por 100 del total de
activos del balance.

SECCIÓN 2.ª**

*El reglamento
de la junta general*

Art. 512. *Carácter obligatorio del reglamento de la junta
general.*—La junta general de
accionistas de la sociedad anónima cotizada, constituida
con el quórum del artículo 193
o con el superior previsto a
este propósito en los estatutos,
aprobará un reglamento específico para la junta general. En

---

* Sección 1.ª añadida, con su art. 511 bis, conforme al art. único.treinta y uno de
la Ley 31/2014, de 3 de diciembre, por la que se modifica la Ley de Sociedades de
Capital para la mejora del gobierno corporativo (*B.O.E.* núm. 293, de 4 de diciembre).
Art. 511 bis: Añadido conforme al art. único.treinta y uno de la Ley 31/2014, de 3
de diciembre, por la que se modifica la Ley de Sociedades de Capital para la mejora
del gobierno corporativo (*B.O.E.* núm. 293, de 4 de diciembre).
** Añadida como Sección 1.ª, integrando a los originales arts. 512 y 513, conforme
al art. 2.ºuno de la Ley 25/2011, de 1 de agosto, de reforma parcial de la Ley de Sociedades de Capital y de incorporación de la Directiva 2007/36/CE del Parlamento Europeo y del Consejo, de 11 de julio, sobre el ejercicio de determinados derechos de los
accionistas de sociedades cotizadas (*B.O.E.* núm. 184, de 2 de agosto), y renumerada
como Sección 2.ª por obra del art. único.treinta y dos de la Ley 31/2014, de 3 de diciembre, por la que se modifica la Ley de Sociedades de Capital para la mejora del
gobierno corporativo (*B.O.E.* núm. 293, de 4 de diciembre).

este reglamento podrán contemplarse todas aquellas materias que atañen a la junta general, respetando lo establecido en la ley y los estatutos.

Art. 513. *Publicidad del reglamento.*—1. El reglamento de la junta general de accionistas de sociedad cotizada será objeto de comunicación a la Comisión Nacional del Mercado de Valores, acompañando copia del documento en que conste.

2. Efectuada esta comunicación se inscribirá en el Registro Mercantil con arreglo a las normas generales y, una vez inscrito, se publicará por la Comisión Nacional del Mercado de Valores.

SECCIÓN 3.ª*

Funcionamiento de la junta general

Subsección 1.ª

Disposiciones generales

Art. 514. *Igualdad de trato.*—Las sociedades anónimas cotizadas garantizarán, en todo momento, la igualdad de trato de todos los accionistas que se hallen en la misma posición, en lo que se refiere a la información, la participación y el ejercicio del derecho de voto en la junta general.

En particular, deberán dar cobertura a los requisitos de accesibilidad de las personas con discapacidad y personas ma-

---

Art. 513: V. Disp. Adic. 7.ª (párr. 1.º) del presente T.R.
* Añadida como Sección 2.ª, con sus arts. 514 a 525, conforme al art. 2.ºtres de la Ley 25/2011, de 1 de agosto, de reforma parcial de la Ley de Sociedades de Capital y de incorporación de la Directiva 2007/36/CE del Parlamento Europeo y del Consejo, de 11 de julio, sobre el ejercicio de determinados derechos de los accionistas de sociedades cotizadas (*B.O.E.* núm. 184, de 2 de agosto), y renumerada como Sección 3.ª por obra del art. único.treinta y dos de la Ley 31/2014, de 3 de diciembre, por la que se modifica la Ley de Sociedades de Capital para la mejora del gobierno corporativo (*B.O.E.* núm. 293, de 4 de diciembre).
Art. 514: El segundo párrafo ha sido añadido por el art. 2.7 de la Ley 11/2018, de 28 de diciembre, por la que se modifica el Código de Comercio, el texto refundido de la Ley de Sociedades de Capital aprobado por el Real Decreto Legislativo 1/2010, de 2 de julio, y la Ley 22/2015, de 20 de julio, de Auditoría de Cuentas, en materia de información no financiera y diversidad (*B.O.E.* núm. 314, de 29 de diciembre de 2018).

yores que garanticen su derecho a disponer de información previa y los apoyos necesarios para ejercer su voto.

Art. 515. *Plazo de convocatoria de las juntas generales extraordinarias.*—1. Cuando la sociedad ofrezca a los accionistas la posibilidad efectiva de votar por medios electrónicos accesibles a todos ellos, las juntas generales extraordinarias podrán ser convocadas con una antelación mínima de quince días.

2. La reducción del plazo de convocatoria requerirá un acuerdo expreso adoptado en junta general ordinaria por, al menos, dos tercios del capital suscrito con derecho a voto, y cuya vigencia no podrá superar la fecha de celebración de la siguiente.

Art. 516. *Publicidad de la convocatoria.*—1. La sociedad anónima cotizada está obligada a anunciar la convocatoria de su junta general, ordinaria o extraordinaria, de modo que se garantice un acceso a la información rápido y no discriminatorio entre todos los accionistas. A tal fin, se garantizarán medios de comunicación que aseguren la difusión pública y efectiva de la convocatoria, así como el acceso gratuito a la misma por parte de los accionistas en toda la Unión Europea.

2. La difusión del anuncio de convocatoria se hará utilizando, al menos, los siguientes medios:

a) El *Boletín Oficial del Registro Mercantil* o uno de los diarios de mayor circulación en España.

b) La página web de la Comisión Nacional del Mercado de Valores.

c) La página web de la sociedad convocante.

Art. 517. *Contenido del anuncio de convocatoria.*—1. El anuncio de la convocatoria de junta general de sociedad cotizada, además de las menciones legalmente exigibles con carácter general, expresará la fecha en la que el accionista deberá tener registradas a su nombre las acciones para poder participar y votar en la junta general, el lugar y la forma en que puede obtenerse el texto completo de los documentos y propuestas de acuerdo, y la dirección de la página web de la sociedad en que estará disponible la información.

2. Además, el anuncio deberá contener una información

Art. 515: V. Disp. Trans. 7.ª (párr. 1.º) del presente T.R.
Art. 516: V. Disp. Trans. 7.ª (párr. 1.º) del presente T.R.
Art. 517: V. Disp. Trans. 7.ª (párr. 1.º) del presente T.R.

clara y exacta de los trámites que los accionistas deberán seguir para participar y emitir su voto en la junta general, incluyendo, en particular, los siguientes extremos:

a) El derecho a solicitar información, a incluir puntos en el orden del día y a presentar propuestas de acuerdo, así como el plazo de ejercicio. Cuando se haga constar que en la página web de la sociedad se puede obtener información más detallada sobre tales derechos, el anuncio podrá limitarse a indicar el plazo de ejercicio.

b) El sistema para la emisión de voto por representación, con especial indicación de los formularios que deban utilizarse para la delegación de voto y de los medios que deban emplearse para que la sociedad pueda aceptar una notificación por vía electrónica de las representaciones conferidas.

c) Los procedimientos establecidos para la emisión del voto a distancia, sea por correo o por medios electrónicos.

Art. 518. *Información general previa a la junta.*—Desde la publicación del anuncio de convocatoria y hasta la celebración de la junta general, la sociedad deberá publicar ininterrumpidamente en su página web, al menos, la siguiente información:

a) El anuncio de la convocatoria.

b) El número total de acciones y derechos de voto en la fecha de la convocatoria, desglosados por clases de acciones, si existieran. En caso de que los estatutos contemplen la atribución de voto doble por lealtad y se haya creado el registro especial a que se refiere el artículo 527 septies, la información relativa al número de derechos de voto deberá actualizarse inmediatamente tras la finalización del plazo de legitimación anticipada previo a la reunión de la junta general.

c) Los documentos que deban ser objeto de presentación a la junta general y, en particular, los informes de administradores, auditores de cuentas y expertos independientes.

Art. 518: Redactado conforme al art. único.treinta y tres de la Ley 31/2014, de 3 de diciembre, por la que se modifica la Ley de Sociedades de Capital para la mejora del gobierno corporativo (*B.O.E.* núm. 293, de 4 de diciembre).

Art. 518, letras b) y e): Se modifica la letra *b)* y se elimina el último inciso de la letra *e)* por el apartado 13 del art. 3.º de la Ley 5/2021, de 12 de abril, por la que se modifica el texto refundido de la Ley de Sociedades de Capital, aprobado por el Real Decreto Legislativo 1/2010, de 2 de julio, y otras normas financieras, en lo que respecta al fomento de la implicación a largo plazo de los accionistas en las sociedades cotizadas (*B.O.E.* núm. 88, de 13 de abril de 2021).

d) Los textos completos de las propuestas de acuerdo sobre todos y cada uno de los puntos del orden del día o, en relación con aquellos puntos de carácter meramente informativo, un informe de los órganos competentes comentando cada uno de dichos puntos. A medida que se reciban, se incluirán también las propuestas de acuerdo presentadas por los accionistas.

e) En el caso de nombramiento, ratificación o reelección de miembros del consejo de administración, la identidad, el currículo y la categoría a la que pertenezca cada uno de ellos, así como la propuesta e informes a que se refiere el artículo 529 decies.

f) Los formularios que deberán utilizarse para el voto por representación y a distancia, salvo cuando sean enviados directamente por la sociedad a cada accionista. En el caso de que no puedan publicarse en la página web por causas técnicas, la sociedad deberá indicar en ésta cómo obtener los formularios en papel, que deberá enviar a todo accionista que lo solicite.

Art. 519. *Derecho a completar el orden del día y a presentar nuevas propuestas de acuerdo.*—1. Los accionistas que representen al menos el 3 por 100 del capital social podrán solicitar que se publique un complemento a la convocatoria de la junta general ordinaria, incluyendo uno o más puntos en el orden del día, siempre que los nuevos puntos vayan acompañados de una justificación o, en su caso, de una propuesta de acuerdo justificada. En ningún caso podrá ejercitarse dicho derecho respecto a la convocatoria de juntas generales extraordinarias.

2. El ejercicio de este derecho deberá efectuarse mediante notificación fehaciente, que habrá de recibirse en el domicilio social dentro de los cinco días siguientes a la publicación de la convocatoria. El complemento deberá publicarse, como mínimo, con quince días de antelación a la fecha establecida para la reunión de la junta. La falta de publicación en plazo del complemento será causa de impugnación de la junta.

3. Los accionistas que representen al menos el 3 por

Art. 518.d): V. art. 519.3 del presente T.R.

Art. 519: Redactado conforme al art. único.treinta y cuatro de la Ley 31/2014, de 3 de diciembre, por la que se modifica la Ley de Sociedades de Capital para la mejora del gobierno corporativo (*B.O.E.* núm. 293, de 4 de diciembre).

Art. 519.2: V. Disp. Adic. 10.ª2 del presente T.R.

100 del capital social podrán, en el mismo plazo señalado en el apartado anterior, presentar propuestas fundamentadas de acuerdo sobre asuntos ya incluidos o que deban incluirse en el orden del día de la junta convocada. La sociedad asegurará la difusión de estas propuestas de acuerdo y de la documentación que en su caso se adjunte entre el resto de los accionistas, de conformidad con lo dispuesto en la letra *d*) del artículo anterior.

Art. 520. *Ejercicio del derecho de información del accionista.*—1. El ejercicio del derecho de información de los accionistas se rige por lo previsto en el artículo 197, si bien las solicitudes de informaciones o aclaraciones o la formulación por escrito de preguntas se podrán realizar hasta el quinto día anterior al previsto para la celebración de la junta. Además, los accionistas podrán solicitar a los administradores, por escrito y dentro del mismo plazo o verbalmente durante la celebración de la junta, las aclaraciones que estimen precisas acerca de la información accesible al público que la sociedad hubiera facilitado a la Comisión Nacional del Mercado de Valores desde la celebración de la última junta general y acerca del informe del auditor.

2. Las solicitudes válidas de informaciones, aclaraciones o preguntas realizadas por escrito y las contestaciones facilitadas por escrito por los administradores se incluirán en la página web de la sociedad.

3. Cuando, con anterioridad a la formulación de una pregunta concreta, la información solicitada esté disponible de manera clara, expresa y directa para todos los accionistas en la página web de la sociedad bajo el formato pregunta-respuesta, los administradores podrán limitar su contestación a remitirse a la información facilitada en dicho formato.

Art. 520 bis. *Transmisión de información de la sociedad a los accionistas y beneficiarios últimos.*—1. Las sociedades

---

Art. 520: Redactado conforme al art. único.treinta y cinco de la Ley 31/2014, de 3 de diciembre, por la que se modifica la Ley de Sociedades de Capital para la mejora del gobierno corporativo (*B.O.E.* núm. 293, de 4 de diciembre).

Arts. 520 bis y 520 ter: Añadidos por el apartado 14 del art. 3.º de la Ley 5/2021, de 12 de abril, por la que se modifica el texto refundido de la Ley de Sociedades de Capital, aprobado por el Real Decreto Legislativo 1/2010, de 2 de julio, y otras normas financieras, en lo que respecta al fomento de la implicación a largo plazo de los accionistas en las sociedades cotizadas (*B.O.E.* núm. 88, de 13 de abril de 2021).

deberán entregar la siguiente información a sus accionistas o al tercero que nombre cada accionista:

a) la información que debe facilitarles para permitirles ejercer los derechos derivados de sus acciones y que vaya dirigida a todos los accionistas titulares de acciones de esa clase, o

b) cuando la información contemplada en la letra *a)* esté a disposición de los accionistas en el sitio web de la sociedad, un aviso que indique dónde pueden encontrar esa información.

La información debe estar redactada en un lenguaje y estilo que faciliten su comprensión, concretamente en un lenguaje claro, conciso y comprensible y accesible.

2. A los efectos previstos en el apartado anterior, las sociedades podrán remitir esa información:

a) directamente a todos sus accionistas, o

b) indirectamente, y de manera normalizada y en tiempo oportuno; a través de los terceros nombrados por ellos, el depositario central de valores o la entidad intermediaria, en cuyo caso estos estarán obligados a remitirla sin demora a los accionistas de la sociedad.

3. En el supuesto de que la entidad legitimada como accionista en virtud del registro contable de las acciones sea una entidad intermediaria que custodia dichas acciones por cuenta de un beneficiario último, aquella trasmitirá sin demora a este último la información mencionada en el apartado 1.

Art. 520 ter. *Transmisión de información de los beneficiarios últimos a la sociedad.*—Las entidades intermediarias legitimadas como accionistas en virtud del registro contable de las acciones, transmitirán sin dilación a la sociedad o al tercero designado por ella la información relacionada con el ejercicio de los derechos que hayan recibido directamente de los beneficiarios últimos o de otras entidades intermediarias.

Art. 521. *Participación a distancia.*—1. La participación en la junta general y el voto de las propuestas sobre puntos comprendidos en el orden del día de cualquier clase de junta general podrán delegarse o ejercitarse directamente por el accionista mediante correspondencia postal, electrónica o cualquier otro medio de comunicación a distancia, en los términos que establezcan los estatutos de la sociedad, siempre que se garantice debidamente la identidad del sujeto que participa o vota y la seguridad de las comunicaciones electrónicas.

2. De conformidad con lo que se disponga en los estatutos, el reglamento de la junta general podrá regular el ejercicio a distancia de tales derechos incluyendo, en especial, alguna o todas las formas siguientes:

a) La transmisión en tiempo real de la junta general.

b) La comunicación bidireccional en tiempo real para que los accionistas puedan dirigirse a la junta general desde un lugar distinto al de su celebración.

c) Un mecanismo para ejercer el voto antes o durante la junta general sin necesidad de nombrar a un representante que esté físicamente presente en la junta.

3. En el caso de que la junta general de la sociedad cotizada se celebre de manera exclusivamente telemática conforme a las previsiones del artículo 182 bis, será preciso además:

a) que los accionistas también puedan delegar o ejercitar anticipadamente el voto de las propuestas sobre puntos comprendidos en el orden del día mediante cualquiera de los medios previstos en el apartado 1 anterior, y

b) que el acta de la reunión sea levantada por notario.

Art. 521 bis. *Derecho de asistencia.*—En las sociedades anónimas cotizadas, los estatutos no podrán exigir para asistir a la junta general la posesión de más de mil acciones.

Subsección 2.ª

Participación en la junta por medio de representante

Art. 522. *La representación del accionista en la junta general.*—1. Las cláusulas estatutarias que limiten el derecho del accionista a hacerse representar por cualquier persona en las juntas generales serán nulas. No obstante, los estatutos podrán prohibir la sustitución del representante por un tercero, sin perjuicio de la

---

Art. 521.3: Se añade un nuevo apartado 3 por el n.º 15 del art. 3.º de la Ley 5/2021, de 12 de abril, por la que se modifica el texto refundido de la Ley de Sociedades de Capital, aprobado por el Real Decreto Legislativo 1/2010, de 2 de julio, y otras normas financieras, en lo que respecta al fomento de la implicación a largo plazo de los accionistas en las sociedades cotizadas (*B.O.E.* núm. 88, de 13 de abril de 2021).

Art. 521 bis: Añadido conforme al art. único.treinta y seis de la Ley 31/2014, de 3 de diciembre, por la que se modifica la Ley de Sociedades de Capital para la mejora del gobierno corporativo (*B.O.E.* núm. 293, de 4 de diciembre).

Art. 522: V. art. 526.1 del presente T.R.

designación de una persona física cuando el representante sea una persona jurídica.

2. En caso de que se hayan emitido instrucciones por parte del accionista representado, el representante emitirá el voto con arreglo a las mismas y tendrá la obligación de conservar dichas instrucciones durante un año desde la celebración de la junta correspondiente.

3. El nombramiento del representante por el accionista y la notificación del nombramiento a la sociedad podrán realizarse por escrito o por medios electrónicos. La sociedad establecerá el sistema para la notificación electrónica del nombramiento, con los requisitos formales, necesarios y proporcionados para garantizar la identificación del accionista y del representante o representantes que designe. Lo dispuesto en este apartado será de aplicación a la revocación del nombramiento del representante.

4. El representante podrá tener la representación de más de un accionista sin limitación en cuanto al número de accionistas representados. Cuando un representante tenga repre-

sentaciones de varios accionistas, podrá emitir votos de signo distinto en función de las instrucciones dadas por cada accionista.

5. En todo caso, el número de acciones representadas se computará para la válida constitución de la junta.

Art. 522 bis. *Facilitación por las entidades intermediarias del ejercicio de los derechos de los beneficiarios últimos.*—1. Las entidades intermediarias legitimadas como accionistas en virtud del registro contable de las acciones, así como, en el supuesto previsto en el artículo 497 bis.2, las restantes entidades intermediarias, facilitarán el ejercicio por los beneficiarios últimos de los derechos inherentes a las acciones custodiadas por ellas, incluido el derecho a participar y a votar en las juntas generales, y ejercerán los derechos derivados de las acciones según la autorización y las instrucciones del beneficiario último y en su interés.

2. Las entidades intermediarias facilitarán el ejercicio de los derechos inherentes a las acciones de los beneficiarios úl-

---

Art. 522 bis: Añadido por el apartado 16 del art. 3.° de la Ley 5/2021, de 12 de abril, por la que se modifica el texto refundido de la Ley de Sociedades de Capital, aprobado por el Real Decreto Legislativo 1/2010, de 2 de julio, y otras normas financieras, en lo que respecta al fomento de la implicación a largo plazo de los accionistas en las sociedades cotizadas (*B.O.E.* núm. 88, de 13 de abril de 2021).

timos de conformidad con el Reglamento de Ejecución (UE) 2018/1212 de la Comisión, de 3 de septiembre de 2018.

Art. 523. *Conflicto de intereses del representante.*—1. Antes de su nombramiento, el representante deberá informar con detalle al accionista de si existe situación de conflicto de intereses. Si el conflicto fuera posterior al nombramiento y no se hubiese advertido al accionista representado de su posible existencia, deberá informarle de ello inmediatamente. En ambos casos, de no haber recibido nuevas instrucciones de voto precisas para cada uno de los asuntos sobre los que el representante tenga que votar en nombre del accionista, deberá abstenerse de emitir el voto.

2. Puede existir un conflicto de intereses a los efectos del presente artículo, en particular, cuando el representante se encuentre en alguna de estas situaciones:

a) Que sea un accionista de control de la sociedad o una entidad controlada por él.

b) Que sea un miembro del órgano de administración, de gestión o de supervisión de la sociedad o del accionista de control o de una entidad controlada por éste. En el caso de que se trate de un administrador, se aplicará lo dispuesto en el artículo 526.

c) Que sea un empleado o un auditor de la sociedad, del accionista de control o de una entidad controlada por éste.

d) Que sea una persona física vinculada con las anteriores. Se considerarán personas físicas vinculadas: el cónyuge o quien lo hubiera sido dentro de los dos años anteriores, o las personas que convivan con análoga relación de afectividad o hubieran convivido habitualmente dentro de los dos años anteriores, así como los ascendientes, descendientes y hermanos y sus cónyuges respectivos.

Art. 524. *Delegación de la representación y ejercicio del voto por parte de entidades intermediarias.*—1. Las entidades intermediarias que aparezcan legitimadas como accionistas en virtud del registro

---

Art. **523.1:** V. art. 526.1 del presente T.R.

Art. **524:** Redactado de nuevo por el apartado 17 del art. 3.º de la Ley 5/2021, de 12 de abril, por la que se modifica el texto refundido de la Ley de Sociedades de Capital, aprobado por el Real Decreto Legislativo 1/2010, de 2 de julio, y otras normas financieras, en lo que respecta al fomento de la implicación a largo plazo de los accionistas en las sociedades cotizadas (*B.O.E.* núm. 88, de 13 de abril de 2021).

contable de las acciones pero que actúen por cuenta de diversos beneficiarios últimos, podrán en todo caso fraccionar el voto y ejercitarlo en sentido divergente en cumplimiento de instrucciones de voto diferentes, si así las hubieran recibido.

2. Las entidades intermediarias podrán delegar el voto a cada uno de los beneficiarios últimos o a terceros designados por estos, sin que pueda limitarse el número de delegaciones otorgadas.

Art. 524 bis. *Disposiciones comunes a la transmisión de información y el ejercicio del voto.*—1. Cuando existan varias entidades intermediarias custodiando las acciones de un mismo beneficiario último, estas se trasmitirán entre sí sin demora la información o confirmación mencionadas en los artículos 520 bis, 520 ter, 522 bis, 524 y 527 bis hasta llegar a dicho beneficiario último o a la sociedad, salvo que la información o confirmación pueda ser transmitida directamente por una de las entidades intermediarias a estos.

2. Será de aplicación a la información transmitida con arreglo a los artículos 520 bis y 520 ter el Reglamento de Ejecución (UE) 2018/1212 de la Comisión de 3 de septiembre de 2018.

3. Reglamentariamente se podrán concretar otros aspectos técnicos y formales necesarios para garantizar la aplicabilidad de lo dispuesto en los artículos 520 bis, 520 ter, 522 bis, 524 y 527 bis.

Art. 524 ter. *No discriminación, proporcionalidad y transparencia de los costes.*—1. Las entidades intermediarias deberán publicar en sus páginas web todas las tarifas aplicables por los servicios prestados en virtud de los artículos 497, 497 bis, 520 bis, 520 ter, 522 bis, 524, 524 bis y 527 bis de forma individualizada para cada tipo de servicios.

2. Las tarifas que cobre un intermediario a los accionistas, las sociedades, beneficiarios últimos y otras entidades intermediarias no podrán ser discriminatorias y deberán ser proporcionadas en relación con los costes reales en que ha-

---

Arts. 524 bis y 524 ter: Añadidos por el apartado 18 del art. 3.º de la Ley 5/2021, de 12 de abril, por la que se modifica el texto refundido de la Ley de Sociedades de Capital, aprobado por el Real Decreto Legislativo 1/2010, de 2 de julio, y otras normas financieras, en lo que respecta al fomento de la implicación a largo plazo de los accionistas en las sociedades cotizadas (*B.O.E.* núm. 88, de 13 de abril de 2021).

yan incurrido para la prestación de dicho servicio.

3. Las diferencias en las tarifas cobradas por la prestación de un mismo servicio en función del Estado de origen del cliente o su representante por el ejercicio de los derechos reconocidos en los artículos 497, 497 bis, 520 bis, 520 ter, 522 bis, 524, 524 bis y 527 bis serán válidas únicamente si están debidamente justificadas y reflejan la variación de los costes reales en que se haya incurrido para la prestación de los servicios en cuestión.

Subsección 3.ª

Votación de acuerdos

Art. 525. *Resultado de las votaciones.*—1. Para cada acuerdo sometido a votación de la junta general deberá determinarse, como mínimo, el número de acciones respecto de las que se hayan emitido votos válidos, la proporción de capital social representado por dichos votos, el número total de votos váli-

dos, el número de votos a favor y en contra de cada acuerdo y, en su caso, el número de abstenciones.

2. Los acuerdos aprobados y el resultado de las votaciones se publicarán íntegros en la página web de la sociedad dentro de los cinco días siguientes a la finalización de la junta general.

Art. 526. *Ejercicio del derecho de voto por administrador en caso de solicitud pública de representación.*—1. Además de cumplir los deberes previstos en el apartado 1 del artículo 523, en el caso de que los administradores de una sociedad anónima cotizada, u otra persona por cuenta o en interés de cualquiera de ellos, hubieran formulado solicitud pública de representación, el administrador que la obtenga no podrá ejercitar el derecho de voto correspondiente a las acciones representadas en aquellos puntos del orden del día en los que se encuentre en conflicto de intereses, salvo que hubiese recibido del representado instruccio-

---

Art. **525.2:** V. Disp. Adic. 7.ª (párr. 1.º) del presente T.R.

Art. **526:** Anteriormente art. 514, ha sido renumerado conforme al art. 2.º dos, y redactado de nuevo por el art. 2.º cuatro, de la Ley 25/2011, de 1 de agosto, de reforma parcial de la Ley de Sociedades de Capital y de incorporación de la Directiva 2007/36/CE del Parlamento Europeo y del Consejo, de 11 de julio, sobre el ejercicio de determinados derechos de los accionistas de sociedades cotizadas (*B.O.E.* núm. 184, de 2 de agosto).

V. art. 523.2.*b*) y Disp. Adic. 7.ª (párr. 1.º) del presente T.R.

nes de voto precisas para cada uno de dichos puntos conforme al artículo 522. En todo caso, se entenderá que el administrador se encuentra en conflicto de intereses respecto de las siguientes decisiones:

a) Su nombramiento, reelección o ratificación como administrador.

b) Su destitución, separación o cese como administrador.

c) El ejercicio contra él de la acción social de responsabilidad.

d) La aprobación o ratificación, cuando proceda, de operaciones de la sociedad con el administrador de que se trate, sociedades controladas por él o a las que represente o personas que actúen por su cuenta.

2. La delegación podrá también incluir aquellos puntos que, aun no previstos en el orden del día de la convocatoria, sean tratados, por así permitirlo la ley, en la junta, aplicándose también en estos casos lo previsto en el apartado anterior.

3. Lo establecido en este artículo será de aplicación a los miembros del consejo de control de una sociedad anónima europea domiciliada en España que haya optado por el sistema dual.

Art. 527. *Cláusulas limitativas del derecho de voto.*—En las sociedades anónimas cotizadas las cláusulas estatutarias que, directa o indirectamente, fijen con carácter general el número máximo de votos que pueden emitir un mismo accionista, las sociedades pertenecientes a un mismo grupo o quienes actúen de forma concertada con los anteriores, quedarán sin efecto cuando tras una oferta pública de adquisición, el oferente haya alcanzado un porcentaje igual o superior al 70 por 100 del capital que confiera derechos de voto, salvo que dicho oferente no estuviera sujeto a medidas de neutralización equivalentes o no las hubiera adoptado.

Art. 527: Anteriormente art. 515, ha sido renumerado conforme al art. 2.°dos de la Ley 25/2011, de 1 de agosto, de reforma parcial de la Ley de Sociedades de Capital y de incorporación de la Directiva 2007/36/CE del Parlamento Europeo y del Consejo, de 11 de julio, sobre el ejercicio de determinados derechos de los accionistas de sociedades cotizadas (*B.O.E.* núm. 184, de 2 de agosto). Posteriormente ha sido redactado de nuevo conforme a la Disp. Adic. 1.ªdos de la Ley 1/2012, de 22 de junio, de simplificación de las obligaciones de información y documentación de fusiones y escisiones de sociedades de capital (*B.O.E.* núm. 150, de 23 de junio).
V. art. 188.3 del presente T.R.

Art. 527 bis. *Confirmación de votos.*—1. Cuando el voto se haya ejercido por medios electrónicos, la sociedad estará obligada a enviar al accionista que emite el voto una confirmación electrónica de la recepción de su voto.

2. Una vez celebrada la junta general y en el plazo de un mes desde su celebración, el accionista o su representante y el beneficiario último podrán solicitar una confirmación de que los votos correspondientes a sus acciones han sido registrados y contabilizados correctamente por la sociedad, salvo que ya dispongan de esta información. La sociedad deberá remitir esta confirmación al accionista o su representante o al beneficiario último en el plazo máximo establecido en el Reglamento de Ejecución (UE) 2018/1212 de la Comisión, de 3 de septiembre de 2018.

Subsección 4.ª

Acciones con voto por lealtad*

Art. 527 ter. *Previsión estatutaria de acciones con voto adicional doble por lealtad.*—1. Como excepción a lo previsto en los artículos 96.2 y 188.2, los estatutos de la sociedad anónima cotizada podrán modificar la proporción entre el valor nominal de la acción y el derecho de voto para conferir un voto doble a cada acción de la que haya sido titular un mismo accionista durante dos años consecutivos ininterrumpidos desde la fecha de inscripción en el libro registro especial contemplado en el artículo 527 septies.

A estos efectos, por voto doble se entiende el doble de los votos que correspondan a cada una de las acciones en función de su valor nominal.

2. Los estatutos podrán ampliar pero no disminuir el

Art. 527 bis: Añadido por el apartado 19 del art. 3.º de la Ley 5/2021, de 12 de abril, por la que se modifica el texto refundido de la Ley de Sociedades de Capital, aprobado por el Real Decreto Legislativo 1/2010, de 2 de julio, y otras normas financieras, en lo que respecta al fomento de la implicación a largo plazo de los accionistas en las sociedades cotizadas (*B.O.E.* núm. 88, de 13 de abril de 2021).

* La Subsección 4.ª ha sido añadida por el apartado 20 del art. 3.º de la Ley 5/2021, de 12 de abril, por la que se modifica el texto refundido de la Ley de Sociedades de Capital, aprobado por el Real Decreto Legislativo 1/2010, de 2 de julio, y otras normas financieras, en lo que respecta al fomento de la implicación a largo plazo de los accionistas en las sociedades cotizadas (*B.O.E.* núm. 88, de 13 de abril de 2021).

periodo mínimo de titularidad ininterrumpida previsto en el apartado anterior para obtener el voto doble.

3. A efectos del cómputo del periodo de titularidad a que se refiere este artículo, se considerará que las acciones asignadas gratuitamente con ocasión de ampliaciones de capital tendrán la misma antigüedad que las que han dado derecho a dicha asignación.

4. Las acciones con voto doble por lealtad no constituirán una clase separada de acciones en el sentido del artículo 94.

Art. 527 quáter. *Mayorías necesarias para su aprobación.*—1. Para que la junta general pueda acordar válidamente la inclusión de la previsión estatutaria de voto doble por lealtad será necesario el voto favorable de, al menos, el 60 por 100 del capital presente o representado en la junta si asisten accionistas que representen el 50 por 100 o más del capital total suscrito con derecho a voto y el voto favorable del 65 por 100 del capital presente o representado si concurren accionistas que representen el 25 por 100 o más del capital, lo que será en todo caso necesario, sin alcanzar el 50 por 100.

2. Los estatutos sociales podrán elevar las mayorías y quórums previstos en el apartado anterior.

Art. 527 quinquies. *Cómputo del voto por lealtad.*—1. Salvo disposición estatutaria en contrario, los votos dobles por lealtad se tendrán en cuenta a efectos de determinar el quórum de las juntas de accionistas y del cómputo de las mayorías de voto necesarias para la adopción de acuerdos.

A estos efectos, en las sociedades cotizadas cuyos estatutos contemplen la atribución de voto doble por lealtad, el quórum de constitución de la junta general previsto en los artículos 193 y 194 se calculará sobre el número total de votos correspondientes al capital suscrito con derecho a voto, incluyendo los votos dobles.

En la lista de asistentes se hará constar, junto al carácter o representación de cada asistente, el número de acciones con que concurran y el número de votos que corresponden a dichas acciones.

Cuando los estatutos fijen con carácter general el número máximo de votos que puede emitir un mismo accionista conforme a lo establecido en el artículo 527, dicha limitación será aplicable a los accionistas titulares de acciones con voto doble por lealtad.

2. En todo caso, los votos por lealtad se tendrán en cuenta a efectos de la obligación de comunicación de participaciones significativas y de la normativa sobre ofertas públicas de adquisición de valores así como a efectos de lo establecido en el Capítulo III del Título I de la Ley 10/2014, de 26 de junio, de ordenación, supervisión y solvencia de entidades de crédito.

Art. 527 sexies. *Cláusula de extinción y eliminación de la previsión estatutaria de voto por lealtad.*—La previsión estatutaria de voto doble por lealtad deberá ser renovada en las condiciones contenidas en el artículo 527 quáter transcurridos cinco años desde la fecha de aprobación estatutaria por la junta general de accionistas.

La eliminación de la previsión estatutaria de voto doble por lealtad podrá acordarse en cualquier momento por la junta general con los quórums y mayorías previstos en el artículo 201.2. En el caso de que hubieran transcurrido más de diez años desde la fecha de aprobación de la previsión estatutaria por la junta general de las acciones con voto doble por lealtad, para su eliminación no se tendrán en cuenta en el cómputo de quórums y mayorías necesarios los derechos de voto dobles.

Art. 527 septies. *Libro registro especial de acciones con voto doble.*—1. La sociedad emisora creará un libro registro especial de acciones con voto doble por lealtad que contendrá los datos previstos en el artículo 497.1. La inscripción en este libro registro en ningún caso afectará a la titularidad y legitimación para el ejercicio de los derechos de socio que se deriven de los asientos en los registros contables según lo previsto en la normativa del mercado de valores.

2. Para obtener la atribución del derecho de voto doble, el accionista deberá solicitar su inscripción en el libro registro especial, indicando el número de acciones respecto de las que pretende el reconocimiento del derecho de voto doble, y mantener la titularidad de ese número de acciones ininterrumpidamente durante un período mínimo de dos años desde la fecha de inscripción.

3. El accionista privilegiado deberá comunicar y justificar ante la sociedad, para su debida constancia en el libro registro al que se refiere el apartado anterior, cualquier transmisión de acciones que minore el número de votos por lealtad

inscritos a su nombre, tanto si da lugar a su extinción como si no la determina conforme al artículo 527 decies.

4. La sociedad deberá facilitar sin demora la información que conste en este libro registro a cualquier accionista que lo solicite.

5. El accionista inscrito en el libro registro especial podrá comunicar a la sociedad en cualquier momento su renuncia total o parcial al voto doble que pueda corresponderle. En tal caso, la sociedad procederá a la modificación o cancelación de la inscripción correspondiente con efectos desde la misma fecha en que se comunique la renuncia.

6. El Reglamento (UE) n.º 2016/679 y en general la normativa de protección de datos de carácter personal se aplicará a los tratamientos de datos personales de los accionistas privilegiados descritos en este artículo, en los términos y condiciones que se establecen en el artículo 497.3.

7. Los estatutos podrán desarrollar el modo en que deba acreditarse ante la sociedad la titularidad ininterrumpida del número de acciones, así como el modo en que deban realizarse las comunicaciones de minoración de votos por lealtad y de renuncia previstas en este artículo.

8. Mediante Orden de la persona titular del Ministerio de Asuntos Económicos y Transformación Digital o, con su habilitación expresa, mediante Circular de la Comisión Nacional del Mercado de Valores, se podrán concretar otros aspectos técnicos y formales relativos al libro registro complementario a que hace referencia este artículo.

Art. 527 octies. *Voto doble por lealtad en sociedades que soliciten la admisión a negociación en un mercado regulado.*—1. Las sociedades que soliciten la admisión a negociación de sus acciones en un mercado regulado podrán incluir en sus estatutos sociales, con efectos desde la fecha de admisión a cotización de sus acciones, la atribución de voto doble por lealtad mediante acuerdo adoptado con las mayorías de constitución y votación previstas en el artículo 527 quáter, creando asimismo el libro registro especial de acciones con voto doble.

2. Los accionistas que acrediten la titularidad ininterrumpida de acciones durante el periodo mínimo de dos años, podrán inscribirse en el referido libro registro especial con anterioridad a la fecha de admisión a cotización. En tal caso, los accionistas que apa-

rezcan inscritos en el libro registro especial tendrán atribuido el doble voto respecto de las acciones a que se refiera la inscripción y desde la fecha misma de admisión a negociación de las acciones.

3. Para la atribución de voto doble por lealtad a cualesquiera otras acciones distintas de aquellas a las que se haya atribuido el voto doble conforme a lo previsto en los dos apartados anteriores, será necesaria la previa inscripción en el libro registro especial y el transcurso del periodo mínimo de titularidad de dos años computado desde la fecha de dicha inscripción en los términos previstos en el apartado 2 del artículo 527 septies.

Art. 527 nonies. *Cómputo y acreditación del período de lealtad.*—1. La solicitud de inscripción en el libro registro especial deberá ir acompañada de un certificado que acredite la titularidad de las acciones expedido por la entidad encargada del registro de anotaciones en cuenta.

2. Con anterioridad a la finalización del plazo de legitimación anticipada previo a una reunión de la junta general, el accionista inscrito en el registro especial de acciones con voto doble deberá acreditar la titularidad del número de las acciones con doble voto durante un período mínimo ininterrumpido de dos años computados desde la fecha de su inscripción. La acreditación de este extremo se llevará a cabo mediante la aportación de un certificado expedido a tal efecto por la entidad encargada del libro registro de anotaciones en cuenta.

3. Las sociedades cotizadas cuyos estatutos contemplen la atribución de voto doble deberán incorporar a su página web información permanentemente actualizada sobre el número de acciones con voto doble existentes en cada momento y aquellas acciones inscritas pendientes de que se cumpla el periodo de lealtad fijado estatutariamente.

4. Las sociedades cotizadas cuyos estatutos contemplen la atribución de voto doble deberán notificar a la Comisión Nacional del Mercado de Valores el número de acciones con voto doble existentes en cada momento y aquellas acciones inscritas pendientes de que se cumpla el periodo de lealtad fijado estatutariamente. La persona titular del Ministerio de Asuntos Económicos y Transformación Digital y, con su habilitación, la CNMV, podrá fijar las condiciones en las que se remitirá esta información.

Art. 527 decies. *Transmisiones de las acciones por el accionista con voto doble.*—1. El voto doble por lealtad se extinguirá como consecuencia de la cesión o transmisión, directa e indirecta, por el accionista del número de acciones, o parte de ellas, al que está asociado el voto doble, incluso a título gratuito, y desde la fecha de la cesión o transmisión.

2. No obstante y salvo disposición estatutaria en contrario, el voto doble por lealtad beneficiará también al adquirente del número de acciones al que esté asociado el voto doble si la transmisión de las acciones se produce por cualquiera de las siguientes causas, siempre y cuando ello se acredite ante la sociedad:

a) Sucesión mortis causa, atribución de acciones al cónyuge en caso de disolución y liquidación de la sociedad de gananciales, disolución de comunidad de bienes u otras formas de comunidad conyugal, como la donación entre cónyuges, personas ligadas por análoga relación de afectividad o entre ascendientes y descendientes, excepto cuando se trate de accionistas de control, en cuyo caso se someterá a votación la condición de accionista con voto doble en los términos que se determinen estatutariamente.

b) Cualquier modificación estructural de las previstas en la Ley 3/2009, de 3 de abril, sobre modificaciones estructurales de las sociedades mercantiles, ya se refiera a la sociedad accionista titular de acciones con voto doble, ya se refiera a la sociedad emisora de las acciones de lealtad siempre que, en este último caso, la sociedad resultante de la modificación estructural contemple en sus estatutos las acciones con voto doble.

c) Transmisión entre sociedades del mismo grupo.

3. El voto adicional por lealtad beneficiará automáticamente a las acciones asignadas gratuitamente con ocasión de ampliaciones de capital en relación con acciones con voto de lealtad que ya se posean.

Art. 527 undecies. *Beneficiario último de las acciones distinto del accionista.*—1. En caso de existir un beneficiario último de las acciones conforme a lo previsto en el artículo 497 bis, únicamente será necesario acreditar la titularidad ininterrumpida por el periodo al que se refiere el artículo 527 ter con respecto al beneficiario último.

2. El voto doble por lealtad se extinguirá como consecuencia de cualquier cambio de beneficiario último de las acciones, salvo en los supuestos del artículo 527 decies.

CAPÍTULO VII

ESPECIALIDADES
DE LA ADMINISTRACIÓN

SECCIÓN 1.ª*

*Reglamento del consejo
de administración*

Art. 528. *Carácter obligatorio del reglamento del consejo de administración.*—En las sociedades anónimas cotizadas el consejo de administración, con informe a la junta general, aprobará un reglamento de normas de régimen interno y funcionamiento del propio consejo, de acuerdo con la ley y los estatutos, que contendrá las medidas concretas tendentes a garantizar la mejor administración de la sociedad.

Art. 529. *Publicidad del reglamento.*—1. El reglamento será objeto de comunicación a la Comisión Nacional del Mercado de Valores, acompañando copia del documento en que conste.

2. Efectuada esta comunicación se inscribirá en el Registro Mercantil con arreglo a las normas generales y, una vez inscrito, se publicará por la Comisión Nacional del Mercado de Valores.

SECCIÓN 2.ª**

*Especialidades del consejo
de administración*

Art. 529 bis. *Carácter necesario del consejo de administración.*—1. Sin perjuicio de lo

---

* Sección 1.ª añadida, con los preexistentes arts. 528 y 529, conforme al art. único.treinta y ocho de la Ley 31/2014, de 3 de diciembre, por la que se modifica la Ley de Sociedades de Capital para la mejora del gobierno corporativo (*B.O.E.* núm. 293, de 4 de diciembre).

Art. 528: Anteriormente art. 516, ha sido renumerado conforme al art. 2.ºdos de la Ley 25/2011, de 1 de agosto, de reforma parcial de la Ley de Sociedades de Capital y de incorporación de la Directiva 2007/36/CE del Parlamento Europeo y del Consejo, de 11 de julio, sobre el ejercicio de determinados derechos de los accionistas de sociedades cotizadas (*B.O.E.* núm. 184, de 2 de agosto).

V. Disp. Adic. 7.ª (párr. 1.º) del presente T.R.

Art. 529: Anteriormente art. 517, ha sido renumerado conforme al art. 2.ºdos de la Ley 25/2011, de 1 de agosto, de reforma parcial de la Ley de Sociedades de Capital y de incorporación de la Directiva 2007/36/CE del Parlamento Europeo y del Consejo, de 11 de julio, sobre el ejercicio de determinados derechos de los accionistas de sociedades cotizadas (*B.O.E.* núm. 184, de 2 de agosto).

V. Disp. Adic. 7.ª (párr. 1.º) del presente T.R.

** Sección 2.ª añadida, con sus arts. 529 bis a 529 quindecies, conforme al art. único.treinta y nueve de la Ley 31/2014, de 3 de diciembre, por la que se modifica la Ley de Sociedades de Capital para la mejora del gobierno corporativo (*B.O.E.* núm. 293, de 4 de diciembre).

Art. 529 bis: Añadido conforme al art. único.cuarenta de la Ley 31/2014, de 3 de diciembre, por la que se modifica la Ley de Sociedades de Capital para la mejora del gobierno corporativo (*B.O.E.* núm. 293, de 4 de diciembre).

previsto en la disposición adicional duodécima, las sociedades cotizadas deberán ser administradas por un consejo de administración que estará compuesto, exclusivamente, por personas físicas.

2. El Consejo de administración deberá velar porque los procedimientos de selección de sus miembros favorezcan la diversidad respecto a cuestiones, como la edad, el género, la discapacidad o la formación y experiencia profesionales y no adolezcan de sesgos implícitos que puedan implicar discriminación alguna y, en particular, que faciliten la selección de consejeras en un número que permita alcanzar una presencia equilibrada de mujeres y hombres.

Art. 529 ter. *Facultades indelegables.*—1. El consejo de administración de las sociedades cotizadas no podrá delegar las facultades de decisión a que se refiere el artículo 249 bis ni específicamente las siguientes:

a) La aprobación del plan estratégico o de negocio, los objetivos de gestión y presupuesto anuales, la política de inversiones y de financiación, la política de responsabilidad social corporativa y la política de dividendos.

b) La determinación de la política de control y gestión de riesgos, incluidos los fiscales, y la supervisión de los sistemas internos de información y control.

El apartado 2 ha sido modificado por el art. 2.8 de la Ley 11/2018, de 28 de diciembre, por la que se modifica el Código de Comercio, el texto refundido de la Ley de Sociedades de Capital aprobado por el Real Decreto Legislativo 1/2010, de 2 de julio, y la Ley 22/2015, de 20 de julio, de Auditoría de Cuentas, en materia de información no financiera y diversidad (*B.O.E.* núm. 314, de 29 de diciembre de 2018).

Art. 529 bis.1: Redactado de nuevo por el apartado 21 del art. 3.º de la Ley 5/2021, de 12 de abril, por la que se modifica el texto refundido de la Ley de Sociedades de Capital, aprobado por el Real Decreto Legislativo 1/2010, de 2 de julio, y otras normas financieras, en lo que respecta al fomento de la implicación a largo plazo de los accionistas en las sociedades cotizadas (*B.O.E.* núm. 88, de 13 de abril de 2021).

Art. 529 ter: Añadido conforme al art. único.cuarenta y uno de la Ley 31/2014, de 3 de diciembre, por la que se modifica la Ley de Sociedades de Capital para la mejora del gobierno corporativo (*B.O.E.* núm. 293, de 4 de diciembre). Esta modificación, que entra en vigor a partir del 1 de enero de 2015, deberá acordarse en la primera junta general que se celebre con posterioridad a esta fecha (Disp. Trans., apdo. 1, de la Ley 31/2014).

La letra *j)* ha sido añadida por el art. 2.9 de la Ley 11/2018, de 28 de diciembre, por la que se modifica el Código de Comercio, el texto refundido de la Ley de Sociedades de Capital aprobado por el Real Decreto Legislativo 1/2010, de 2 de julio, y la Ley 22/2015, de 20 de julio, de Auditoría de Cuentas, en materia de información no financiera y diversidad (*B.O.E.* núm. 314, de 29 de diciembre de 2018).

c) La determinación de la política de gobierno corporativo de la sociedad y del grupo del que sea entidad dominante; su organización y funcionamiento y, en particular, la aprobación y modificación de su propio reglamento.

d) La aprobación de la información financiera que, por su condición de cotizada, deba hacer pública la sociedad periódicamente.

e) La definición de la estructura del grupo de sociedades del que la sociedad sea entidad dominante.

f) La aprobación de las inversiones u operaciones de todo tipo que por su elevada cuantía o especiales características, tengan carácter estratégico o especial riesgo fiscal, salvo que su aprobación corresponda a la junta general.

g) La aprobación de la creación o adquisición de participaciones en entidades de propósito especial o domiciliadas en países o territorios que tengan la consideración de paraísos fiscales, así como cualesquiera otras transacciones u operaciones de naturaleza análoga que, por su complejidad, pudieran menoscabar la transparencia de la sociedad y su grupo.

h) La aprobación de las operaciones vinculadas, en los supuestos y términos previstos en el Capítulo VII bis del Título XIV.

i) La determinación de la estrategia fiscal de la sociedad.

j) La supervisión del proceso de elaboración y presentación de la información financiera y del informe de gestión, que incluirá, cuando proceda, la información no financiera preceptiva, y presentar recomendaciones o propuestas al órgano de administración, dirigidas a salvaguardar su integridad.

2. Cuando concurran circunstancias de urgencia, debidamente justificadas, se podrán adoptar las decisiones correspondientes a los asuntos anteriores por los órganos o personas delegadas, que deberán ser ratificadas en el primer Consejo de Administración que se celebre tras la adopción de la decisión.

Art. 529 ter.1, letra h): Redactado de nuevo por el apartado 22 del art. 3.º de la Ley 5/2021, de 12 de abril, por la que se modifica el texto refundido de la Ley de Sociedades de Capital, aprobado por el Real Decreto Legislativo 1/2010, de 2 de julio, y otras normas financieras, en lo que respecta al fomento de la implicación a largo plazo de los accionistas en las sociedades cotizadas (*B.O.E.* núm. 88, de 13 de abril de 2021).

Art. 529 quáter. *Asistencia a las reuniones.*—1. Los consejeros deben asistir personalmente a las sesiones que se celebren.

2. No obstante lo anterior, los consejeros podrán delegar su representación en otro consejero. Los consejeros no ejecutivos sólo podrán hacerlo en otro no ejecutivo.

Art. 529 quinquies. *Información.*—1. Salvo que el consejo de administración se hubiera constituido o hubiera sido excepcionalmente convocado por razones de urgencia, los consejeros deberán contar previamente y con suficiente antelación con la información necesaria para la deliberación y la adopción de acuerdos sobre los asuntos a tratar.

2. El presidente del consejo de administración, con la colaboración del secretario, deberá velar por el cumplimiento de esta disposición.

Art. 529 sexies. *Presidente del consejo de administración.*—

1. El consejo de administración, previo informe de la comisión de nombramientos y retribuciones, designará de entre sus miembros a un presidente y, en su caso, a uno o a varios vicepresidentes.

2. El presidente es el máximo responsable del eficaz funcionamiento del consejo de administración. Además de las facultades otorgadas por la ley y los estatutos sociales o el reglamento del consejo de administración, tendrá las siguientes:

a) Convocar y presidir las reuniones del consejo de administración, fijando el orden del día de las reuniones y dirigiendo las discusiones y deliberaciones.

b) Salvo disposición estatutaria en contra, presidir la junta general de accionistas.

c) Velar por que los consejeros reciban con carácter previo la información suficiente para deliberar sobre los puntos del orden de día.

d) Estimular el debate y la participación activa de los con-

Art. **529 quáter:** Añadido conforme al art. único.cuarenta y dos de la Ley 31/2014, de 3 de diciembre, por la que se modifica la Ley de Sociedades de Capital para la mejora del gobierno corporativo (*B.O.E.* núm. 293, de 4 de diciembre).

Art. **529 quinquies:** Añadido conforme al art. único.cuarenta y tres de la Ley 31/2014, de 3 de diciembre, por la que se modifica la Ley de Sociedades de Capital para la mejora del gobierno corporativo (*B.O.E.* núm. 293, de 4 de diciembre).

Art. **529 sexies:** Añadido conforme al art. único.cuarenta y cuatro de la Ley 31/2014, de 3 de diciembre, por la que se modifica la Ley de Sociedades de Capital para la mejora del gobierno corporativo (*B.O.E.* núm. 293, de 4 de diciembre).

sejeros durante las sesiones, salvaguardando su libre toma de posición.

Art. 529 septies. *Separación de cargos.*—1. Salvo disposición estatutaria en contrario, el cargo de presidente del consejo de administración podrá recaer en un consejero ejecutivo. En este caso, la designación del presidente requerirá el voto favorable de los dos tercios de los miembros del consejo de administración.

2. En caso de que el presidente tenga la condición de consejero ejecutivo, el consejo de administración, con la abstención de los consejeros ejecutivos, deberá nombrar necesariamente a un consejero coordinador entre los consejeros independientes, que estará especialmente facultado para solicitar la convocatoria del consejo de administración o la inclusión de nuevos puntos en el orden del día de un consejo ya convocado, coordinar y reunir a los consejeros no ejecutivos y dirigir, en su caso, la evaluación periódica del presidente del consejo de administración.

Art. 529 octies. *Secretario del consejo de administración.*—1. El consejo de administración, previo informe de la comisión de nombramientos y retribuciones, designará a un secretario y, en su caso, a uno o a varios vicesecretarios. El mismo procedimiento se seguirá para acordar la separación del secretario y, en su caso, de cada vicesecretario. El secretario y los vicesecretarios podrán o no ser consejeros.

2. El secretario, además de las funciones asignadas por la ley y los estatutos sociales o el reglamento del consejo de administración, debe desempeñar las siguientes:

a) Conservar la documentación del consejo de administración, dejar constancia en los libros de actas del desarrollo de las sesiones y dar fe de su contenido y de las resoluciones adoptadas.

b) Velar por que las actuaciones del consejo de administración se ajusten a la normativa aplicable y sean conformes con los estatutos sociales y demás normativa interna.

c) Asistir al presidente para que los consejeros reciban la

Art. 529 septies: Añadido conforme al art. único.cuarenta y cinco de la Ley 31/2014, de 3 de diciembre, por la que se modifica la Ley de Sociedades de Capital para la mejora del gobierno corporativo (*B.O.E.* núm. 293, de 4 de diciembre).

Art. 529 octies: Añadido conforme al art. único.cuarenta y seis de la Ley 31/2014, de 3 de diciembre, por la que se modifica la Ley de Sociedades de Capital para la mejora del gobierno corporativo (*B.O.E.* núm. 293, de 4 de diciembre).

información relevante para el ejercicio de su función con la antelación suficiente y en el formato adecuado.

Art. 529 nonies. *Evaluación del desempeño.*—1. El consejo de administración deberá realizar una evaluación anual de su funcionamiento y el de sus comisiones y proponer, sobre la base de su resultado, un plan de acción que corrija las deficiencias detectadas.

2. El resultado de la evaluación se consignará en el acta de la sesión o se incorporará a ésta como anejo.

Art. 529 decies. *Nombramiento y reelección de consejeros.*—1. Los miembros del consejo de administración de una sociedad cotizada serán nombrados por la junta general de accionistas o, en caso de vacante anticipada, por el propio consejo por cooptación.

2. La cooptación en las sociedades cotizadas se regirá por lo establecido en esta Ley, con las siguientes excepciones:

a) El administrador designado por el consejo no tendrá que ser, necesariamente, accionista de la sociedad.

b) De producirse la vacante una vez convocada la junta general y antes de su celebración, el consejo de administración podrá designar un consejero hasta la celebración de la siguiente junta general.

3. En las sociedades anónimas cotizadas no procederá la designación de suplentes.

4. La propuesta de nombramiento o reelección de los miembros del consejo de administración corresponde a la comisión de nombramientos y retribuciones, si se trata de consejeros independientes, y al propio consejo, en los demás casos.

5. La propuesta deberá ir acompañada en todo caso de un informe justificativo del consejo en el que se valore la competencia, experiencia y méritos del candidato propuesto,

---

Art. 529 nonies: Añadido conforme al art. único.cuarenta y siete de la Ley 31/2014, de 3 de diciembre, por la que se modifica la Ley de Sociedades de Capital para la mejora del gobierno corporativo (*B.O.E.* núm. 293, de 4 de diciembre). Esta modificación, que entra en vigor a partir del 1 de enero de 2015, deberá acordarse en la primera junta general que se celebre con posterioridad a esta fecha (Disp. Trans., apdo. 1, de la Ley 31/2014).

Art. 529 decies: Añadido conforme al art. único.cuarenta y ocho de la Ley 31/2014, de 3 de diciembre, por la que se modifica la Ley de Sociedades de Capital para la mejora del gobierno corporativo (*B.O.E.* núm. 293, de 4 de diciembre).

V. art. 518.*e*) del presente T.R.

que se unirá al acta de la junta general o del propio consejo.

6. La propuesta de nombramiento o reelección de cualquier consejero no independiente deberá ir precedida, además, de informe de la comisión de nombramientos y retribuciones.

7. [...]

Art. 529 undecies. *Duración del cargo.*—1. La duración del mandato de los consejeros de una sociedad cotizada será la que determinen los estatutos sociales, sin que en ningún caso exceda de cuatro años.

2. Los consejeros podrán ser reelegidos para el cargo, una o varias veces, por períodos de igual duración máxima.

Art. 529 duodecies. *Categorías de consejeros.*—1. Son consejeros ejecutivos aquellos que desempeñen funciones de dirección en la sociedad o su grupo, cualquiera que sea el vínculo jurídico que mantengan con ella. No obstante, los consejeros que sean altos directivos o consejeros de sociedades pertenecientes al grupo de la entidad dominante de la sociedad tendrán en ésta la consideración de dominicales.

Cuando un consejero desempeñe funciones de dirección y, al mismo tiempo, sea o represente a un accionista significativo o que esté representado en el consejo de administración, se considerará como ejecutivo.

2. Son consejeros no ejecutivos todos los restantes consejeros de la sociedad, pudiendo ser dominicales, independientes u otros externos.

3. Se considerarán consejeros dominicales aquellos que posean una participación accionarial igual o superior a la que se considere legalmente como significativa o que hubie-

Art. 529 decies.7: Suprimido por el apartado 23 del art. 3.º de la Ley 5/2021, de 12 de abril, por la que se modifica el texto refundido de la Ley de Sociedades de Capital, aprobado por el Real Decreto Legislativo 1/2010, de 2 de julio, y otras normas financieras, en lo que respecta al fomento de la implicación a largo plazo de los accionistas en las sociedades cotizadas (*B.O.E.* núm. 88, de 13 de abril de 2021).

Art. 529 undecies: Añadido conforme al art. único.cuarenta y nueve de la Ley 31/2014, de 3 de diciembre, por la que se modifica la Ley de Sociedades de Capital para la mejora del gobierno corporativo (*B.O.E.* núm. 293, de 4 de diciembre).

Según la Disp. Trans., apdo. 3, de dicha Ley 31/2014: «Los consejeros nombrados con anterioridad al 1 de enero de 2014 podrán completar sus mandatos aunque excedieran de la duración máxima prevista en el artículo 529 undecies del Texto Refundido de la Ley de Sociedades de Capital.»

Art. 529 duodecies: Añadido conforme al art. único.cincuenta de la Ley 31/2014, de 3 de diciembre, por la que se modifica la Ley de Sociedades de Capital para la mejora del gobierno corporativo (*B.O.E.* núm. 293, de 4 de diciembre).

ran sido designados por su condición de accionistas, aunque su participación accionarial no alcance dicha cuantía, así como quienes representen a accionistas de los anteriormente señalados.

4. Se considerarán consejeros independientes aquellos que, designados en atención a sus condiciones personales y profesionales, puedan desempeñar sus funciones sin verse condicionados por relaciones con la sociedad o su grupo, sus accionistas significativos o sus directivos.

No podrán ser considerados en ningún caso como consejeros independientes quienes se encuentren en cualquiera de las siguientes situaciones:

a) Quienes hayan sido empleados o consejeros ejecutivos de sociedades del grupo, salvo que hubieran transcurrido tres o cinco años, respectivamente, desde el cese en esa relación.

b) Quienes perciban de la sociedad, o de su mismo grupo, cualquier cantidad o beneficio por un concepto distinto de la remuneración de consejero, salvo que no sea significativa para el consejero.

A efectos de lo dispuesto en esta letra no se tendrán en cuenta los dividendos ni los complementos de pensiones que reciba el consejero en razón de su anterior relación profesional o laboral, siempre que tales complementos tengan carácter incondicional y, en consecuencia, la sociedad que los satisfaga no pueda de forma discrecional suspender, modificar o revocar su devengo sin que medie incumplimiento de sus obligaciones.

c) Quienes sean o hayan sido durante los últimos tres años socios del auditor externo o responsable del informe de auditoría, ya se trate de la auditoría durante dicho período de la sociedad cotizada o de cualquier otra sociedad de su grupo.

d) Quienes sean consejeros ejecutivos o altos directivos de otra sociedad distinta en la que algún consejero ejecutivo o alto directivo de la sociedad sea consejero externo.

e) Quienes mantengan, o hayan mantenido durante el último año, una relación de negocios significativa con la sociedad o con cualquier sociedad de su grupo, ya sea en nombre propio o como accionista significativo, consejero o alto directivo de una entidad que mantenga o hubiera mantenido dicha relación.

Se considerarán relaciones de negocios la de proveedor de bienes o servicios, incluidos los financieros, y la de asesor o consultor.

f) Quienes sean accionistas significativos, consejeros ejecutivos o altos directivos de una entidad que reciba, o haya recibido durante los últimos tres años, donaciones de la sociedad o de su grupo.

No se considerarán incluidos en esta letra quienes sean meros patronos de una fundación que reciba donaciones.

g) Quienes sean cónyuges, personas ligadas por análoga relación de afectividad o parientes hasta de segundo grado de un consejero ejecutivo o alto directivo de la sociedad.

h) Quienes no hayan sido propuestos, ya sea para su nombramiento o renovación por la comisión de nombramientos.

i) Quienes hayan sido consejeros durante un período continuado superior a doce años.

j) Quienes se encuentren respecto de algún accionista significativo o representado en el consejo en alguno de los supuestos señalados en las letras *a)*, *e)*, *f)* o *g)* anteriores. En el caso de la relación de parentesco señalada en la letra *g)*, la limitación se aplicará no sólo respecto al accionista, sino también respecto a sus consejeros dominicales en la sociedad participada.

Los consejeros dominicales que pierdan tal condición como consecuencia de la venta de su participación por el accionista al que representaban sólo podrán ser reelegidos como consejeros independien-

tes cuando el accionista al que representaran hasta ese momento hubiera vendido la totalidad de sus acciones en la sociedad.

Un consejero que posea una participación accionarial en la sociedad podrá tener la condición de independiente, siempre que satisfaga todas las condiciones establecidas en este artículo y, además, su participación no sea significativa.

5. Los estatutos sociales y el reglamento del consejo de administración podrán prever, a estos efectos, otras situaciones de incompatibilidad distintas de las previstas en el apartado anterior o someter la consideración como independiente de un consejero a condiciones más estrictas que las establecidas en este artículo.

6. A efectos de su inscripción en el Registro Mercantil, el acuerdo de la junta general o del consejo deberá contener la categoría del consejero, siendo dicha mención suficiente para su inscripción y sin que el registrador mercantil pueda entrar a valorar el cumplimiento de los requisitos para la adscripción a la referida categoría. En todo caso, una asignación incorrecta de la categoría de consejero no afectará a la validez de los acuerdos adoptados por el consejo de administración.

Art. 529 terdecies. *Comisiones del consejo de administración.*—1. El consejo de administración podrá constituir en su seno comisiones especializadas, determinando su composición, designando a sus miembros y estableciendo las funciones que asume cada una de ellas.

2. No obstante lo anterior, el consejo de administración deberá constituir, al menos, una comisión de auditoría y una comisión, o dos comisiones separadas, de nombramientos y retribuciones, con la composición y las funciones mínimas que se indican en esta Ley.

3. Las actas de las comisiones deberán estar a disposición de todos los miembros del consejo de administración.

Art. 529 quaterdecies. *Comisión de auditoría.*—1. La comisión de auditoría estará compuesta exclusivamente por consejeros no ejecutivos nombrados por el consejo de administración, la mayoría de los cuales, al menos, deberán ser consejeros independientes y uno de ellos será designado teniendo en cuenta sus conocimientos y experiencia en materia de contabilidad, auditoría o en ambas.

En su conjunto, los miembros de la comisión tendrán los conocimientos técnicos pertinentes en relación con el sector de actividad al que pertenezca la entidad auditada.

2. El presidente de la comisión de auditoría será designado de entre los consejeros independientes que formen parte de ella y deberá ser sustituido cada cuatro años, pudiendo ser reelegido una vez transcurrido un plazo de un año desde su cese.

3. Los Estatutos de la sociedad o el Reglamento del consejo de administración, de conformidad con lo que en aquéllos se disponga, establecerán el núme-

---

Art. 529 terdecies: Añadido conforme al art. único.cincuenta y uno de la Ley 31/2014, de 3 de diciembre, por la que se modifica la Ley de Sociedades de Capital para la mejora del gobierno corporativo (*B.O.E.* núm. 293, de 4 de diciembre). Esta modificación, que entra en vigor a partir del 1 de enero de 2015, deberá acordarse en la primera junta general que se celebre con posterioridad a esta fecha (Disp. Trans., apdo. 1, de la Ley 31/2014).

V. Disp. Adic. 9.ª del presente T.R.

Art. 529 quaterdecies: Añadido conforme al art. único.cincuenta y dos de la Ley 31/2014, de 3 de diciembre, por la que se modifica la Ley de Sociedades de Capital para la mejora del gobierno corporativo (*B.O.E.* núm. 293, de 4 de diciembre), con entrada en vigor el 1 de enero de 2015, y redactado de nuevo por la Disp. Final 4.ª veinte de la Ley 22/2015, de 20 de julio, de Auditoría de Cuentas (*B.O.E.* núm. 173, de 21 de julio), con efectos desde el 17 de junio de 2016.

V. Disps. Adics. 7.ª (párr. 1.º) y 9.ª del presente T.R.

ro de miembros y regularán el funcionamiento de la comisión, debiendo favorecer la independencia en el ejercicio de sus funciones.

4. Sin perjuicio de las demás funciones que le atribuyan los Estatutos sociales o de conformidad con ellos, el Reglamento del consejo de administración, la comisión de auditoría tendrá, como mínimo, las siguientes:

a) Informar a la junta general de accionistas sobre las cuestiones que se planteen en relación con aquellas materias que sean competencia de la comisión y, en particular, sobre el resultado de la auditoría explicando cómo ésta ha contribuido a la integridad de la información financiera y la función que la comisión ha desempeñado en ese proceso.

b) Supervisar la eficacia del control interno de la sociedad, la auditoría interna y los sistemas de gestión de riesgos, así como discutir con el auditor de cuentas las debilidades significativas del sistema de control interno detectadas en el desarrollo de la auditoría, todo ello sin quebrantar su independencia. A tales efectos, y en su caso, podrán presentar recomendaciones o propuestas al órgano de administración y el correspondiente plazo para su seguimiento.

c) Supervisar el proceso de elaboración y presentación de la información financiera preceptiva y presentar recomendaciones o propuestas al órgano de administración, dirigidas a salvaguardar su integridad.

d) Elevar al consejo de administración las propuestas de

Art. 529 quaterdecies.4.d): Los citados arts. 16, apartados 2, 3 y 5, y 17.5 del Reglamento (UE) núm. 537/2014 del Parlamento Europeo y del Consejo, de 16 de abril de 2014, sobre los requisitos específicos para la auditoría legal de las entidades de interés público y por el que se deroga la Decisión 2005/909/CE de la Comisión (Texto pertinente a efectos del EEE) (*D.O.U.E.* núm. L 158, de 27 de mayo de 2014; corrección de errores en *D.O.U.E.* núm. L 284, de 20 de octubre de 2016), disponen lo siguiente:

«*Art. 16. Designación de auditores legales o sociedades de auditoría.*—[...] 2. El comité de auditoría presentará al órgano de administración o supervisión de la entidad auditada una recomendación relativa a la designación de auditores legales o sociedades de auditoría.

»Salvo cuando se trate de la renovación de un encargo de auditoría, conforme a lo previsto en el artículo 17, apartados 1 y 2, la recomendación estará motivada y contendrá como mínimo dos alternativas para dicho encargo, y el comité de auditoría indicará su preferencia por una de ellas, justificándola debidamente.

»En su recomendación, el comité de auditoría indicará que la misma está libre de cualquier influencia de terceros y que no le ha sido impuesta ninguna cláusula del tipo mencionado en al apartado 6.

»3.   Salvo cuando se trate de la renovación de un encargo de auditoría, conforme a lo previsto en el artículo 17, apartados 1 y 2, la recomendación del comité de auditoría mencionada en el apartado 2 del presente artículo se preparará después de un proceso de selección organizado por la entidad auditada con arreglo a los criterios siguientes:

»*a*)   la entidad auditada podrá invitar libremente a cualquier auditor legal o sociedad de auditoría a presentar ofertas para la prestación de servicios de auditoría legal, con la condición de que se respete lo dispuesto en el artículo 17, apartado 3, y de que la organización de la convocatoria de ofertas no excluya en modo alguno la participación en el proceso de selección de sociedades que hayan percibido durante el año natural anterior menos del 15 por 100 del total de honorarios de auditoría de entidades de interés público del Estado miembro en cuestión;

»*b*)   la entidad auditada elaborará un pliego de condiciones destinado a los auditores legales o las sociedades de auditoría invitados. El pliego de condiciones permitirá a estos últimos conocer las actividades de la entidad auditada y el tipo de auditoría legal que se debe realizar. El pliego de condiciones incluirá unos criterios de selección transparentes y no discriminatorios, que la entidad auditada aplicará en la evaluación de las ofertas presentadas por los auditores legales y las sociedades de auditoría;

»*c*)   la entidad auditada podrá determinar libremente el proceso de selección y negociar directamente con los candidatos interesados durante dicho proceso;

»*d*)   cuando el Derecho nacional o de la Unión obligue a las autoridades competentes mencionadas en el artículo 20 a exigir a los auditores legales y sociedades de auditoría que respeten determinadas normas de calidad, éstas se incluirán en el pliego de condiciones;

»*e*)   la entidad auditada evaluará las ofertas presentadas por los auditores legales y las sociedades de auditoría con arreglo a los criterios de selección definidos previamente en el pliego de condiciones. La entidad auditada recogerá las conclusiones del proceso de selección en un informe que será ratificado por el comité de auditoría. La entidad auditada y el comité de auditoría tomarán en consideración los resultados o conclusiones de todos los informes de inspección que puedan haberse realizado sobre el auditor legal o la sociedad de auditoría candidatos, contemplados en el artículo 26, apartado 8, y publicados por la autoridad competente con arreglo al artículo 28, letra *d*);

»*f*)   la entidad auditada deberá ser capaz de demostrar a la autoridad competente mencionada en el artículo 20, cuando ésta lo solicite, que el proceso de selección se ha llevado a cabo de manera imparcial.

»El comité de auditoría será responsable del proceso de selección contemplado en el párrafo primero del presente apartado.

»A los efectos de lo estipulado en la letra *a*) del párrafo primero, la autoridad competente mencionada en el artículo 20, apartado 1, publicará una lista de los auditores legales y las sociedades de auditoría correspondientes, que deberá actualizarse todos los años. La autoridad competente utilizará la información facilitada por los auditores legales y las sociedades de auditoría en cumplimiento de lo dispuesto en el artículo 14 para realizar los cálculos correspondientes.

»[...]

»5.   La propuesta dirigida a la junta general de accionistas o miembros de la entidad auditada para la designación de auditores legales o sociedades de auditoría deberá incluir la recomendación y la preferencia mencionada en el apartado 2 formulada por el comité de auditoría o el órgano que desempeñe funciones equivalentes.

selección, nombramiento, reelección y sustitución del auditor de cuentas, responsabilizándose del proceso de selección, de conformidad con lo previsto en los artículos 16, apartados 2, 3 y 5, y 17.5 del Reglamento (UE) número 537/2014, de 16 de abril, así como las condiciones de su contratación y recabar regularmente de él información sobre el plan de auditoría y su ejecución, además de preservar su independencia en el ejercicio de sus funciones.

e) Establecer las oportunas relaciones con el auditor exter-

»Si la propuesta no se ajusta a la preferencia formulada por el comité de auditoría, deberán justificarse en la propia propuesta los motivos por los que no se ha seguido la recomendación del comité de auditoría. No obstante, el auditor o auditores recomendados por el órgano de administración o supervisión deberán haber participado en el proceso de selección descrito en el apartado 3. El presente párrafo no será de aplicación cuando las funciones del comité de auditoría sean desempeñadas por el órgano de administración o supervisión.

»[...]

»*Art. 17.   Duración del encargo de auditoría.*—[...]   5.   Los períodos de duración máxima mencionadas en el apartado 1, párrafo segundo, y en el apartado 2, letra *b),* sólo podrán prorrogarse si, por recomendación del comité de auditoría, el órgano de administración o supervisión, de conformidad con el Derecho nacional, propone una prórroga del encargo a la junta general de accionistas y la propuesta es aprobada.»

Art. 529 quaterdecies.4.e): Los citados arts. 5.º4 y 6.º.2.*b)* del Reglamento (UE) núm. 537/2014 del Parlamento Europeo y del Consejo, de 16 de abril de 2014, sobre los requisitos específicos para la auditoría legal de las entidades de interés público y por el que se deroga la Decisión 2005/909/CE de la Comisión (Texto pertinente a efectos del EEE) (*D.O.U.E.* núm. L 158, de 27 de mayo de 2014; corrección de errores en *D.O.U.E.* núm. L 284, de 20 de octubre de 2016), disponen lo siguiente:

«*Art. 5.º   Prohibición de prestar servicios ajenos a la auditoría.*—[...]   4.   Los auditores legales o sociedades de auditoría que realicen la auditoría legal de entidades de interés público y, en caso de que el auditor legal o sociedad de auditoría pertenezca a una red, todo miembro de dicha red, podrán prestar a la entidad auditada, a su empresa matriz o a las empresas que controle servicios ajenos a la auditoría que no sean los servicios prohibidos contemplados en los apartados 1 y 2, sujetos a autorización por parte del comité de auditoría, tras haber evaluado adecuadamente las amenazas a la independencia y las medidas de salvaguardia aplicadas con arreglo al artículo 22 ter de la Directiva 2006/43/CE. El comité de auditoría, en su caso, formulará directrices en relación con los servicios a que se refiere el apartado 3.

»Los Estados miembros podrán establecer normas más estrictas que regulen las condiciones en las cuales un auditor legal o sociedad de auditoría o un miembro de una red a la que pertenezca el auditor legal o sociedad de auditoría puedan prestar a la entidad auditada, a su empresa matriz o a las empresas que controle servicios ajenos a la auditoría que no sean los servicios prohibidos contemplados en el apartado 1.

»[...]

»*Art. 6.º   Preparación de la auditoría legal y evaluación de las amenazas a la independencia.*—[...]   2.   El auditor legal o la sociedad de auditoría deberá:

no para recibir información sobre aquellas cuestiones que puedan suponer amenaza para su independencia, para su examen por la comisión, y cualesquiera otras relacionadas con el proceso de desarrollo de la auditoría de cuentas, y, cuando proceda, la autorización de los servicios distintos de los prohibidos, en los términos contemplados en los artículos 5, apartado 4, y 6.2.*b*) del Reglamento (UE) número 537/2014, de 16 de abril, y en lo previsto en la sección 3.ª del capítulo IV del título I de la Ley 22/2015, de 20 de julio, de Auditoría de Cuentas, sobre el régimen de independencia, así como aquellas otras comunicaciones previstas en la legislación de auditoría de cuentas y en las normas de auditoría. En todo caso, deberán recibir anualmente de los auditores externos la declaración de su independencia en relación con la entidad o entidades vinculadas a ésta directa o indirectamente, así como la información detallada e individualizada de los servicios adicionales de cualquier clase prestados y los correspondientes honorarios percibidos de estas entidades por el auditor externo o por las personas o entidades vinculados a éste de acuerdo con lo dispuesto en la normativa reguladora de la actividad de auditoría de cuentas.

f) Emitir anualmente, con carácter previo a la emisión del informe de auditoría de cuentas, un informe en el que se expresará una opinión sobre si la independencia de los auditores de cuentas o sociedades de auditoría resulta comprometida. Este informe deberá contener, en todo caso, la valoración motivada de la prestación de todos y cada uno de los servicios adicionales a que hace referencia la letra anterior, individualmente considerados y en su conjunto, distintos de la auditoría legal y

---

»[...]

»*b)* examinar con el comité de auditoría las amenazas a su independencia y las medidas de salvaguardia adoptadas para atenuar las mismas, de conformidad con el apartado 1.»

V. arts. 39 a 41, integrantes de la sección 3.ª («Independencia») del capítulo IV («De la auditoría de cuentas en entidades de interés público») del título I («De la auditoría de cuentas»), de la Ley 22/2015, de 20 de julio, de Auditoría de Cuentas (*B.O.E.* núm. 173, de 21 de julio). Aunque esta Ley entró en vigor el día 17 de junio de 2016, según su Disp. Final 14.ª1, «do previsto en los capítulos I, III y IV, secciones 1.ª a 4.ª, del título I, en relación con la realización de trabajos de auditoría de cuentas y la emisión de los informes correspondientes, será de aplicación a los trabajos de auditoría sobre cuentas anuales correspondientes a ejercicios económicos que se inicien a partir de dicha fecha, así como a los de otros estados financieros o documentos contables correspondientes a dicho ejercicio económico».

en relación con el régimen de independencia o con la normativa reguladora de la actividad de auditoría de cuentas.

g) Informar sobre las operaciones vinculadas que deba aprobar la junta general o el consejo de administración y supervisar el procedimiento interno que tenga establecido la compañía para aquellas cuya aprobación haya sido delegada.

h) Informar, con carácter previo, al consejo de administración sobre todas las materias previstas en la ley, los estatutos sociales y en el reglamento del consejo y en particular, sobre:

1.º La información financiera y el informe de gestión, que incluirá, cuando proceda, la información no financiera preceptiva que la sociedad deba hacer pública periódicamente; y

2.º la creación o adquisición de participaciones en entidades de propósito especial o domiciliadas en países o territorios que tengan la consideración de paraísos fiscales.

La comisión de auditoría no ejercerá las funciones previstas en esta letra h) o en la anterior cuando estén atribuidas estatutariamente a otra comisión y esta satisfaga los requisitos de composición previstos en el apartado 1 del presente artículo.

5. Lo establecido en las letras d), e) y f) del apartado anterior se entenderá sin perjuicio de la normativa reguladora de la auditoría de cuentas.

Art. 529 quindecies. *Comisión de nombramientos y retribuciones.*—1. La comisión de nombramientos y retribuciones estará compuesta exclusivamente por consejeros no ejecutivos nombrados por el consejo de administración, dos de los cuales, al menos, deberán ser consejeros independientes. El presidente de la comisión será

Art. 529 quaterdecies.4, letras g) y h): Añadidas por el apartado 24 del art. 3.º de la Ley 5/2021, de 12 de abril, por la que se modifica el texto refundido de la Ley de Sociedades de Capital, aprobado por el Real Decreto Legislativo 1/2010, de 2 de julio, y otras normas financieras, en lo que respecta al fomento de la implicación a largo plazo de los accionistas en las sociedades cotizadas (*B.O.E.* núm. 88, de 13 de abril de 2021).

Art. 529 quindecies: Añadido conforme al art. único.cincuenta y tres de la Ley 31/2014, de 3 de diciembre, por la que se modifica la Ley de Sociedades de Capital para la mejora del gobierno corporativo (*B.O.E.* núm. 293, de 4 de diciembre). Esta modificación, que entró en vigor a partir del 1 de enero de 2015, deberá acordarse en la primera junta general que se celebre con posterioridad a esta fecha (Disp. Trans., apdo. 1, de la Ley 31/2014).

V. Disp. Adic. 7.ª (párr. 1.º) del presente T.R.

designado de entre los consejeros independientes que formen
parte de ella.

2. Los estatutos de la sociedad o el reglamento del consejo
de administración, de conformidad con lo que en aquéllos
se disponga, establecerán el número de miembros y regularán
el funcionamiento de la comisión, debiendo favorecer la independencia en el ejercicio de
sus funciones.

3. Sin perjuicio de las demás funciones que le atribuya
la ley, los estatutos sociales o,
de conformidad con ellos, el reglamento del consejo de administración, la comisión de nombramientos y retribuciones
tendrá, como mínimo, las siguientes:

a) Evaluar las competencias, conocimientos y experiencia necesarios en el consejo de
administración. A estos efectos, definirá las funciones y ap-
titudes necesarias en los candidatos que deban cubrir cada
vacante y evaluará el tiempo y
dedicación precisos para que
puedan desempeñar eficazmente su cometido.

b) Establecer un objetivo
de representación para el sexo
menos representado en el consejo de administración y elaborar orientaciones sobre cómo
alcanzar dicho objetivo.

c) Elevar al consejo de administración las propuestas de

nombramiento de consejeros
independientes para su designación por cooptación o para
su sometimiento a la decisión
de la junta general de accionistas, así como las propuestas
para la reelección o separación
de dichos consejeros por la
junta general de accionistas.

d) Informar las propuestas
de nombramiento de los restantes consejeros para su designación por cooptación o para
su sometimiento a la decisión
de la junta general de accionistas, así como las propuestas
para su reelección o separación
por la junta general de accionistas.

e) Informar las propuestas
de nombramiento y separación
de altos directivos y las condiciones básicas de sus contratos.

f) Examinar y organizar la
sucesión del presidente del consejo de administración y del
primer ejecutivo de la sociedad
y, en su caso, formular propuestas al consejo de administración para que dicha sucesión se produzca de forma
ordenada y planificada.

g) Proponer al consejo de
administración la política de
retribuciones de los consejeros
y de los directores generales o
de quienes desarrollen sus funciones de alta dirección bajo la
dependencia directa del consejo, de comisiones ejecutivas o
de consejeros delegados, así

como la retribución individual y las demás condiciones contractuales de los consejeros ejecutivos, velando por su observancia.

4. Lo dispuesto en este artículo se aplicará en lo que proceda en el caso de que los estatutos o el reglamento del consejo de administración opten por establecer separadamente una comisión de nombramientos y otra de retribuciones.

SECCIÓN 3.ª**

*Especialidades
de la remuneración
de los consejeros*

Art. 529 sexdecies. *Carácter remunerado.*—Salvo disposición contraria de los estatutos, el cargo de consejero de sociedad cotizada será retribuido.

Art. 529 septdecies. *Remuneración de los consejeros por su condición de tal.*—1. La remuneración de las funciones que están llamados a desarrollar los consejeros en su condición de tales, como miembros del órgano colegiado o sus comisiones, deberá ajustarse al sistema de remuneración previsto estatutariamente conforme dispone el artículo 217 y a la política de remuneraciones aprobada con arreglo a lo previsto en el artículo 529 novodecies.

2. La política de remuneraciones establecerá cuando menos el importe máximo de la remuneración anual a satisfacer al conjunto de los consejeros en su condición de tales y los criterios para su distribución en atención a las funciones y responsabilidades atribuidas a cada uno de ellos.

3. Corresponde al consejo de administración la fijación individual de la remuneración de cada consejero en su condición de tal dentro del marco estatutario y de la política de remuneraciones, previo informe de la comisión de nombramientos y retribuciones.

---

* Sección 3.ª añadida, con sus arts. 529 sexdecies a 529 novodecies, conforme al art. único.cincuenta y cuatro de la Ley 31/2014, de 3 de diciembre, por la que se modifica la Ley de Sociedades de Capital para la mejora del gobierno corporativo (*B.O.E.* núm. 293, de 4 de diciembre).

Arts. 529 sexdecies a 529 novodecies: Redactados de nuevo por el apartado 25 del art. 3.º de la Ley 5/2021, de 12 de abril, por la que se modifica el texto refundido de la Ley de Sociedades de Capital, aprobado por el Real Decreto Legislativo 1/2010, de 2 de julio, y otras normas financieras, en lo que respecta al fomento de la implicación a largo plazo de los accionistas en las sociedades cotizadas (*B.O.E.* núm. 88, de 13 de abril de 2021).

Art. 529 octodecies. *Remuneración de los consejeros por el desempeño de funciones ejecutivas.*—1. La remuneración de las funciones ejecutivas de los consejeros delegados y demás consejeros a los que se atribuyan funciones de esa índole en virtud de otros títulos deberá ajustarse a los estatutos y, en todo caso, a la política de remuneraciones aprobada con arreglo a lo previsto en el artículo 529 novodecies y a los contratos aprobados conforme a lo establecido en el artículo 249.

2. La política de remuneraciones establecerá cuando menos la cuantía de la retribución fija anual correspondiente a los consejeros por el desempeño de sus funciones ejecutivas y demás previsiones a que se refiere el artículo siguiente.

3. Corresponde al consejo de administración la determinación individual de la remuneración de cada consejero por el desempeño de las funciones ejecutivas que tenga atribuidas dentro del marco de la política de remuneraciones y de conformidad con lo previsto en su contrato, previo informe de la comisión de nombramientos y retribuciones.

Art. 529 novodecies. *Aprobación de la política de remuneraciones de los consejeros.*—1.

La política de remuneraciones de los consejeros deberá ajustarse al sistema de remuneración estatutariamente previsto y se aprobará por la junta general de accionistas como punto separado del orden del día, para su aplicación durante un período máximo de tres ejercicios. No obstante, las propuestas de nuevas políticas de remuneraciones de los consejeros deberán ser sometidas a la junta general de accionistas con anterioridad a la finalización del último ejercicio de aplicación de la anterior, pudiendo la junta general determinar que la nueva política sea de aplicación desde la fecha misma de aprobación y durante los tres ejercicios siguientes. Cualquier modificación o sustitución de la misma durante dicho plazo requerirá la previa aprobación de la junta general de accionistas conforme al procedimiento establecido para su aprobación.

2. La política de remuneraciones, junto con la fecha y el resultado de la votación, será accesible en la página web de la sociedad de forma gratuita desde su aprobación y al menos mientras sea aplicable.

3. La política de remuneraciones deberá cumplir los siguientes requisitos:

a) deberá contribuir a la estrategia empresarial y a los

intereses y la sostenibilidad a largo plazo de la sociedad y explicar de qué modo lo hace.

b) resultará clara y comprensible y describirá los distintos componentes de la remuneración fija y variable, incluidas todas las bonificaciones y otras prestaciones en cualquiera de sus formas, que pueden ser concedidas a los consejeros, indicando su proporción relativa.

c) expondrá de qué forma se han tenido en cuenta las condiciones de retribución y empleo de los trabajadores de la sociedad al fijar la política de remuneraciones.

d) cuando una sociedad conceda remuneración variable, la política de remuneraciones establecerá criterios claros, completos y variados para esa concesión y señalará los criterios de rendimiento financiero y no financiero, incluidos, en su caso, los relativos a la responsabilidad social de las empresas, explicando la forma en que contribuyen a la consecución de los objetivos establecidos en la letra *a)*, y los métodos que deben aplicarse para determinar en qué medida se han cumplido los criterios de rendimiento.

e) informará sobre cualquier período de diferimiento y sobre la posibilidad que tenga la sociedad de exigir la devolu-

ción de la remuneración variable.

f) cuando la sociedad conceda remuneración basada en acciones, la política especificará los períodos de devengo, así como, en su caso, la retención de las acciones tras la consolidación, y explicará la forma en que dicha remuneración contribuye a la consecución de los objetivos establecidos en la letra *a)*.

g) señalará la duración de los contratos o acuerdos con los consejeros, los plazos de preaviso aplicables, las principales características de los sistemas de pensión complementaria o jubilación anticipada, las condiciones de terminación y los pagos vinculados a esta.

h) explicará el proceso de toma de decisiones que se ha seguido para su determinación, revisión y aplicación, incluidas las medidas destinadas a evitar o gestionar los conflictos de intereses y, en su caso, la función de la comisión de nombramientos y retribuciones y de las demás comisiones que hubieran podido intervenir.

i) en caso de revisión de la política, se describirán y explicarán todos los cambios significativos y cómo se han tenido en cuenta las votaciones realizadas y los puntos de vista recibidos de los accionistas sobre la política y los informes anuales de remuneraciones de consejeros desde la fecha de la votación más reciente que haya tenido lugar sobre la política de remuneraciones en la junta general de accionistas.

4. La propuesta de la política de remuneraciones del consejo de administración será motivada y deberá acompañarse de un informe específico de la comisión de nombramientos y retribuciones. Ambos documentos se pondrán a disposición de los accionistas en la página web de la sociedad desde la convocatoria de la junta general, quienes podrán solicitar además su entrega o envío gratuito. El anuncio de la convocatoria de la junta general hará mención de este derecho.

5. Cualquier remuneración que perciban los consejeros por el ejercicio o terminación de su cargo y por el desempeño de funciones ejecutivas será acorde con la política de remuneraciones de los consejeros vigente en cada momento, salvo las remuneraciones que expresamente haya aprobado la junta general de accionistas.

6. Las sociedades podrán aplicar excepciones temporales a la política de remuneraciones, siempre que en dicha política consten el procedimiento a utilizar y las condiciones en las que se puede recurrir a esas excepciones y se especifiquen los componentes de la política que puedan ser objeto de excepción.

Las circunstancias excepcionales mencionadas en este apartado solo cubrirán situaciones en las que la excepción de la política de remuneraciones sea necesaria para servir a los intereses a largo plazo y la sostenibilidad de la sociedad en su conjunto o para asegurar su viabilidad.

7. Sin perjuicio de lo que establece el apartado 1 de este artículo:

a) si la propuesta de una nueva política de remuneraciones es rechazada por la junta general de accionistas, la sociedad continuará remunerando a sus consejeros de conformidad con la política de remuneraciones en vigor en la fecha de celebración de la junta general y deberá someter a aprobación de la siguiente junta general ordinaria de accionistas una nueva propuesta de política de remuneraciones; y

b) si el informe anual sobre remuneraciones de los consejeros es rechazado en la votación consultiva de la junta general ordinaria, la sociedad solo podrá seguir aplicando la política de remuneraciones en vigor en la fecha de celebración de la junta general hasta la siguiente junta general ordinaria.

CAPÍTULO VII BIS*

OPERACIONES VINCULADAS

Art. 529 vicies. *Definición de operaciones vinculadas.*— 1. A los efectos de lo establecido en este Capítulo, se entenderán por operaciones vinculadas aquellas realizadas por la sociedad o sus sociedades dependientes con consejeros, con accionistas titulares de un 10 por 100 o más de los derechos de voto o representados en el consejo de administración de la sociedad, o con cualesquiera otras personas que deban considerarse partes vinculadas con arreglo a las Normas Internacionales de Contabilidad, adoptadas de conformidad con el Reglamento (CE) 1606/2002 del Parlamento Europeo y del Consejo, de 19 de julio de 2002, relativo a la aplicación de normas internacionales de contabilidad.

2. Como excepción a lo previsto en el apartado anterior, no tendrán la consideración de operaciones vinculadas:

a) Las operaciones realizadas entre la sociedad y sus sociedades dependientes íntegramente participadas, directa o indirectamente, sin perjuicio de lo previsto en el artículo 231 bis.

b) La aprobación por el consejo de los términos y condiciones del contrato a suscribir entre la sociedad y cualquier consejero que vaya a desempeñar funciones ejecutivas, incluyendo el consejero delegado, o altos directivos, así como la determinación por el consejo de los importes o retribuciones concretas a abonar en virtud de dichos contratos, sin perjuicio del deber de abstención del consejero afectado previsto en el artículo 249.3.

c) Las operaciones celebradas por entidades de crédito basándose en medidas destinadas a la salvaguardia de su estabilidad, adoptadas por la autoridad competente responsable de la supervisión prudencial en el sentido del Derecho de la Unión Europea.

3. Tampoco tendrán la consideración de operaciones con partes vinculadas las que realice una sociedad con sus sociedades dependientes o participadas, siempre que ninguna

---

* Capítulo añadido por el apartado 26 del art. 3.º de la Ley 5/2021, de 12 de abril, por la que se modifica el texto refundido de la Ley de Sociedades de Capital, aprobado por el Real Decreto Legislativo 1/2010, de 2 de julio, y otras normas financieras, en lo que respecta al fomento de la implicación a largo plazo de los accionistas en las sociedades cotizadas (*B.O.E.* núm. 88, de 13 de abril de 2021).

otra parte vinculada a la sociedad tenga intereses en dichas entidades dependientes o participadas.

Art. 529 unvicies. *Publicación de información sobre operaciones vinculadas.*—1. Las sociedades deberán anunciar públicamente, a más tardar en el momento de su celebración, las operaciones vinculadas que realice esta o sociedades de su grupo y que alcancen o superen:

a) el 5 por 100 del total de las partidas del activo o

b) el 2,5 por 100 del importe anual de la cifra anual de negocios.

2. El anuncio deberá insertarse en un lugar fácilmente accesible de la página web de la sociedad y será comunicado a la Comisión Nacional del Mercado de Valores para su difusión pública.

3. El anuncio deberá acompañarse del informe de la comisión de auditoría a que hace referencia el artículo 529 duovicies.3 y deberá incluir, como mínimo, la siguiente información:

a) información sobre la naturaleza de la operación y de la relación con la parte vinculada,

b) la identidad de la parte vinculada,

c) la fecha y el valor o importe de la contraprestación de la operación y

d) aquella otra información necesaria para valorar si esta es justa y razonable desde el punto de vista de la sociedad y de los accionistas que no sean partes vinculadas.

4. Lo previsto en el presente artículo se entenderá sin perjuicio de las normas sobre difusión pública de la información privilegiada establecidas en el artículo 17 del Reglamento (UE) n.º 596/2014 del Parlamento Europeo y del Consejo.

Art. 529 duovicies. *Aprobación de las operaciones vinculadas.*—1. La competencia para aprobar las operaciones vinculadas cuyo importe o valor sea igual o superior al 10 por 100 del total de las partidas del activo según el último balance anual aprobado por la sociedad corresponderá a la junta general de accionistas. Cuando la junta general esté llamada a pronunciarse sobre una operación vinculada, el accionista afectado estará privado del derecho de voto, salvo en los casos en que la propuesta de acuerdo haya sido aprobada por el consejo de administración sin el voto en contra de la mayoría de los consejeros independientes. No obstante, cuando proceda, será de aplicación la regla de la inversión de la carga de la prueba prevista en el artículo 190.3.

2. La competencia para aprobar el resto de las operaciones vinculadas corresponderá al consejo de administración, que no podrá delegarla. El consejero afectado o el que represente o esté vinculado al accionista afectado, deberá abstenerse de participar en la deliberación y votación del acuerdo correspondiente de conformidad con el artículo 228.c). No obstante, no deberán abstenerse los consejeros que representen o estén vinculados a la sociedad matriz en el órgano de administración de la sociedad cotizada dependiente, sin perjuicio de que, en tales casos, si su voto ha sido decisivo para la adopción del acuerdo, será de aplicación la regla de inversión de la carga de la prueba en términos análogos a los previstos en el artículo 190.3.

3. La aprobación por la junta o por el consejo de una operación vinculada deberá ser objeto de informe previo de la comisión de auditoría. En su informe, la comisión deberá evaluar si la operación es justa y razonable desde el punto de vista de la sociedad y, en su caso, de los accionistas distintos de la parte vinculada, y dar cuenta de los presupuestos en que se basa la evaluación y de los métodos utilizados. En la elaboración del informe no podrán participar los consejeros afectados.

4. No obstante lo dispuesto en los apartados 2 y 3 anteriores, el consejo de administración podrá delegar la aprobación de las siguientes operaciones vinculadas:

a) operaciones entre sociedades que formen parte del mismo grupo que se realicen en el ámbito de la gestión ordinaria y en condiciones de mercado;

b) operaciones que se concierten en virtud de contratos cuyas condiciones estandarizadas se apliquen en masa a un elevado número de clientes, se realicen a precios o tarifas establecidos con carácter general por quien actúe como suministrador del bien o servicio de que se trate, y cuya cuantía no supere el 0,5 por 100 del importe neto de la cifra de negocios de la sociedad.

La aprobación de las operaciones vinculadas a que se refiere este apartado 4 no requerirá de informe previo de la comisión de auditoría. No obstante, el consejo de administración deberá establecer en relación con ellas un procedimiento interno de información y control periódico, en el que deberá intervenir la comisión de auditoría y que verificará la equidad y transparencia de dichas operaciones y, en su caso, el cumplimiento de los criterios legales aplicables a las anteriores excepciones.

Art. 529 tervicies. *Reglas de cálculo.*—1. Las operaciones vinculadas que se hayan celebrado con la misma contraparte en los últimos doce meses se agregarán para determinar el valor total a efectos de lo previsto en las normas aplicables contenidas en la presente Ley.

2. Las referencias realizadas en este capítulo al total de las partidas del activo o cifra anual de negocios se entenderán realizadas a los valores reflejados en las últimas cuentas anuales consolidadas o, en su defecto, a las últimas cuentas anuales individuales de la sociedad cotizada aprobadas por la junta general.

CAPÍTULO VIII

PACTOS PARASOCIALES SUJETOS A PUBLICIDAD

Art. 530. *Pactos parasociales en sociedad cotizada.*—1. A los efectos de lo dispuesto en este capítulo, se entienden por pactos parasociales aquellos pactos que incluyan la regulación del ejercicio del derecho de voto en las juntas generales o que restrinjan o condicionen la libre transmisibilidad de las acciones en las sociedades anónimas cotizadas.

2. Lo dispuesto en este título se aplicará también a los supuestos de pactos que con el mismo objeto se refieran a obligaciones convertibles o canjeables emitidas por una sociedad anónima cotizada.

Art. 531. *Publicidad de los pactos parasociales.*—1. La ce-

Art. 530: Anteriormente art. 518, ha sido renumerado conforme al art. 2.°dos de la Ley 25/2011, de 1 de agosto, de reforma parcial de la Ley de Sociedades de Capital y de incorporación de la Directiva 2007/36/CE del Parlamento Europeo y del Consejo, de 11 de julio, sobre el ejercicio de determinados derechos de los accionistas de sociedades cotizadas (*B.O.E.* núm. 184, de 2 de agosto).
V. art. 534 y Disp. Adic. 7.ª (párr. 1.°) del presente T.R.
Art. 531: Anteriormente art. 519, ha sido renumerado conforme al art. 2.°dos de la Ley 25/2011, de 1 de agosto, de reforma parcial de la Ley de Sociedades de Capital y de incorporación de la Directiva 2007/36/CE del Parlamento Europeo y del Consejo, de 11 de julio, sobre el ejercicio de determinados derechos de los accionistas de sociedades cotizadas (*B.O.E.* núm. 184, de 2 de agosto).
V. arts. 532.1 y 534 y Disp. Adic. 7.ª (párr. 1.°) del presente T.R.

lebración, prórroga o modificación de un pacto parasocial que tenga por objeto el ejercicio del derecho de voto en las juntas generales o que restrinja o condicione la libre transmisibilidad de las acciones o de obligaciones convertibles o canjeables en las sociedades anónimas cotizadas habrá de ser comunicada con carácter inmediato a la propia sociedad y a la Comisión Nacional del Mercado de Valores.

A la comunicación se acompañará copia de las cláusulas del documento en el que conste, que afecten al derecho de voto o que restrinjan o condicionen la libre transmisibilidad de las acciones o de las obligaciones convertibles o canjeables.

2. Una vez efectuada cualquiera de estas comunicaciones, el documento en el que conste el pacto parasocial deberá ser depositado en el Registro Mercantil en el que la sociedad esté inscrita.

3. El pacto parasocial deberá publicarse como hecho relevante.

Art. 532. *Legitimación para publicidad de los pactos parasociales.*—1. Cualquiera de los firmantes del pacto parasocial estará legitimado para realizar las comunicaciones y el depósito a los que se refiere el artículo anterior, incluso aunque el propio pacto prevea su realización por alguno de ellos o un tercero.

2. En casos de usufructo y prenda de acciones, la legitimación corresponderá a quien tenga el derecho de voto.

Art. 533. *Efectos de la falta de publicidad de los pactos parasociales.*—En tanto no tengan lugar las comunicaciones, el depósito y la publicación como hecho relevante, el pacto parasocial no producirá efecto alguno en cuanto a las referidas materias.

Art. 532: Anteriormente art. 520, ha sido renumerado conforme al art. 2.º dos de la Ley 25/2011, de 1 de agosto, de reforma parcial de la Ley de Sociedades de Capital y de incorporación de la Directiva 2007/36/CE del Parlamento Europeo y del Consejo, de 11 de julio, sobre el ejercicio de determinados derechos de los accionistas de sociedades cotizadas (*B.O.E.* núm. 184, de 2 de agosto).
V. art. 534 y Disp. Adic. 7.ª (párr. 1.º) del presente T.R.
Art. 533: Anteriormente art. 521, ha sido renumerado conforme al art. 2.º dos de la Ley 25/2011, de 1 de agosto, de reforma parcial de la Ley de Sociedades de Capital y de incorporación de la Directiva 2007/36/CE del Parlamento Europeo y del Consejo, de 11 de julio, sobre el ejercicio de determinados derechos de los accionistas de sociedades cotizadas (*B.O.E.* núm. 184, de 2 de agosto).
V. art. 534 y Disp. Adic. 7.ª (párr. 1.º) del presente T.R.

Art. 534. *Pactos parasociales entre socios de sociedad que ejerza el control sobre una sociedad cotizada.*—Lo dispuesto en los artículos anteriores será de aplicación a los pactos parasociales entre socios o miembros de una entidad que ejerza el control sobre una sociedad cotizada.

Art. 535. *Dispensa temporal del deber de publicidad.*— Cuando la publicidad pueda ocasionar un grave daño a la sociedad, la Comisión Nacional del Mercado de Valores, a solicitud de los interesados, podrá acordar, mediante resolución motivada, que no se dé publicidad alguna a un pacto parasocial que le haya sido comunicado, o a parte de él, y dispensar de la comunicación de dicho pacto a la propia sociedad, del depósito en el Registro Mercantil del documento en que conste y de la publicación como hecho relevante, determinando el tiempo en que puede

mantenerse en secreto entre los interesados.

CAPÍTULO VIII BIS

ESPECIALIDADES DE LAS SOCIEDADES COTIZADAS CON PROPÓSITO PARA LA ADQUISICIÓN

Art. 535 bis. *Sociedad cotizada con propósito para la adquisición.*—1. Se entenderá por sociedad cotizada con propósito para la adquisición aquella que se constituya con el objeto de adquirir la totalidad o una participación en el capital de otra sociedad o sociedades cotizadas o no cotizadas, ya sea directa o indirectamente, a título de compraventa, fusión, escisión, aportación no dineraria, cesión global de activos y pasivos u otras operaciones análogas y cuyas únicas actividades hasta ese momento sean la oferta pública de valores inicial, la soli-

---

Art. 534: Anteriormente art. 522, ha sido renumerado conforme al art. 2.º dos de la Ley 25/2011, de 1 de agosto, de reforma parcial de la Ley de Sociedades de Capital y de incorporación de la Directiva 2007/36/CE del Parlamento Europeo y del Consejo, de 11 de julio, sobre el ejercicio de determinados derechos de los accionistas de sociedades cotizadas (*B.O.E.* núm. 184, de 2 de agosto).

V. Disp. Adic. 7.ª (párr. 1.º) del presente T.R.

Art. 535: Anteriormente art. 523, ha sido renumerado conforme al art. 2.º dos de la Ley 25/2011, de 1 de agosto, de reforma parcial de la Ley de Sociedades de Capital y de incorporación de la Directiva 2007/36/CE del Parlamento Europeo y del Consejo, de 11 de julio, sobre el ejercicio de determinados derechos de los accionistas de sociedades cotizadas (*B.O.E.* núm. 184, de 2 de agosto).

Capítulo VIII BIS, Arts. 535 bis a 535 quinquies: Añadido por la Ley 6/2023, de 17 de marzo, de los Mercados de Valores y de los Servicios de Inversión.

citud a admisión a negociación y las conducentes a la adquisición que, en su caso, sea aprobada por la Junta General de accionistas.

2. Los fondos obtenidos en la oferta pública de valores se inmovilizarán en una cuenta abierta en una entidad de crédito a nombre de la sociedad cotizada con propósito para la adquisición.

3. Las sociedades cotizadas con propósito para la adquisición deberán incluir en la denominación social la indicación «Sociedad cotizada con Propósito para la Adquisición», o su abreviatura, «SPAC, S.A.», hasta que se formalice la adquisición que sea aprobada.

4. Los estatutos sociales de la sociedad cotizada con propósito para la adquisición deberán contemplar un plazo de 36 meses como máximo para la formalización del acuerdo de adquisición. Este plazo podrá ser ampliado, hasta un máximo de 18 meses adicionales, mediante decisión de la Junta General de Accionistas con los mismos requisitos exigibles a una modificación estatutaria.

5. Las especialidades previstas en este Capítulo se aplicarán también a las sociedades cotizadas con propósito para la adquisición que tengan valores admitidos a negociación en sistemas multilaterales de negociación.

6. Dejarán de aplicarse las especialidades del presente capítulo una vez formalizada la adquisición o inscrita la fusión.

Art. 535 ter. *Mecanismos de reembolso de los accionistas.—* 1. Las sociedades cotizadas con propósito para la adquisición deberán incorporar al menos uno de los siguientes mecanismos de reembolso de los accionistas, salvo que se comprometan a realizar la reducción de capital social prevista en el apartado 3:

a) La introducción de un derecho estatutario de separación una vez que la sociedad cotizada con propósito para la adquisición anuncie la adquisición o fusión proyectada, con independencia del sentido del voto del accionista en la junta correspondiente y sin que resulte de aplicación lo dispuesto en el artículo 346.1.*a)* de la Ley.

b) La emisión de acciones rescatables, sin que resulte de aplicación el límite máximo y las previsiones establecidas, respectivamente, en el artículo 500 y 501 de la Ley. El rescate se podrá ejercer en el plazo que prevea la sociedad, a solicitud de los accionistas que lo fueran en la fecha establecida al efecto, hayan votado o no a favor de la propuesta de adquisición.

2. El valor de reembolso de las acciones, ya se configure

como derecho de separación o como acciones rescatables, será la parte alícuota del importe efectivo inmovilizado en la cuenta transitoria a la que se refiere el apartado 2 del artículo anterior.

3. La sociedad cotizada con propósito especial para la adquisición también podrá llevar a cabo una reducción de capital mediante la adquisición de sus propias acciones para su amortización como mecanismo de reembolso, en los términos previstos en el artículo 535 quáter 3.

Art. 535 quáter. *Especialidades de las sociedades cotizadas con propósito especial para la adquisición en relación con las ofertas públicas de adquisición.*—1. Si, como consecuencia de la adquisición aprobada, algún accionista alcanza, directa o indirectamente, una participación de control de la sociedad resultante, tal y como este se define en el artículo 4 del Real Decreto 1.066/2007, de 27 de julio, sobre el régimen de las ofertas públicas de adquisición, dicho accionista estará exceptuado de la obligación de formular una oferta pública de adquisición.

2. Si, como consecuencia del mecanismo de reembolso que se configure, algún accionista de la sociedad cotizada con propósito para la adquisición alcanza directa o indirectamente una participación de control de dicha sociedad, tal y como se define en el artículo 4 del Real Decreto 1.066/2007, de 27 de julio, dicho accionista estará exceptuado de la obligación de formular una oferta pública de adquisición.

3. Si la sociedad cotizada con propósito especial para la adquisición llevase a cabo, como mecanismo de reembolso, una reducción de capital mediante la adquisición de sus propias acciones para su amortización, la oferta a la que hacen referencia los artículos 338 de la presente ley y 12 del Real Decreto 1.066/2007, de 27 de julio incluirá las siguientes previsiones:

a) El precio de la oferta pública de adquisición será el importe equivalente a la parte alícuota del importe efectivo inmovilizado en la cuenta transitoria a la que se refiere el apartado 2 del artículo 535 bis anterior en el momento del ejercicio del derecho de reembolso.

b) La sociedad podrá, en lugar de amortizar las acciones adquiridas, aprobar su entrega en canje a los accionistas de la sociedad adquirida como contraprestación total o parcial de la adquisición.

c) Siempre que la sociedad haya limitado sus actividades a la oferta de acciones y las conducentes a la adquisición o fusión según se prevé en el artículo 535 bis, no existirá derecho de oposición de acreedores.

Este apartado será de aplicación exclusivamente a las reducciones de capital mediante la adquisición de sus propias acciones para su amortización llevadas a cabo como mecanismo de reembolso de los accionistas antes o en el marco de la adquisición o fusión.

4. Las excepciones de los apartados 1 y 2 anteriores se aplicarán automáticamente y no requerirán un acuerdo al efecto de la Comisión Nacional del Mercado de Valores.

Art. 535 quinquies. *Otras especialidades de las sociedades cotizadas con propósito especial para la adquisición.*—1. No será de aplicación a las sociedades cotizadas con propósito especial para la adquisición el límite máximo de la autocartera contemplado en el artículo 509 de esta ley, siempre que la adquisición de acciones propias por la sociedad se lleve a cabo como mecanismo de reembolso de los accionistas una vez determinada la sociedad a adquirir, en los términos previstos en el artículo 535 quáter.3.

2. En las operaciones de fusión en las que resulten de aplicación las excepciones a la obligación de publicar un folleto contempladas en el artículo 1, apartado 4, letra *g*), y apartado 5, letra *f*) del Reglamento (UE) 2017/1129 del Parlamento Europeo y del Consejo, de 14 de junio de 2017, sobre el folleto que debe publicarse en caso de oferta pública o admisión a cotización de valores en un mercado regulado, la CNMV, atendiendo a la naturaleza y complejidad de la operación, podrá exigir su elaboración.

CAPÍTULO IX

LA INFORMACIÓN SOCIETARIA

SECCIÓN 1.ª

Especialidades de las cuentas anuales

Subsección 1.ª

Cuentas anuales

Art. 536. *Prohibición de cuentas abreviadas.*—Las sociedades cuyos valores estén admitidos a negociación en un mercado regulado de cualquier

---

Art. 536: Anteriormente art. 524, ha sido renumerado conforme al art. 2.°dos de la Ley 25/2011, de 1 de agosto, de reforma parcial de la Ley de Sociedades de Capital y de incorporación de la Directiva 2007/36/CE del Parlamento Europeo y del Consejo, de 11 de julio, sobre el ejercicio de determinados derechos de los accionistas de sociedades cotizadas (*B.O.E.* núm. 184, de 2 de agosto).

Estado miembro de la Unión Europea, no podrán formular balance y estado de cambios en el patrimonio neto abreviados ni cuenta de pérdidas y ganancias abreviadas.

ción financiera adoptadas por los Reglamentos de la Unión Europea, indicando los criterios de valoración que hayan aplicado.

Subsección 2.ª

*Especialidades
de la memoria*

Subsección 3.ª

*Especialidades
del informe
de gestión*

Art. 537. *Deber de información complementaria.*—Las sociedades que hayan emitido valores admitidos a cotización en un mercado regulado de cualquier Estado miembro de la Unión Europea y que, de acuerdo con la normativa en vigor publiquen únicamente cuentas anuales individuales, estarán obligadas a informar en la memoria de las principales variaciones que se originarían en el patrimonio neto y en la cuenta de pérdidas y ganancias si se hubieran aplicado las normas internacionales de informa-

Art. 538. *Inclusión del informe de gobierno corporativo y de remuneraciones en el informe de gestión.*—Las sociedades que hayan emitido valores admitidos a cotización en un mercado regulado de cualquier Estado miembro de la Unión Europea incluirán en el informe de gestión, en una sección separada, el informe de gobierno corporativo. Las sociedades anónimas cotizadas deberán incluir, junto con aquel, asimismo, el informe anual sobre remuneraciones de los consejeros.

Art. 537: Anteriormente art. 525, ha sido renumerado conforme al art. 2.°dos de la Ley 25/2011, de 1 de agosto, de reforma parcial de la Ley de Sociedades de Capital y de incorporación de la Directiva 2007/36/CE del Parlamento Europeo y del Consejo, de 11 de julio, sobre el ejercicio de determinados derechos de los accionistas de sociedades cotizadas (*B.O.E.* núm. 184, de 2 de agosto).

Art. 538: Redactado de nuevo por el apartado 27 del art. 3.° de la Ley 5/2021, de 12 de abril, por la que se modifica el texto refundido de la Ley de Sociedades de Capital, aprobado por el Real Decreto Legislativo 1/2010, de 2 de julio, y otras normas financieras, en lo que respecta al fomento de la implicación a largo plazo de los accionistas en las sociedades cotizadas (*B.O.E.* núm. 88, de 13 de abril de 2021).

SECCIÓN 2.ª*

*Los instrumentos especiales
de información*

Art. 539. *Instrumentos especiales de información.*—1. Las sociedades anónimas cotizadas deberán cumplir los deberes de información por cualquier medio técnico, informático o telemático, sin perjuicio del derecho de los accionistas a solicitar la información en forma impresa.

2. Las sociedades anónimas cotizadas deberán disponer de una página web para atender el ejercicio, por parte de los accionistas, del derecho de información, y para difundir la información relevante exigida por la legislación sobre el mercado de valores. Asimismo, las sociedades anónimas cotizadas publicarán en dicha página web el período medio de pago a sus proveedores, y, en su caso, las medidas a que se refiere el último párrafo del artículo 262.1.

En la página web de la sociedad se habilitará un foro electrónico de accionistas, al que podrán acceder con las debidas garantías tanto los accionistas individuales como las asociaciones voluntarias que puedan constituir, con el fin de facilitar su comunicación con carácter previo a la celebración de las juntas generales. En el foro podrán publicarse propuestas que pretendan presentarse como complemento del orden del día anunciado en la convocatoria, solicitudes de adhesión a tales propuestas, iniciativas para alcanzar el porcentaje suficiente para ejercer un derecho de minoría previsto en la Ley, así como ofertas o peticiones de representación voluntaria.

---

* Anteriormente Sección 3.ª, ha sido renumerada como Sección 2.ª conforme al art. 2.º dos de la Ley 25/2011, de 1 de agosto, de reforma parcial de la Ley de Sociedades de Capital y de incorporación de la Directiva 2007/36/CE del Parlamento Europeo y del Consejo, de 11 de julio, sobre el ejercicio de determinados derechos de los accionistas de sociedades cotizadas (*B.O.E.* núm. 184, de 2 de agosto), que ha derogado la anterior Sección 2.ª (aunque dicha Ley dice derogar sólo su rúbrica) junto con el art. 527 que la integraba.

Art. 539: Anteriormente art. 528, ha sido renumerado conforme al art. 2.º dos de la Ley 25/2011, de 1 de agosto, de reforma parcial de la Ley de Sociedades de Capital y de incorporación de la Directiva 2007/36/CE del Parlamento Europeo y del Consejo, de 11 de julio, sobre el ejercicio de determinados derechos de los accionistas de sociedades cotizadas (*B.O.E.* núm. 184, de 2 de agosto).

V. Disp. Adic. 7.ª (párr. 1.º) del presente T.R.

Art. 539.2: Redactado conforme al art. único.cincuenta y nueve de la Ley 31/2014, de 3 de diciembre, por la que se modifica la Ley de Sociedades de Capital para la mejora del gobierno corporativo (*B.O.E.* núm. 293, de 4 de diciembre).

3. Al consejo de administración corresponde establecer el contenido de la información a facilitar en la página web, de conformidad con lo que establezca el Ministerio de Economía y Hacienda o, con su habilitación expresa, la Comisión Nacional del Mercado de Valores.

4. Los accionistas de cada sociedad cotizada podrán constituir asociaciones específicas y voluntarias para ejercer la representación de los accionistas en las juntas de sociedades cotizadas y los demás derechos reconocidos en esta Ley. A estos efectos, las asociaciones deberán cumplir los siguientes requisitos:

a) Tendrán como objeto exclusivo la defensa de los intereses de los accionistas, evitando incurrir en situaciones de conflicto de interés que puedan resultar contrarias a dicho objeto.

b) Estarán integradas, al menos, por cien personas, no pudiendo formar parte de ellas los accionistas con una participación superior al 0,5 por 100 del capital con derecho de voto de la sociedad.

c) Estarán constituidas mediante escritura pública que deberá inscribirse en el Registro Mercantil correspondiente al domicilio de la sociedad cotizada y, a los meros efectos de publicidad, en un registro especial habilitado al efecto en la Comisión Nacional del Mercado de Valores. En la escritura de constitución se fijarán las normas de organización y funcionamiento de la asociación.

d) Llevarán una contabilidad conforme a lo establecido en el Código de Comercio para las sociedades mercantiles y someterán sus cuentas anuales a auditoría de cuentas. Dentro del mes siguiente a la aprobación de las cuentas anuales del ejercicio anterior por la asamblea de los miembros de la asociación, ésta deberá depositar en el Registro Mercantil un ejemplar de dichas cuentas, junto con el correspondiente informe de auditoría, y una memoria expresiva de la actividad desarrollada, remitiendo copia de estos documentos a la Comisión Nacional del Mercado de Valores. Como documento anejo a los anteriores, remitirán también a la Comisión Nacional del Mercado de Valores una relación de los miembros de la asociación al día en que hubiere finalizado el ejercicio anterior.

Art. 539.4: Redactado conforme al art. único.cincuenta y nueve de la Ley 31/2014, de 3 de diciembre, por la que se modifica la Ley de Sociedades de Capital para la mejora del gobierno corporativo (*B.O.E.* núm. 293, de 4 de diciembre).

e) Llevarán un registro de las representaciones que les hubieran sido conferidas por accionistas para que les representen en las juntas generales que se celebren, así como de las representaciones con que hubieran concurrido a cada una de las juntas, con expresión de la identidad del accionista representado y del número de acciones con que hubiera concurrido en su nombre. El registro de representaciones estará a disposición de la Comisión Nacional del Mercado de Valores y de la entidad emisora.

Las asociaciones de accionistas no podrán recibir, de forma directa o indirecta, cantidad o ventaja patrimonial alguna de la sociedad cotizada.

Reglamentariamente se desarrollarán los requisitos de las asociaciones de accionistas para el ejercicio de los derechos que se les atribuyen en esta Ley, que comprenderán, al menos, los requisitos y límites para su constitución, las bases de su estructura orgánica, las reglas de su funcionamiento y los derechos y obligaciones que les correspondan, especialmente en su relación con la sociedad cotizada, así como el régimen de conflictos de interés que garanticen el adecuado cumplimiento de los fines para los que se constituyen.

5. Asimismo, se faculta al Gobierno y, en su caso, al Ministerio de Economía y Hacienda y, con su habilitación expresa, a la Comisión Nacional del Mercado de Valores, para desarrollar las especificaciones técnicas y jurídicas necesarias respecto a lo establecido en este artículo.

SECCIÓN 3.ª*

Informe anual de gobierno corporativo e informe anual sobre remuneraciones de los consejeros

Art. 540. *Informe anual de gobierno corporativo.*—1. Las sociedades anónimas cotizadas deberán hacer público con carácter anual un informe de gobierno corporativo.

2. El informe anual de gobierno corporativo será objeto de comunicación a la Comisión Nacional del Mercado de Valo-

---

* Sección 3.ª añadida, con sus arts. 540 y 541, conforme al art. único.sesenta de la Ley 31/2014, de 3 de diciembre, por la que se modifica la Ley de Sociedades de Capital para la mejora del gobierno corporativo (*B.O.E.* núm. 293, de 4 de diciembre).

Art. 540: Añadido conforme al art. único.sesenta y uno de la Ley 31/2014, de 3 de diciembre, por la que se modifica la Ley de Sociedades de Capital para la mejora del gobierno corporativo (*B.O.E.* núm. 293, de 4 de diciembre).

V. Disp. Adic. 7.ª (párr. 1.º) del presente T.R.

res, acompañando copia del documento en que conste. La Comisión Nacional del Mercado de Valores remitirá copia del informe comunicado a las respectivas autoridades de supervisión cuando se trate de sociedades cotizadas que estén dentro de su ámbito de competencias.

3. El informe será objeto de publicación como hecho relevante.

4. El contenido y estructura del informe de gobierno corporativo será determinado por el Ministro de Economía y Competitividad o, con su habilitación expresa, por la Comisión Nacional del Mercado de Valores.

Dicho informe deberá ofrecer una explicación detallada de la estructura del sistema de gobierno de la sociedad y de su funcionamiento en la práctica. En todo caso, el contenido mínimo del informe de gobierno corporativo será el siguiente:

a) Estructura de propiedad de la sociedad, que habrá de incluir:

1.º información relativa a los accionistas con participaciones significativas, indicando los porcentajes de participación y las relaciones de índole familiar, comercial, contractual o societaria que existan, así como su representación en el consejo,

2.º información de las participaciones accionariales de los miembros del consejo de administración que deberán comunicar a la sociedad, y de la existencia de los pactos parasociales comunicados a la propia sociedad y a la Comisión Nacional del Mercado de Valores, y, en su caso, depositados en el Registro Mercantil,

3.º información de los valores que no se negocien en un mercado regulado comunitario, con indicación, en su caso, de las distintas clases de acciones y, para cada clase de acciones, los derechos y obligaciones que confiera, así como el porcentaje del capital social que represente la autocartera de la sociedad y sus variaciones significativas,

4.º información relativa a las normas aplicables a la modificación de los estatutos de la sociedad.

b) Cualquier restricción a la transmisibilidad de valores y cualquier restricción al derecho de voto.

c) Estructura de la administración de la sociedad, que habrá de incluir:

1.º información relativa a la composición, reglas de organización y funcionamiento del consejo de administración y de sus comisiones,

2.º identidad y remuneración de sus miembros, funciones y cargos dentro de la sociedad, sus relaciones con accionistas con participaciones significativas, indicando la existencia de consejeros cruzados o vinculados y los procedimientos de selección, remoción o reelección,

3.º detalle de los cargos de consejero, administrador o director, o representante de los mismos, que desempeñen los consejeros o representantes de consejeros miembros del consejo de administración de la sociedad en otras entidades, se trate o no de sociedades cotizadas,

4.º información sobre las demás actividades retribuidas de los consejeros o representantes de los consejeros miembros del consejo de administración de la sociedad, cualquiera que sea su naturaleza, distintas de las señaladas en el apartado anterior,

5.º información de los poderes de los miembros del consejo de administración y, en particular, los relativos a la posibilidad de emitir o recomprar acciones,

6.º información de los acuerdos significativos que haya celebrado la sociedad y que entren en vigor, sean modificados o concluyan en caso de cambio de control de la sociedad a raíz de una oferta pública de adquisición, y sus efectos, excepto cuando su divulgación resulte seriamente perjudicial para la sociedad. Esta excepción no se aplicará cuando la sociedad esté obligada legalmente a dar publicidad a esta información,

7.º información de los acuerdos entre la sociedad y sus cargos de administración y dirección o empleados que dispongan indemnizaciones cuando éstos dimitan o sean despedidos de forma improcedente o si la relación laboral llega a su fin con motivo de una oferta pública de adquisición,

8.º Una descripción de la política de diversidad aplicada en relación con el consejo de administración, de dirección y de las comisiones especializadas

---

Art. 540.4.c).3.º y 4.º: Párrafos 3.º y 4.º redactados de nuevo por el apartado 28 del art. 3.º de la Ley 5/2021, de 12 de abril, por la que se modifica el texto refundido de la Ley de Sociedades de Capital, aprobado por el Real Decreto Legislativo 1/2010, de 2 de julio, y otras normas financieras, en lo que respecta al fomento de la implicación a largo plazo de los accionistas en las sociedades cotizadas (*B.O.E.* núm. 88, de 13 de abril de 2021).

Art. 540.4.c).8.º: El apartado 4.c).8.º ha sido modificado por el art. 2.10 de la Ley 11/2018, de 28 de diciembre, por la que se modifica el Código de Comercio, el texto refundido de la Ley de Sociedades de Capital aprobado por el Real Decreto Legislativo 1/2010, de 2 de julio, y la Ley 22/2015, de 20 de julio, de Auditoría de Cuentas, en materia de información no financiera y diversidad (*B.O.E.* núm. 314, de 29 de diciembre de 2018).

que se constituyan en su seno, por lo que respecta a cuestiones como la edad, el género, la discapacidad o la formación y experiencia profesional de sus miembros; incluyendo sus objetivos, las medidas adoptadas, la forma en la que se han aplicado, en particular, los procedimientos para procurar incluir en el consejo de administración un número de mujeres que permita alcanzar una presencia equilibrada de mujeres y hombres y los resultados en el período de presentación de informes, así como las medidas que, en su caso, hubiera acordado respecto de estas cuestiones la comisión de nombramientos.

Asimismo, las sociedades deberán informar si se facilitó información a los accionistas sobre los criterios y los objetivos de diversidad con ocasión de la elección o renovación de los miembros del consejo de administración, de dirección y de las comisiones especializadas constituidas en su seno.

En caso de no aplicarse una política de este tipo, se deberá ofrecer una explicación clara y motivada al respecto.

Las entidades pequeñas y medianas, de acuerdo con la definición contenida en la legislación de auditoría de cuentas, únicamente estarán obligadas a proporcionar información sobre las medidas que, en su caso,

se hubiesen adoptado en materia de género.

d) Operaciones vinculadas de la sociedad con sus accionistas y sus administradores y cargos directivos y operaciones intragrupo.

e) Sistemas de control del riesgo, incluido el fiscal.

f) Funcionamiento de la junta general, con información relativa al desarrollo de las reuniones que celebre.

g) Grado de seguimiento de las recomendaciones de gobierno corporativo, o, en su caso, la explicación de la falta de seguimiento de dichas recomendaciones.

h) Una descripción de las principales características de los sistemas internos de control y gestión de riesgos en relación con el proceso de emisión de la información financiera.

5. Sin perjuicio de las sanciones que proceda imponer por la falta de remisión de la documentación o del informe de gobierno corporativo, o la existencia de omisiones o datos engañosos o erróneos, corresponde a la Comisión Nacional del Mercado de Valores el seguimiento de las reglas de gobierno corporativo, a cuyo efecto podrá recabar cuanta información precise al respecto, así como hacer pública la información que considere relevante sobre su grado efectivo de cumplimiento.

6. Cuando la sociedad cotizada sea una sociedad anónima europea domiciliada en España que haya optado por el sistema dual, junto al informe anual de gobierno corporativo elaborado por la dirección se acompañará un informe elaborado por el consejo de control sobre el ejercicio de sus funciones.

Art. 541. *Informe anual sobre remuneraciones de los consejeros.*—1. El consejo de administración de las sociedades anónimas cotizadas deberá elaborar y publicar anualmente un informe sobre remuneraciones de los consejeros, incluyendo las que perciban o deban percibir en su condición de tales y, en su caso, por el desempeño de funciones ejecutivas.

2. El informe anual sobre remuneraciones de los consejeros deberá incluir información completa, clara y comprensible sobre la política de remuneraciones de los consejeros aplicable al ejercicio en curso. Incluirá también un resumen global sobre la aplicación de la política de remuneraciones durante el ejercicio cerrado, así como el detalle de las remuneraciones individuales devengadas por todos los conceptos por cada uno de los consejeros en dicho ejercicio.

3. El informe anual sobre remuneraciones de los consejeros se difundirá como otra información relevante por la sociedad de forma simultánea al informe anual de gobierno corporativo y se mantendrá accesible en la página web de la sociedad y de la Comisión Nacional del Mercado de Valores de forma gratuita durante un periodo mínimo de diez años. La sociedad y la CNMV podrán mantener el informe accesible al público durante más tiempo y deberán hacerlo cuando un acto legislativo sectorial de la Unión Europea establezca un periodo de tiempo más largo. En ambos casos dicho informe ya no podrá contener datos personales de los administradores.

4. El informe anual sobre remuneraciones de los consejeros se someterá a votación, con carácter consultivo y como punto separado del orden del día a la junta general ordinaria de accionistas.

Art. 541: Redactado de nuevo por el apartado 29 del art. 3.º de la Ley 5/2021, de 12 de abril, por la que se modifica el texto refundido de la Ley de Sociedades de Capital, aprobado por el Real Decreto Legislativo 1/2010, de 2 de julio, y otras normas financieras, en lo que respecta al fomento de la implicación a largo plazo de los accionistas en las sociedades cotizadas (*B.O.E.* núm. 88, de 13 de abril de 2021).

5. La persona titular del Ministerio de Asuntos Económicos y Transformación Digital o, con su habilitación expresa, la Comisión Nacional del Mercado de Valores, determinará el contenido y estructura del informe anual sobre remuneraciones de los consejeros, así como el papel desempeñado, en su caso, por la comisión de retribuciones.

Formará parte de dicho contenido, cuando sea de aplicación, la siguiente información sobre la remuneración de cada administrador:

a) la remuneración total devengada en el ejercicio desglosada en sus componentes, la proporción relativa de la remuneración fija y variable, una explicación de la forma en que la remuneración total devengada cumple la política de remuneraciones objeto de aplicación y previamente adoptada, en particular cómo contribuye al rendimiento sostenible y a largo plazo de la sociedad, e información sobre la manera en que se han aplicado los criterios de rendimiento,

b) el importe total anual devengado y la variación experimentada en el año de las siguientes categorías: la remuneración del consejero, el rendimiento de la sociedad y la remuneración media sobre una base equivalente a tiempo completo de los trabajadores de la sociedad distintos de los administradores durante al menos los cinco ejercicios más recientes, presentadas de manera conjunta de modo que resulte posible establecer comparaciones,

c) toda remuneración procedente de cualquier empresa perteneciente al mismo grupo,

d) el número de acciones y de opciones sobre acciones o cualquier otro instrumento financiero cuyo valor esté referenciado al valor de las acciones concedidas u ofrecidos y las principales condiciones para el ejercicio de los derechos, incluidos el precio y la fecha de ejercicio, así como cualquier modificación de las mismas,

e) información sobre el uso de la posibilidad de exigir la devolución de la remuneración variable; e

f) información sobre toda desviación del procedimiento para la aplicación de la política de remuneraciones a que se refiere el artículo 529 novodecies.2 y toda excepción que se aplique de conformidad con el artículo 529 novodecies.5, incluida la explicación del carácter de las circunstancias excepcionales y la indicación de los componentes específicos que son objeto de excepción.

6. El informe sobre remuneraciones no incluirá, por lo

que respecta a cada administrador, categorías especiales de datos personales en el sentido del artículo 9.1 del Reglamento (UE) n.º 2016/679, ni datos personales relativos a su situación familiar. Sin perjuicio de que los importes relativos a estos conceptos se incluyan formando parte del importe total de remuneraciones devengadas, se evitará a tal efecto desglosar aquellos conceptos retributivos específicos que puedan llevar a conocer estos datos personales dotados de especial protección.

Los datos personales de los administradores se incluirán en el informe sobre remuneraciones con el fin de aumentar la transparencia de las sociedades en lo que respecta a la remuneración de los administradores, con miras a reforzar la rendición de cuentas de estos y la supervisión de los accionistas sobre dicha remuneración; y su tratamiento se ajustará plenamente a lo establecido por la normativa de protección de datos de carácter personal y no podrán utilizarse para finalidades distintas de las establecidas en este artículo.

Las sociedades dejarán de dar acceso público a los datos personales de los administradores incluidos en el informe al que se refiere este apartado transcurridos diez años desde su publicación.

DISPOSICIONES ADICIONALES

1.ª *Prohibición de emitir obligaciones.*—Las personas físicas y las sociedades civiles, colectivas y comanditarias simples, no podrán emitir ni garantizar la emisión de obligaciones u otros valores negociables agrupados en emisiones.

2.ª *Tributación de la transmisión de participaciones sociales.*—El régimen de tributación

---

Disp. Adic. 2.ª: La Ley 24/1988, de 28 de julio, del Mercado de Valores (*B.O.E.* núm. 181, de 29 de julio de 1988; corrección de errores en *B.O.E.* núm. 122, de 23 de mayo de 1989), ha sido derogada y sustituida por el Real Decreto Legislativo 4/2015, de 23 de octubre, por el que se aprueba el Texto Refundido de la Ley del Mercado de Valores (*B.O.E.* núm. 255, de 24 de octubre; corrección de errores en *B.O.E.* núm. 296, de 11 de diciembre). El citado art. 108 de la derogada Ley 24/1988 se corresponde actualmente con el art. 314 del nuevo Texto Refundido, cuya redacción es la siguiente:

«*Art. 314. Exención del Impuesto sobre el Valor Añadido y del Impuesto sobre Transmisiones Patrimoniales y Actos Jurídicos Documentados.*—1. La transmisión de valores, admitidos o no a negociación en un mercado secundario oficial, estará exenta del Impuesto sobre el Valor Añadido y del Impuesto sobre Transmisiones Patrimoniales y Actos Jurídicos Documentados.

»2.   Quedan exceptuadas de lo dispuesto en el apartado anterior las transmisiones de valores no admitidos a negociación en un mercado secundario oficial realizadas en el mercado secundario, que tributarán en el impuesto al que estén sujetas como transmisiones onerosas de bienes inmuebles, cuando mediante tales transmisiones de valores se hubiera pretendido eludir el pago de los tributos que habrían gravado la transmisión de los inmuebles propiedad de las entidades a las que representen dichos valores.

»Sin perjuicio de lo dispuesto en el párrafo anterior, se entenderá, salvo prueba en contrario, que se actúa con ánimo de elusión del pago del impuesto correspondiente a la transmisión de bienes inmuebles en los siguientes supuestos:

»a)   Cuando se obtenga el control de una entidad cuyo activo esté formado en al menos el 50 por 100 por inmuebles radicados en España que no estén afectos a actividades empresariales o profesionales, o cuando, una vez obtenido dicho control, aumente la cuota de participación en ella.

»b)   Cuando se obtenga el control de una entidad en cuyo activo se incluyan valores que le permitan ejercer el control en otra entidad cuyo activo esté integrado al menos en un 50 por 100 por inmuebles radicados en España que no estén afectos a actividades empresariales o profesionales, o cuando, una vez obtenido dicho control, aumente la cuota de participación en ella.

»c)   Cuando los valores transmitidos hayan sido recibidos por las aportaciones de bienes inmuebles realizadas con ocasión de la constitución de sociedades o de la ampliación de su capital social, siempre que tales bienes no se afecten a actividades empresariales o profesionales y que entre la fecha de aportación y la de transmisión no hubiera transcurrido un plazo de tres años.

»3.   En los supuestos en que la transmisión de valores quede sujeta a los impuestos citados sin exención, según lo previsto en el apartado 2 anterior, se aplicarán las siguientes reglas:

»1.ª   Para realizar el cómputo del activo, los valores netos contables de todos los bienes contabilizados se sustituirán por sus respectivos valores reales determinados a la fecha en que tenga lugar la transmisión o adquisición. A estos efectos, el sujeto pasivo estará obligado a formar un inventario del activo en dicha fecha y a facilitarlo a la Administración tributaria a requerimiento de ésta.

»2.ª   Tratándose de sociedades mercantiles, se entenderá obtenido dicho control cuando directa o indirectamente se alcance una participación en el capital social superior al 50 por 100. A estos efectos se computarán también como participación del adquirente los valores de las demás entidades pertenecientes al mismo grupo de sociedades.

»3.ª   En los casos de transmisión de valores a la propia sociedad tenedora de los inmuebles para su posterior amortización por ella, se entenderá a efectos fiscales que tiene lugar el supuesto de elusión definido en las letras a) o b) del apartado anterior. En este caso será sujeto pasivo el accionista que, como consecuencia de dichas operaciones, obtenga el control de la sociedad, en los términos antes indicados.

»4.ª   En las transmisiones de valores que, conforme al apartado 2, estén sujetas al Impuesto sobre el Valor Añadido y no exentas, que tendrán la consideración de entrega de bienes a efectos del mismo, la base imponible se determinará en proporción al valor de mercado de los bienes que deban computarse como inmuebles. A este respecto, en los supuestos recogidos en el apartado 2.c), la base imponible del impuesto será la parte proporcional del valor de mercado de los inmuebles que fueron aportados en su día correspondiente a las acciones o participaciones transmitidas.

de la transmisión de las participaciones sociales será el establecido para la transmisión de valores en el artículo 108 de la ley 24/1988, de 28 de julio, del Mercado de Valores.

3.ª *Documento Único Electrónico (DUE).*—1. El Documento Único Electrónico (DUE) es aquel en el que se incluyen todos los datos referentes que, de acuerdo con la legislación aplicable, deben remitirse a los registros jurídicos y las Administraciones Públicas competentes para:

a) La constitución de sociedades de responsabilidad limitada.

b) La inscripción en el Registro Mercantil de los emprendedores de responsabilidad limitada.

c) El cumplimiento de las obligaciones en materia tributaria y de Seguridad Social asociadas al inicio de la actividad de empresarios individuales y sociedades mercantiles.

d) La realización de cualquier otro trámite ante autoridades estatales, autonómicas y locales asociadas al inicio o ejercicio de la actividad, incluidos el otorgamiento de cualesquiera autorizaciones, la presentación de comunicaciones y declaraciones responsables y los trámites asociados al cese de la actividad.

Se excluyen de lo dispuesto en el párrafo anterior las obligaciones fiscales y de la Seguridad Social durante el ejercicio

---

»5.ª   En las transmisiones de valores que, de acuerdo a lo expuesto en el apartado 2, deban tributar por la modalidad de transmisiones patrimoniales onerosas del Impuesto sobre Transmisiones Patrimoniales y Actos Jurídicos Documentados, para la práctica de la liquidación, se aplicarán los elementos de dicho impuesto a la parte proporcional del valor real de los inmuebles, calculado de acuerdo con las reglas contenidas en su normativa. A tal fin se tomará como base imponible:

»— En los supuestos a los que se refiere el apartado 2.*a*), la parte proporcional sobre el valor real de la totalidad de las partidas del activo que, a los efectos de la aplicación de este precepto, deban computarse como inmuebles, que corresponda al porcentaje total de participación que se pase a tener en el momento de la obtención del control o, una vez obtenido, onerosa o lucrativamente, dicho control, al porcentaje en el que aumente la cuota de participación.

»— En los supuestos a los que se refiere el apartado 2.*b*), para determinar la base imponible solo se tendrán en cuenta los inmuebles de aquellas cuyo activo esté integrado al menos en un 50 por 100 por inmuebles no afectos a actividades empresariales o profesionales.

»— En los supuestos a que se refiere el apartado 2.*c*), la parte proporcional del valor real de los inmuebles que fueron aportados en su día correspondiente a las acciones o participaciones transmitidas.»

Disp. Adic. 3.ª: Redactada conforme a la Disp. Final 6.ª de la Ley 14/2013, de 27 de septiembre, de apoyo a los emprendedores y su internacionalización (*B.O.E.* núm. 233, de 28 de septiembre).

de la actividad, así como los trámites asociados a los procedimientos de contratación pública y de solicitud de subvenciones y ayudas.

2. Las remisiones y recepciones del DUE se limitarán a aquellos datos que sean necesarios para la realización de los trámites competencia del organismo correspondiente.

Reglamentariamente o, en su caso, mediante la celebración de los oportunos convenios entre las Administraciones Públicas competentes, se establecerán las especificaciones y condiciones para el empleo del DUE para la constitución de cualquier forma societaria, con pleno respeto a lo dispuesto en la normativa sustantiva y de publicidad que regula estas formas societarias y teniendo en cuenta la normativa a la que se hace mención en el apartado 6 de la disposición adicional cuarta.

3. La remisión del DUE se hará mediante el empleo de técnicas electrónicas, informáticas y telemáticas de acuerdo con lo dispuesto por las normas aplicables al empleo de tales técnicas, teniendo en cuenta lo previsto en las legislaciones específicas.

4. Los socios fundadores de la sociedad de responsabilidad limitada podrán manifestar al notario, previamente al otorgamiento de la escritura de constitución, su interés en realizar por sí mismos los trámites y la comunicación de los datos incluidos en el DUE o designar un representante para que lo lleve a efecto, en cuyo caso no será de aplicación lo establecido en la presente disposición adicional en lo relativo a la constitución de la sociedad.

5. El DUE será aprobado por el Consejo de Ministros a propuesta del Ministro de Industria, Energía y Turismo, previo informe de los demás ministerios competentes por razón de la materia, y estará disponible en todas las lenguas oficiales del Estado español.

6. Los Puntos de Atención al Emprendedor serán oficinas pertenecientes a organismos públicos y privados, así como puntos virtuales de información y tramitación telemática de solicitudes.

Los Puntos de Atención al Emprendedor se encargarán de facilitar la creación de nuevas empresas, el inicio efectivo de su actividad y su desarrollo, a través de la prestación de servicios de información, tramitación de documentación, asesoramiento, formación y apoyo a la financiación empresarial, según se establezca en los oportunos convenios, y en ellos se deberá iniciar la tramitación del DUE.

7. El Ministerio de Industria, Energía y Turismo, oído el

Ministerio de Hacienda y Administraciones Públicas, podrá celebrar convenios de establecimiento de Puntos de Atención al Emprendedor con otras Administraciones Públicas y entidades privadas.

8. Las Administraciones Públicas establecerán al efecto procedimientos electrónicos para realizar los intercambios de información necesarios.

4.ª *Colaboración social.—*[...]

5.ª *Recursos contra la calificación de las escrituras de constitución de la sociedad nueva empresa.—*[...]

6.ª *Medidas fiscales aplicables a la sociedad limitada nueva empresa.—*[...]

7.ª *Competencias supervisoras de la Comisión Nacional del Mercado de Valores.—*1. Las disposiciones contenidas en los artículos 497, 497 bis, 512, 513, 514, 515, 516, 517, 520 bis, 520 ter, 522 bis, 524 bis, 524 ter, 525.2, 526, 527 bis.2, 527 septies, 528, 529, 529 quaterdecies, 529 quindecies, 529 unvicies, 530, 531, 532, 533, 534, 538, 539, 540 y 541 del Título XIV forman parte de las normas de ordenación y disciplina del mercado de valores, cuya supervisión corresponde a la Comisión Nacional del Mercado de Valores, de conformidad con lo dispuesto en el Título VIII de la Ley del Mercado de Valores, aprobado por Real Decreto Legislativo 4/2015, de 23 de octubre.

La Comisión Nacional del Mercado de Valores será competente para incoar e instruir los expedientes sancionadores a los que den lugar los incumplimientos de las obligaciones establecidas en los artículos indicados en el párrafo anterior, de acuerdo con lo dispuesto en el Título VIII del Texto Refundido de la Ley del Mercado de Valores, aprobado por Real

---

Disp. Adic. 4.ª: Derogada por la Ley 18/2022, de 28 de septiembre, de creación y crecimiento de empresas.

Disp. Adic. 5.ª: Derogada por la Ley 18/2022, de 28 de septiembre, de creación y crecimiento de empresas.

Disp. Adic. 6.ª: Derogada por la Ley 18/2022, de 28 de septiembre, de creación y crecimiento de empresas.

Disp. Adic. 7.ª: Redactada de nuevo por el apartado 30 del art. 3.º de la Ley 5/2021, de 12 de abril, por la que se modifica el texto refundido de la Ley de Sociedades de Capital, aprobado por el Real Decreto Legislativo 1/2010, de 2 de julio, y otras normas financieras, en lo que respecta al fomento de la implicación a largo plazo de los accionistas en las sociedades cotizadas (*B.O.E.* núm. 88, de 13 de abril de 2021).

Decreto Legislativo 4/2015, de 23 de octubre.

8.ª *Cálculo del período medio de pago a proveedores.*— Para el cálculo del periodo medio de pago a proveedores a que se refiere el artículo 262.1, serán aplicables los criterios pertinentes que hayan sido aprobados por el ministerio competente por razón de la materia, de conformidad con lo establecido en el apartado tercero de la disposición final segunda de la Ley Orgánica 2/2012, de 27 de abril, de Estabilidad Presupuestaria y Sostenibilidad Financiera. La fecha de recepción de la factura no podrá entenderse como fecha de inicio del plazo de pago salvo para los supuestos que señala expresamente la Ley 3/2004, de 29 de diciembre, por la que se establecen medidas de lucha contra la morosidad en las operaciones comerciales.

9.ª *Comisiones del consejo de administración.*—El régimen en materia de comisiones del consejo de administración, comisión de auditoría y comisión de nombramientos y retribuciones contenido, respectivamente, en los artículos 529 terdecies, 529 quaterdecies y 529 quindecies, resultará también de aplicación a las sociedades de capital emisoras de valores distintos de las acciones admitidos a negociación en mercados regulados. No obstante, no estarán obligadas a constituir comisión de nombramientos y retribuciones las sociedades de capital emisoras de valores que estén exentas de constituir comisión de auditoría de conformidad con la normativa aplicable.

10.ª 1. A los efectos de la Ley 11/2015, de 18 de junio, de recuperación y resolución de entidades de crédito y empresas de servicios de inversión, la junta

---

Disp. Adic. 8.ª: Modificada por la Ley 18/2022, de 28 de septiembre, de creación y crecimiento de empresas.

Disp. Adic. 9.ª: Redactada de nuevo por el apartado 31 del art. 3.º de la Ley 5/2021, de 12 de abril, por la que se modifica el texto refundido de la Ley de Sociedades de Capital, aprobado por el Real Decreto Legislativo 1/2010, de 2 de julio, y otras normas financieras, en lo que respecta al fomento de la implicación a largo plazo de los accionistas en las sociedades cotizadas (*B.O.E.* núm. 88, de 13 de abril de 2021).

Disp. Adic. 10.ª: Añadida por la Disp. Final 9.ª de la Ley 11/2015, de 18 de junio, de recuperación y resolución de entidades de crédito y empresas de servicios de inversión (*B.O.E.* núm. 146, de 19 de junio; corrección de errores en *B.O.E.* núm. 212, de 4 de septiembre), cuyos arts. 8.º a 10 y 19 a 21, aquí mencionados, establecen lo siguiente:

general de las sociedades cotizadas sujetas a esta Ley podrá,

por una mayoría de dos tercios
de los votos válidamente emiti-

«*Art. 8.º   Condiciones para la actuación temprana.*—1.   Cuando una entidad, o
una matriz de un grupo consolidable de entidades, incumpla o existan elementos objetivos conforme a los que resulte razonablemente previsible que no pueda cumplir en
un futuro próximo con la normativa de solvencia, ordenación y disciplina, pero se
encuentre en disposición de retornar al cumplimiento por sus propios medios, el supervisor competente declarará iniciada la situación de actuación temprana y podrá
adoptar todas o algunas de las medidas establecidas en este Capítulo.

»En el caso de empresas de servicios de inversión, el incumplimiento al que se refiere el párrafo anterior incluirá también la violación de lo dispuesto en los artículos
3 a 7, 14 a 17, 24, 25 y 26 del Reglamento (UE) núm. 600/2014 del Parlamento Europeo
y del Consejo, de 15 de mayo de 2014, relativo a los mercados de instrumentos financieros y por el que se modifica el Reglamento (UE) núm. 648/2012 o en el Título II de
la Directiva 2014/65/UE del Parlamento Europeo y del Consejo, de 15 de mayo de
2014, relativa a los mercados de instrumentos financieros y por la que se modifican la
Directiva 2002/92/CE y la Directiva 2011/61/UE.

»2.   Para valorar la posibilidad de incumplimiento de los requerimientos señalados
en el apartado anterior se podrá atender, entre otros aspectos, a la existencia de un
rápido deterioro de la situación financiera o de liquidez de la entidad o un incremento
rápido de su nivel de apalancamiento, mora o concentración de exposiciones.

»Reglamentariamente se podrán precisar otros indicadores objetivos que habrán de
emplearse para determinar la presencia de las condiciones previstas en dicho apartado.

»3.   Las medidas contenidas en este Capítulo serán compatibles con las previstas
en la normativa vigente en materia de ordenación y disciplina de las entidades de crédito y con el Título VIII de la Ley 24/1988, de 28 de julio, para las empresas de servicios de inversión. No obstante, no procederá la revocación de la autorización de una
entidad, desde el momento en que se haya iniciado un proceso de actuación temprana
en los términos previstos en el artículo 9, salvo que la entidad no adopte durante esa
fase las medidas que requiera el supervisor o que dicha revocación tuviese carácter
sancionador.

»4.   Cuando la entidad deje de encontrarse en las circunstancias descritas en el
apartado 1, el supervisor competente declarará finalizada la situación de actuación
temprana.

»*Art. 9.º   Medidas de actuación temprana.*—1.   Cuando una entidad o un grupo
o subgrupo consolidable de entidades se encuentre en alguna de las circunstancias
descritas en el artículo 8.1, informará de ello con carácter inmediato al supervisor
competente.

»2.   Sin perjuicio de lo dispuesto en el apartado anterior, desde el momento en que
el supervisor competente tenga conocimiento de que una entidad o un grupo o subgrupo consolidable de entidades se encuentre en alguna de las situaciones descritas en
el artículo 8.1 podrá adoptar las siguientes medidas:

»*a*)   Requerir al órgano de administración de la entidad que aplique una o varias
de las medidas establecidas en su plan de recuperación en un plazo determinado o que
actualice dicho plan y aplique una o varias medidas del plan actualizado, cuando las
circunstancias que hayan desencadenado la actuación temprana difieran de los supuestos previstos en el mismo.

»*b*)   Requerir al órgano de administración de la entidad para que examine su situación, determine las medidas necesarias para superar los problemas detectados y

dos, acordar o modificar los estatutos sociales indicando que la junta general en la que se de-

cida sobre una ampliación de capital sea convocada en un plazo inferior al establecido en el

---

elabore un plan de actuación para resolver dichos problemas, con un calendario específico de ejecución.

»*c*) Requerir al órgano de administración de la entidad para que convoque o, si el órgano de administración no cumpliera con este requisito, convocar directamente a la junta o asamblea general de la entidad y, en ambos casos, fijar el orden del día y proponer la adopción de determinados acuerdos.

»*d*) Requerir el cese o la sustitución de uno o varios miembros del órgano de administración, directores generales o asimilados, si se determina que dichas personas no son aptas para cumplir sus obligaciones de conformidad con los requisitos de idoneidad exigibles.

»*e*) Designar un delegado del supervisor competente en la entidad con derecho de asistencia, con voz pero sin voto, a las reuniones del órgano de administración y de sus comisiones delegadas y con las mismas facultades de acceso a la información que las legal y estatutariamente previstas para sus miembros.

»*f*) Requerir al órgano de administración de la entidad que elabore un plan para la negociación de la reestructuración de la deuda con una parte o con la totalidad de sus acreedores, de acuerdo, cuando proceda, con el plan de recuperación.

»*g*) Requerir cambios en la estrategia empresarial de la entidad o del grupo o subgrupo consolidable.

»*h*) Requerir cambios en las estructuras jurídicas u operativas de la entidad o del grupo o subgrupo consolidable.

»*i*) Recabar, incluso mediante inspecciones *in situ*, y facilitar a las autoridades de resolución competentes, toda la información necesaria para actualizar el plan de resolución y preparar la posible resolución de la entidad o del grupo o subgrupo consolidable y la realización de una evaluación de sus activos y pasivos, de conformidad con el artículo 5.

»*j*) En caso de que las medidas anteriores no fueran suficientes, acordar el nombramiento de uno o varios interventores o la sustitución provisional del órgano de administración de la entidad o de uno o varios de sus miembros de conformidad con lo previsto en el artículo siguiente.

»3. Al adoptar cualquiera de las medidas señaladas en las letras *a*) a *h*) del apartado anterior, el supervisor competente deberá fijar el plazo para su ejecución por la entidad, así como para la evaluación de la eficacia de la o las medidas adoptadas.

»*Art. 10. Intervención o sustitución provisional de administradores como medida de actuación temprana.*—1. El supervisor competente podrá acordar la intervención de la entidad o la sustitución provisional de su órgano de administración o de uno o varios de sus miembros, de conformidad con el procedimiento establecido en el Capítulo V del Título III de la Ley 10/2014, de 26 de junio, y con las especialidades previstas en este Capítulo.

»2. La intervención de la entidad o la sustitución provisional acordada al amparo de este artículo se mantendrá en vigor durante el plazo de un año. De manera excepcional, este plazo podrá renovarse por períodos iguales mientras se mantengan las condiciones que justificaron la intervención o sustitución provisional. Esta circunstancia se deberá justificar adecuadamente en el acuerdo de renovación de la medida.»

»*Art. 19. Condiciones para la resolución.*—1. Procederá la resolución de una entidad cuando concurran, simultáneamente, las circunstancias siguientes:

artículo 176 de esta Ley, siempre y cuando dicha junta no se

celebre en un plazo inferior a diez días a partir de la convoca-

»a)   La entidad es inviable o es razonablemente previsible que vaya a serlo en un futuro próximo.

»b)   No existen perspectivas razonables de que medidas procedentes del sector privado, como, entre otras, las medidas aplicadas por los sistemas institucionales de protección; de supervisión, como, entre otras, las medidas de actuación temprana; o la amortización o conversión de instrumentos de capital de conformidad con la Sección 2.ª del Capítulo VI, puedan impedir la inviabilidad de la entidad en un plazo de tiempo razonable.

»c)   Por razones de interés público, resulta necesario o conveniente acometer la resolución de la entidad para alcanzar alguno de los objetivos mencionados en el artículo 3, por cuanto la disolución y liquidación de la entidad en el marco de un procedimiento concursal no permitiría razonablemente alcanzar dichos objetivos en la misma medida.

»2.   Procederá la resolución de una entidad financiera prevista en el artículo 1.2.b) cuando las condiciones de resolución se den tanto en la entidad financiera como en la entidad matriz sujeta a supervisión consolidada.

»3.   Procederá la resolución de una entidad prevista en el artículo 1.2.c) o d) cuando las condiciones de resolución se den tanto en la sociedad como en una de sus filiales que sea una entidad o, en el caso de que la filial no esté establecida en la Unión Europea, cuando la autoridad competente del tercer Estado haya determinado que se dan las condiciones de resolución de acuerdo con la legislación de ese Estado.

»4.   Cuando las entidades que sean filiales de una sociedad mixta de cartera estén directa o indirectamente en poder de una sociedad financiera de cartera intermedia, las acciones de resolución a nivel de grupo se aplicarán a la sociedad financiera de cartera intermedia y no sobre la sociedad mixta de cartera.

»5.   Aunque una sociedad de las previstas en el artículo 1.2.c) o d) no cumpla las condiciones de resolución, el FROB [Fondo de Reestructuración Ordenada Bancaria] les podrá aplicar una medida de resolución, cuando una de sus filiales que sea una entidad cumpla las condiciones de resolución y siempre que:

»a)   Debido a la naturaleza de su activo y pasivo, su inviabilidad suponga una amenaza para la entidad o para el grupo en su conjunto, y que la medida de resolución sea necesaria para la resolución de las filiales que sean entidades o para el grupo en su conjunto.

»b)   La legislación concursal requiera que el grupo sea tratado de manera conjunta y la medida de resolución en relación con la sociedad sea necesario para la resolución de las filiales que sean entidades o para el grupo en su conjunto.

»6.   A los efectos de lo dispuesto en los apartados 2 y 5, el FROB, de manera conjunta con la autoridad de resolución competente, al determinar si se cumplen las condiciones de resolución en relación con una filial que sea una entidad, podrá no tener en cuenta el capital intragrupo o las transferencias de pérdidas entre entidades, así como el ejercicio de la amortización o conversión.

»Art. 20.   Concepto de entidad inviable.—1.   Se entenderá que una entidad es inviable a los efectos de lo previsto en el artículo 19.1.a), si se encuentra en alguna de las siguientes circunstancias:

»a)   La entidad incumple de manera significativa o es razonablemente previsible que incumpla de manera significativa en un futuro próximo los requerimientos de solvencia u otros requisitos necesarios para mantener su autorización.

toria, se cumplan las condiciones de los artículos 8 a 10 de la Ley 11/2015, de 18 de junio, y la ampliación de capital sea necesaria para evitar las condiciones de resolución establecidas en los artículos 19 a 21 de dicha Ley.

2. A efectos de lo dispuesto en el apartado anterior, no se aplicarán los plazos previstos

---

»*b*)   Los pasivos exigibles de la entidad son superiores a sus activos o es razonablemente previsible que lo sean en un futuro próximo.

»*c*)   La entidad no puede o es razonablemente previsible que en un futuro próximo no pueda cumplir puntualmente sus obligaciones exigibles.

»*d*)   La entidad necesita ayuda financiera pública extraordinaria.

»2.   No obstante lo dispuesto en la letra *d*) del apartado anterior, no se considerará que la entidad es inviable si la ayuda financiera pública extraordinaria se otorga para evitar o solventar perturbaciones graves de la economía y preservar la estabilidad financiera, y adopta alguna de las siguientes formas:

»*a*)   Garantía estatal para respaldar operaciones de liquidez concedidas por bancos centrales de acuerdo con las condiciones de los mismos.

»*b*)   Garantía estatal de pasivos de nueva emisión.

»*c*)   Inyección de recursos propios o adquisición de instrumentos de capital a un precio y en unas condiciones tales que no otorguen ventaja a la entidad, siempre y cuando no se den en el momento de la concesión de la ayuda pública las circunstancias previstas en las letras *a*), *b*) y *c*) del apartado anterior, ni las circunstancias previstas en el artículo 38.2.

»Las ayudas previstas en este apartado sólo se concederán a entidades solventes y estarán sujetas a autorización de conformidad con la normativa sobre ayudas de Estado. Tendrán carácter cautelar, temporal, serán proporcionadas para evitar o solventar las perturbaciones graves y no se utilizarán para compensar las pérdidas en las que haya incurrido o pueda incurrir la entidad.

»Las ayudas previstas en la letra *c*) se limitarán a las necesarias para hacer frente al déficit de capital determinado en las pruebas de resistencia, en los exámenes de calidad de los activos o en ejercicios equivalentes realizados por el Banco Central Europeo, la Autoridad Bancaria Europea o las autoridades nacionales con autorización, en su caso, del supervisor competente.

»3.   Los criterios previstos en este artículo y las condiciones en que se llevará a cabo la resolución de un grupo serán desarrollados reglamentariamente.

»*Art. 21.   Apertura del proceso de resolución.*—1.   El supervisor competente, previa consulta a la autoridad de resolución preventiva competente y al FROB, determinará si la entidad es inviable o es razonablemente previsible que vaya a serlo en un futuro próximo, de acuerdo con lo dispuesto en el artículo 19.1.*a*). Realizada la evaluación, la comunicará sin demora al FROB y a la autoridad de resolución preventiva competente.

»No obstante lo anterior, el FROB podrá instar al supervisor competente a que realice esa determinación si, a partir de la información y análisis facilitados por el supervisor competente, considera que existen razones para ello. El supervisor competente deberá contestar en un plazo máximo de tres días justificando su respuesta.

»2.   El FROB, en estrecha cooperación con el supervisor competente, llevará a cabo una evaluación de la condición prevista en el artículo 19.1.*b*). Igualmente, el supervisor competente informará al FROB al respecto, cuando considere que se cumple la condición prevista en dicha letra.

en los artículos 179.3 y 519.2 de esta Ley.

11.ª *Derecho de separación en instituciones financieras.*— No resultará de aplicación lo dispuesto en el artículo 348 bis de esta ley a las siguientes entidades:

a) Las entidades de crédito;

b) Los establecimientos financieros de crédito;

c) Las empresas de servicios de inversión;

d) Las entidades de pago;

e) Entidades de dinero electrónico;

f) Las sociedades financieras de cartera y sociedades financieras mixtas de cartera definidas de conformidad con los artículos 4.1.20) y 4.1.21) del Reglamento (UE) n.º 575/2013, de 26 de junio, sobre los requisitos prudenciales de las entidades de crédito y las empresas de inversión, y por el que se modifica el Reglamento (UE) n.º 648/2012;

g) Las sociedades financieras de cartera definidas en el artículo 34 del Real Decreto 309/2020, de 11 de febrero, sobre el régimen jurídico de los establecimientos financieros de crédito y por el que se modifica el Reglamento del Registro Mercantil, aprobado por el Real Decreto 1.784/1996, de 19 de julio, y el Real Decreto 84/2015, de 13 de febrero, por el que se desarrolla la Ley 10/2014, de 26 de junio, de ordenación, supervisión y solvencia de entidades de crédito;

h) Las sociedades mixtas de cartera previstas en el artículo 4.1.22 del Reglamento (UE) n.º 575/2013 del Parlamento Europeo y del Consejo, de 26 de junio de 2013.

»3. Realizadas las actuaciones anteriores, el FROB comprobará si concurren el resto de circunstancias previstas en el artículo 19 y, en tal caso, acordará la apertura inmediata del procedimiento de resolución, dando cuenta motivada de su decisión al Ministro de Economía y Competitividad, y al supervisor y autoridad de resolución preventiva competentes.

»4. Cuando el órgano de administración de una entidad considere que ésta es inviable deberá comunicarlo de manera inmediata al supervisor competente, quien a su vez lo comunicará sin demora al FROB y a la autoridad de resolución preventiva.»

Disp. Adic. 11.ª: Redactada de nuevo por el apartado 2 del art. 5.º del Real Decreto-ley 7/2021, de 27 de abril, de transposición de directivas de la Unión Europea en las materias de competencia, prevención del blanqueo de capitales, entidades de crédito, telecomunicaciones, medidas tributarias, prevención y reparación de daños medioambientales, desplazamiento de trabajadores en la prestación de servicios transnacionales y defensa de los consumidores (*B.O.E.* núm. 101, de 28 de abril de 2021).

12.ª *Especialidades en relación con las entidades integrantes del sector público.*—1. Como excepción a lo dispuesto en el artículo 529 bis.1, podrán ser miembros del consejo de administración aquellas personas jurídicas que pertenezcan al sector público y accedan al consejo de administración en representación de una parte del capital social. A las personas físicas que sean designadas representantes de estos consejeros les será de aplicación lo dispuesto en el artículo 529 decies. La propuesta de representante persona física deberá someterse al informe de la comisión de nombramientos y retribuciones.

2. A efectos de agregar las operaciones realizadas por las sociedades mercantiles estatales cotizadas con una misma parte vinculada según el artículo 529 tervicies, se entenderá por una misma parte vinculada a cada una de las Administraciones, entidades y entes individualmente considerados que integran el sector público de conformidad con el artículo 2 de la Ley 40/2015, de 1 de octubre, de Régimen Jurídico del Sector Público.

3. Las operaciones que realicen las entidades integrantes del sector público, en condiciones normales de mercado, con un adjudicatario considerado parte vinculada, tras un procedimiento de adjudicación llevado a cabo con publicidad y concurrencia, de acuerdo con la normativa pública de contratación, no estarán sometidas al régimen de publicidad y aprobación de operaciones con partes vinculadas establecidas en los artículos 529 univicies y 529 duovicies de la Ley de Sociedades de Capital.

13.ª *Sociedades anónimas con acciones admitidas a negociación en Sistemas Multilaterales de Negociación.*—Serán de aplicación a las sociedades anónimas con acciones admitidas a negociación en Sistemas Multilaterales de Negociación las normas contenidas en los Capítulos II, III, IV y V del Título XIV de la presente Ley.

14.ª *Aumentos de capital con oferta de suscripción previa a la cotización de la sociedad en mercados regulados o sistemas multilaterales de negociación.*—

Disps. Adics. 12.ª a 15.ª: Añadidas por el apartado 32 del art. 3.º de la Ley 5/2021, de 12 de abril, por la que se modifica el texto refundido de la Ley de Sociedades de Capital, aprobado por el Real Decreto Legislativo 1/2010, de 2 de julio, y otras normas financieras, en lo que respecta al fomento de la implicación a largo plazo de los accionistas en las sociedades cotizadas (*B.O.E.* núm. 88, de 13 de abril de 2021).

Las normas contenidas en el Capítulo III del Título XIV de la presente Ley serán de aplicación a los aumentos de capital ofrecidos a una pluralidad de inversores y encaminados a incrementar la difusión de las acciones de la sociedad con carácter previo a su admisión a negociación en mercados regulados o su incorporación a sistemas multilaterales de negociación. Las referencias al valor razonable se entenderán hechas al precio fijado en la oferta de suscripción, salvo que, por el reducido número de suscriptores o por otras circunstancias, no esté justificado presumir que dicho precio se corresponde con el valor de mercado.

15.ª *Límite aplicable a entidades de crédito en el caso de delegación de la facultad de excluir el derecho de suscripción preferente para la emisión de obligaciones convertibles.*—El límite del 25 por 100 del número de acciones integrantes del capital social en el momento de la autorización previsto en el artículo 511 no será de aplicación a las emisiones de obligaciones convertibles que realicen las entidades de crédito, siempre que estas emisiones cumplan con los requisitos previstos en la Parte Segunda, Título I, Capítulo 3, Sección 1 del Reglamento (UE) 575/2013 del Parlamento Europeo y del Consejo, de 26 de junio de 2013 sobre los requisitos prudenciales de las entidades de crédito y las empresas de inversión, y por el que se modifica el Reglamento (UE) n.º 648/2012, para que las obligaciones convertibles emitidas puedan ser consideradas instrumentos de capital de nivel 1 adicional de la entidad de crédito emisora.

DISPOSICIÓN TRANSITORIA

Se suspende, hasta el 31 de diciembre de 2016, la aplicación de lo dispuesto en el artículo 348 bis de esta Ley.

Disp. Trans.: Añadida conforme al art. 1.ºcuatro de la Ley 1/2012, de 22 de junio, de simplificación de las obligaciones de información y documentación de fusiones y escisiones de sociedades de capital (*B.O.E.* núm. 150, de 23 de junio), y redactada de nuevo por la Disp. Final 1.ªdos de la Ley 9/2015, de 25 de mayo, de medidas urgentes en materia concursal (*B.O.E.* núm. 125, de 26 de mayo; corrección de errores en *B.O.E.* núm. 264, de 4 de noviembre).

DISPOSICIONES FINALES

1.ª *Bolsa de denominaciones sociales, estatutos orientativos y plazo reducido de inscripción.—*
1. Se autoriza al Gobierno para regular una Bolsa de Denominaciones Sociales con reserva.
2. Por Orden del Ministro de Justicia podrá aprobarse un modelo orientativo de estatutos para la sociedad de responsabilidad limitada.
3. Si la escritura de constitución de una sociedad de responsabilidad limitada contuviese íntegramente los estatutos orientativos a que hace referencia el apartado anterior, y no se efectuaran aportaciones no dinerarias, el registrador mercantil deberá inscribirla en el plazo máximo de cuarenta y ocho horas, salvo que no hubiera satisfecho el Impuesto de Transmisiones Patrimoniales y Actos Jurídicos Documentados en los términos previstos en la normativa reguladora del mismo.

2.ª *Modificación de límites monetarios e importes de multas.—*Se autoriza al Gobierno para que mediante Real Decreto apruebe:
1.º La modificación de los límites monetarios que figuran en esta ley para que las sociedades de capital puedan formular cuentas anuales abreviadas con arreglo a los criterios que establezcan las Directivas de la Unión Europea.
2.º La adaptación de los importes de las multas que figuran en el Código de Comercio y en esta ley a las variaciones del coste de la vida.

APÉNDICE

APÉNDICE

ORDEN JUS/1.840/2015, DE 9 DE SEPTIEMBRE, POR LA QUE SE APRUEBA EL MODELO DE ESCRITURA PÚBLICA EN FORMATO ESTANDARIZADO Y CAMPOS CODIFICADOS DE LAS SOCIEDADES DE RESPONSABILIDAD LIMITADA, ASÍ COMO LA RELACIÓN DE ACTIVIDADES QUE PUEDEN FORMAR PARTE DEL OBJETO SOCIAL

(*B.O.E.* núm. 219, de 12 de septiembre de 2015)

El Real Decreto 421/2015, de 29 de mayo, por el que se regulan los modelos de estatutos-tipo y de escritura pública estandarizados de las sociedades de responsabilidad limitada, se aprueba modelo de estatutos-tipo, se regula la Agenda Electrónica Notarial y la Bolsa de denominaciones sociales con reserva, ha aprobado la regulación relativa a la escritura pública en formato estandarizado a que se refieren los artículos 15 y 16 de la Ley 14/2013, de 27 de septiembre, de apoyo a los emprendedores y su internacionalización.

En relación con ello, la disposición final décima de dicha Ley, en su apartado 2, señala que por Orden del Ministerio de Justicia se regulará la escritura de constitución con un formato estandarizado y con campos codificados.

En su cumplimiento, el artículo 6 del Real Decreto 421/2015, de 29 de mayo, desarrolla la citada previsión del apartado 2 de la disposición final décima de la Ley, precisando que el modelo de escritura pública en formato estandarizado con campos codificados debe ser aprobado por Orden del Ministro de Justicia.

En consecuencia, constituye el objeto de esta Orden la aprobación del modelo de escritura pública en formato estandarizado y con campos codificados previstos en los artículos 15 y 16 de la Ley 14/2013, de 27 de septiembre, de apoyo a los emprendedores y su internacionalización. Al efecto, y siguiendo el modelo que para los estatutos-tipo ha establecido el Real Decreto, se ha optado por un modelo de gran sencillez sin perjuicio de la aprobación futura de otro u otros modelos que incorporen mayor complejidad.

Asimismo, es también objeto de esta Orden la aprobación de la relación de actividades que pueden integrarse en el objeto social de los estatutos, de conformidad con la previsión del apartado segundo de la disposición final décima de la misma ley.

La presente Orden ha sido sometida al trámite de audiencia del Colegio de Registradores de la Propiedad, Mercantiles y de Bienes Muebles, y del Consejo General del Notariado, y se dicta en cumplimiento de lo previsto en el artículo 6 del Real Decreto 421/2015, de 29 de mayo.

En su virtud, dispongo:

Artículo 1.º   *Objeto.*—Constituye el objeto de esta Orden la aprobación del modelo de escritura pública en formato estandarizado y con campos codificados para la constitución de las sociedades de responsabilidad limitada, mediante el documento único electrónico (DUE) y el sistema de tramitación telemática del Centro de Información y Red de Creación de Empresas (CIRCE), así como la aprobación del listado de actividades económicas que pueden constituir su objeto social.

Art. 2.º   *Modelo estandarizado de escritura pública.*—El modelo estandarizado de escritura pública con campos codificados para la constitución de las sociedades de responsabilidad limitada se recoge en el anexo I de esta Orden.

Cada uno de los campos que figuran en el modelo estandarizado deberá contener el dato codificado que corresponde a la numeración situada en el mismo de acuerdo con la relación contenida en el anexo II de esta Orden. Los campos serán completados por el notario de forma que la información estructurada sea electrónicamente tratable. Al efecto, en el Anexo III de esta Orden se incluye la descripción del formato de Escritura Estandarizado mediante un esquema XSD, XML Schema Definition.

La escritura pública deberá indicar si la sociedad se encuentra en régimen de formación sucesiva.

Art. 3.º   *Objeto social.*—La determinación del objeto social se realizará mediante la selección de alguna o algunas de las actividades económicas y de sus códigos determinados en el anexo IV de esta Orden, que deberán estar disponibles en la Sede Electrónica del Ministerio de Justicia.

El código o códigos a seleccionar deberá tener al menos

dos dígitos. En caso de que el objeto social recoja más de una actividad se señalará la que ha de tener carácter principal, en cuyo caso se identificará con cuatro dígitos.

DISPOSICIÓN DEROGATORIA

Única. *Derogación normativa.*—Queda derogada la Orden JUS/3.185/2010, de 9 de diciembre, por la que se aprueban los estatutos tipo de las sociedades de responsabilidad limitada.

DISPOSICIONES FINALES

1.ª *Habilitación.*—Se habilita a la Dirección General de los Registros y del Notariado en el ámbito de sus competencias, para dictar las resoluciones e instrucciones necesarias para la aplicación de lo previsto en esta Orden.

2.ª *Título competencial.*—La presente Orden se dicta al amparo de las competencias exclusivas que atribuye al Estado el artículo 149.1.6.ª de la Constitución, en materia de legislación mercantil, y el artículo 149.1.8.ª de la misma, en materia de ordenación de los registros e instrumentos públicos.

3.ª *Entrada en vigor.*—La presente Orden entrará en vigor el día 13 de septiembre de 2015.

ANEXO I*

Modelo de escritura en formato estandarizado

....

ANEXO II

Codificación de datos

....

---

* Se omiten los textos completos de estos anexos debido a su gran extensión (99 páginas de *BOE*) y a su carácter sumamente especializado. No obstante, pueden consultarse en: https://www.boe.es/boe/dias/2015/09/12/pdfs/BOE-A-2015-9803.pdf.

ANEXO III

El formato de Escritura Estandarizado se encuentra descrito mediante un esquema XSD, XML Schema Definition, cuya definición íntegra se muestra a continuación.

• El citado esquema se encuentra disponible y actualizado en la página web http://www.mjusticia.gob.es/cs/Satellite/Portal/es/areas-tematicas/registros/registro-mercantil bajo el enlace «Esquema Formato Escritura Estandarizado».

• El elemento «Signature», es el conjunto de datos asociados a la escritura que garantizarán la autoría y la integridad de su contenido. La firma electrónica debe ajustarse a la especificación XML Advanced Electronic Signatures (XAdES), ETSI TS 101 903, siendo su formato básico XAdES-T en su modalidad Enveloped.

• Corresponde a la Dirección General de los Registros y del Notariado publicar y mantener actualizado el formato y garantizar la accesibilidad, integridad y no alteración del formato incluido en la citada página web.

Esquema XSD (W3C XML Schema Definition)

....

ANEXO IV

**Relación de actividades que pueden integrar el objeto social
por relación a las actividades y códigos de la Clasificación Nacional
de Actividades Económicas**

....

LEY 31/2014, DE 3 DE DICIEMBRE, POR LA QUE SE MODIFICA LA LEY DE SOCIEDADES DE CAPITAL PARA LA MEJORA DEL GOBIERNO CORPORATIVO

(*B.O.E.* núm. 293, de 4 de diciembre de 2014)

PREÁMBULO

I

Tanto desde una perspectiva económica como jurídica, el gobierno corporativo de las sociedades viene adquiriendo en los últimos años una transcendencia tal que se ha incorporado, con carácter estructural y permanente, a la agenda regulatoria de las autoridades y a los planes estratégicos de actuación de las instituciones privadas. A su vez, el conjunto de materias o áreas que es objeto de reflexión a la luz de los principios de buen gobierno corporativo se amplía progresivamente. Así, si en origen el gobierno corporativo se centraba en el estudio del consejo de administración y en las posibles soluciones a los problemas de agencia y de información asimétrica de las sociedades mercantiles, en la actualidad, junto con estas cuestiones, se analizan pormenorizadamente otras como las relativas a las retribuciones y profesionalización de administradores y directivos.

Este creciente interés por el buen gobierno corporativo se fundamenta en dos pilares principales. Por una parte, el convencimiento generalizado de la utilidad de este tipo de prácticas empresariales. Los agentes económicos y sociales reconocen el valor de una gestión adecuada y transparente de las sociedades, y muy especialmente, de las sociedades cotizadas, cuantificando el impacto de contar con este tipo de medidas y procedimientos, y adoptando sus criterios de inversión en función de los resultados de este análisis. Desde este punto de vista, el buen gobierno corporativo es un factor esencial para la generación de valor en la empresa, la mejora de la eficiencia económica y el refuerzo de la confianza de los inversores.

Por otra parte, los líderes de la Unión Europea y del G-20 coinciden en señalar que la complejidad en la estructura de gobierno corporativo de determinadas entidades, así como su falta de transparencia e incapacidad para determinar eficazmente la cadena de responsabilidad dentro de la organización, se encuentran entre las causas indirectas y subyacentes de la reciente crisis financiera. Efectivamente, tanto entidades financieras como empresas de carácter no financiero se han visto afectadas por la asunción imprudente de riesgos, por el diseño de sistemas de retribución inapropiados, así como por la deficiente composición de los órganos de dirección y administración. En consecuencia, el gobierno corporativo ha vivido un renovado impulso. Así se plasmó en la declaración de Pittsburgh de septiembre de 2009 o en la publicación en el año 2011 del Libro Verde para analizar la eficacia de la regulación no vinculante sobre gobierno corporativo por parte de la Comisión Europea, que dejaba la puerta abierta a una mayor regulación sobre go-

bierno corporativo en normas de carácter vinculante.

II

España ha compartido históricamente el convencimiento de la importancia de que las sociedades y, especialmente las cotizadas y las entidades financieras, cuenten con un buen gobierno corporativo. Así lo demuestra el impulso de la creación en 1997, 2003 y 2006 de grupos de expertos de carácter técnico para estudiar el funcionamiento de las sociedades cotizadas y elaborar propuestas de criterios, recomendaciones y normas que mejorasen los estándares de gobierno corporativo en nuestro país. Así, en 1998 vio la luz el llamado Informe Olivencia, resultado de los trabajos de la Comisión especial para el estudio de un código ético de los consejos de administración de las sociedades y que sirvió de base para la elaboración del primer Código de buen gobierno de nuestro país; en 2003, la Comisión especial para la transparencia y seguridad de los mercados financieros y sociedades cotizadas elaboró el conocido Informe Aldama, modificando el código anterior y añadiendo nuevas recomendaciones. Finalmente, en 2006 se creó un

Grupo de Trabajo Especial para armonizar y actualizar, en línea con las tendencias europeas, el contenido del Código de buen gobierno, dando lugar al Código Unificado de Buen Gobierno de las Sociedades Cotizadas hasta ahora vigente.

Por otra parte, nuestro país no ha sido ajeno al debate sobre la conveniencia de emplear recomendaciones de carácter no vinculante, basadas en el principio de «cumplir o explicar», como principal medida para promover el buen gobierno o, alternativamente, usar el carácter preceptivo de las normas jurídicas. De esta forma, junto con los códigos antes mencionados, el legislador ha venido también adaptando el ordenamiento jurídico en aquellas áreas de la regulación societaria que han merecido una intervención de naturaleza imperativa. En este sentido hay que señalar la Ley 44/2002, de 22 de noviembre, de Medidas de Reforma del Sistema Financiero, que modifica la Ley 24/1988, de 28 de julio, del Mercado de Valores y por la que se obligó a las sociedades cotizadas a contar con un Comité de Auditoría; o la Ley 26/2003, de 17 de julio, por la que se modifican la Ley 24/1988, de 28 de julio, del Mercado de Valores, y el Texto Refundido de la Ley de Socie-dades Anónimas, aprobado por el Real Decreto Legislativo 1.564/1989, de 22 de diciembre, con el fin de reforzar la transparencia de las sociedades anónimas cotizadas, que obligó a estas sociedades a contar con los reglamentos de la junta general y del consejo de administración respectivamente. Posteriormente, destaca la Ley 25/2011, de 1 de agosto, de reforma parcial de la Ley de Sociedades de Capital y de incorporación de la Directiva 2007/36/CE del Parlamento Europeo y del Consejo, de 11 de julio, sobre el ejercicio de determinados derechos de los accionistas de sociedades cotizadas. También hay que mencionar los avances que introdujo la Ley 2/2011, de 4 de marzo, de Economía Sostenible, en materia de transparencia de los sistemas retributivos y la Orden ECC/461/2013, de 20 de marzo, por la que se determinan el contenido y la estructura del informe anual de gobierno corporativo, del informe anual sobre remuneraciones y de otros instrumentos de información de las sociedades anónimas cotizadas, de las cajas de ahorros y de otras entidades que emitan valores admitidos a negociación en mercados oficiales de valores.

Por último, y haciendo especial referencia al ámbito financiero, los compromisos adquiridos por España en el contexto del Memorando de Entendimiento sobre condiciones de Política Sectorial Financiera, de 23 de julio de 2012, también han supuesto un importante avance en lo que al gobierno corporativo de las entidades financieras se refiere. Podemos citar aquí el Real Decreto 256/2013, de 12 de abril, por el que se incorporan a la normativa de las entidades de crédito los criterios de la Autoridad Bancaria Europea sobre la evaluación de la adecuación de los miembros del órgano de administración; la Ley 26/2013, de 27 de diciembre, de cajas de ahorros y fundaciones bancarias, que dedica especial atención al gobierno corporativo de estas entidades; o la reciente Ley 10/2014, de 26 de junio, de ordenación, supervisión y solvencia de entidades de crédito.

III

El antecedente directo de esta Ley se encuentra en el Acuerdo del Consejo de Ministros de 10 de mayo de 2013, por el que se crea una Comisión de expertos en materia de gobierno corporativo, para proponer las iniciativas y las reformas normativas que se consideren adecuadas para garantizar el buen gobierno de las empresas, y para prestar apoyo y asesoramiento a la Comisión Nacional del Mercado de Valores en la modificación del Código Unificado de Buen Gobierno de las Sociedades Cotizadas. El objetivo final de estos trabajos, tal y como indica el acuerdo, fue velar por el adecuado funcionamiento de los órganos de gobierno y administración de las empresas españolas para conducirlas a las máximas cotas de competitividad; generar confianza y transparencia para los accionistas e inversores nacionales y extranjeros; mejorar el control interno y la responsabilidad corporativa de las empresas españolas y asegurar la adecuada segregación de funciones, deberes y responsabilidades en las empresas, desde una perspectiva de máxima profesionalidad y rigor.

La citada Comisión estaba compuesta por la Presidenta y la Vicepresidenta de la Comisión Nacional del Mercado de Valores, por representantes del Ministerio de Economía y Competitividad y del Ministerio de Justicia y por representantes del sector privado, y presentó su informe el 14 de octubre de 2013.

Sobre la base del citado informe y respetando la práctica totalidad de sus recomendaciones se ha elaborado esta norma.

IV

Las modificaciones del Texto Refundido de la Ley de Sociedades de Capital, aprobado por el Real Decreto Legislativo 1/2010, de 2 de julio, que aquí se contienen pueden agruparse en dos categorías: las que se refieren a la junta general de accionistas y las que tienen que ver con el consejo de administración.

Comenzando por las modificaciones relativas a la junta general de accionistas, se pretende con carácter general reforzar su papel y abrir cauces para fomentar la participación accionarial. A estos efectos, se extiende expresamente la posibilidad de la junta de impartir instrucciones en materias de gestión a todas las sociedades de capital, manteniendo en todo caso la previsión de que los estatutos puedan limitarla. Asimismo, se amplían las competencias de la junta general en las sociedades para reservar a su aprobación aquellas operaciones societarias que por su relevancia tienen efectos similares a las modificaciones estructurales.

En lo que respecta a los llamados derechos de minoría en las sociedades cotizadas, se entiende conveniente rebajar el umbral necesario para que los accionistas puedan ejercer sus derechos hasta el 3 por 100 del capital social y se establece en mil el número máximo de acciones que los estatutos podrán exigir para asistir a la junta general.

Siguiendo con la participación de los accionistas en la junta general, la reforma trata de garantizar que los accionistas se pronuncien de forma separada sobre el nombramiento, la reelección o la separación de administradores y las modificaciones estatutarias, y que puedan emitir de forma diferenciada su voto. Además, se reforma el tratamiento jurídico de los conflictos de interés que en adelante pivotará sobre estos dos elementos: el primero consiste en establecer una cláusula específica de prohibición de derecho de voto en los casos más graves de conflicto de interés, para lo cual se propone generalizar a las sociedades anónimas la norma actualmente prevista para las sociedades de responsabilidad limitada. El segundo se refiere al establecimiento de una presunción de infracción del interés social en los casos en que el acuerdo social haya sido adoptado con el voto determinante del socio o de los socios incursos en un conflicto de interés.

Otros aspectos relevantes en el funcionamiento de la junta general son los de su convocatoria y la adopción de acuerdos. En este sentido, la Ley modifica la normativa vigente para clarificar la información a publicar en relación con las propuestas de acuerdo y establece de forma expresa que el criterio de cómputo de la mayoría necesaria para la válida adopción de un acuerdo por la junta general es la mayoría simple, despejando así de forma definitiva las dudas interpretativas que este artículo había suscitado en la práctica.

Un aspecto fundamental para el buen funcionamiento de las empresas y para el adecuado equilibrio entre sus órganos de gobierno es la regulación del derecho de información de los accionistas. Si bien el régimen actual para el ejercicio de este derecho es, con carácter general, adecuado, resulta sin embargo conveniente diferenciar entre las consecuencias jurídicas de las distintas modalidades de este derecho, así como modular su ejercicio atendiendo al marco de la buena fe. Además, y para el caso de las sociedades cotizadas, se extiende el plazo en el que los accionistas pueden ejercitar el derecho de información previo a la junta general hasta cinco días antes de su celebración.

Por lo que se refiere al régimen jurídico de la impugnación de los acuerdos sociales, se han ponderado las exigencias derivadas de la eficiencia empresarial con las derivadas de la protección de las minorías y la seguridad del tráfico jurídico. En consecuencia, se adoptan ciertas cautelas en materia de vicios formales poco relevantes y de legitimación, para evitar los abusos que en la práctica puedan producirse.

Al mismo tiempo, se unifican todos los casos de impugnación bajo un régimen general de anulación para el que se prevé un plazo de caducidad de un año. La única excepción son los acuerdos contrarios al orden público, que se reputan imprescriptibles. En el caso de las sociedades cotizadas, el plazo de caducidad se reduce a tres meses para que la eficacia y agilidad especialmente requeridas en la gestión de estas sociedades no se vean afectadas.

En lo que respecta a la legitimación y con el objetivo de evitar situaciones de abuso de derecho, sólo estarán legitimados para impugnar los accionistas que reúnan una participación de minoría del 1 por 100 para las sociedades no cotizadas y del 0,1 por 100 para las cotizadas. No obstante, la Ley permite que los estatutos sociales reduzcan estos umbrales y además amplía el concepto de interés social, de forma que en adelante se entenderá que se ha lesionado el interés social cuando el acuerdo se impone de manera abusiva por la mayoría.

V

La experiencia adquirida en los últimos años ha demostrado la importancia que un consejo de administración bien gestionado tiene para las empresas y, muy especialmente, para las sociedades cotizadas. Se hace necesario por tanto regular ciertos aspectos a los cuales se viene otorgando cada vez mayor relevancia, como son, por ejemplo, la transparencia en los órganos de gobierno, el tratamiento equitativo de todos los accionistas, la gestión de los riesgos o la independencia, participación y profesionalización de los consejeros.

A estos efectos, junto a una tipificación más precisa de los deberes de diligencia y lealtad y de los procedimientos que se deberían seguir en caso de conflicto de interés, la Ley atribuye al consejo de administración como facultades indelegables aquellas decisiones que se corresponden con el núcleo esencial de la gestión y supervisión. Asimismo, se establece que el consejo de administración deberá reunirse, al menos, una vez al trimestre, con la finalidad de que mantenga una presencia constante en la vida de la sociedad.

Por otro lado, se incorporan una serie de medidas dirigidas a contribuir al correcto funcionamiento del consejo. Así, se establece la obligación de los consejeros de asistir personalmente a las sesiones del consejo y, para evitar que se pueda debilitar la capacidad efectiva de ejercicio de las facultades de supervisión, se regula que, en caso de representación para la asistencia a un consejo, los consejeros no ejecutivos sólo podrán delegar en otro consejero no ejecutivo. Además se garantiza que todos los consejeros recibirán con antelación suficiente el orden del día de la reunión y la información necesaria para la deliberación y la adopción de acuerdos.

La composición del consejo de administración de las sociedades cotizadas ha sido una de las cuestiones más estudiadas por los expertos en gobierno corporativo. A este respecto dos son las novedades que se prevén en la figura del presidente: se contemplan de forma expresa sus funciones (ampliables por los estatutos y el reglamento del consejo) y se establece que, cuando el presidente tenga la condición de consejero ejecutivo, el consejo de administración deberá nombrar necesariamente un consejero coordinador entre los consejeros independientes que ejerza de contrapeso. Además, se regulan las funciones del secretario del consejo de administración, se definen las distintas categorías de consejeros, hasta ahora reguladas mediante orden ministerial, y se limita el período máximo de mandato de éstos, que no debe exceder de cuatro años, frente a los seis que, con carácter general, se establecían previamente.

Por otro lado, se prevé la posibilidad de que el consejo de administración pueda constituir comisiones especializadas, siendo obligatoria la existencia de una comisión de auditoría y de una, o dos comisiones separadas, de nombramientos y retribuciones. En ambos casos, las comisiones estarán compuestas únicamente por consejeros no ejecutivos, recayendo siempre la presidencia en un consejero independiente.

VI

Una novedad especialmente relevante es la regulación de las remuneraciones de los administradores. Distintos organismos internacionales han destacado la creciente preocupación por que las remuneraciones de los administradores reflejen adecuadamente la evolución real de la empresa y estén correctamente alineadas con el interés de la sociedad y sus accionistas.

Para ello y en primer lugar, la Ley obliga a que los estatutos sociales establezcan el sistema de remuneración de los administradores por sus funciones de gestión y decisión, con especial referencia al régimen retributivo de los consejeros que desempeñen funciones ejecutivas. Estas disposiciones son aplicables a todas las sociedades de capital.

Por lo que se refiere a las sociedades cotizadas, se someterá a la junta general de accionistas la aprobación de la política de remuneraciones, que tendrá carácter plurianual, como punto separado del orden del día. En el marco de dicha política de remuneraciones, corresponde al consejo de administración fijar la remuneración de cada uno de los consejeros. De esta forma se garantiza que sea la junta general de accionistas la que retenga el control sobre las retribuciones, incluyendo los distintos componentes retributivos contemplados, los parámetros para la fijación de la remuneración y los términos y condiciones principales de los contratos.

Finalmente, se ha considerado oportuno incluir un régimen transitorio para aquellas novedades de mayor relevancia y que puedan requerir cambios estatutarios u organizativos; y se ha modificado la Ley 24/1988, de 28 de julio, del Mercado de Valores, para atribuir a la Comisión Nacional del Mercado de Valores las competencias necesarias para llevar a cabo la supervisión de algunas de las cuestiones que se introducen o se modifican en esta Ley y que resultan de aplicación a las sociedades cotizadas.

Artículo único. *Modificación del texto refundido de la Ley de Sociedades de Capital, aprobado por el Real Decreto Legislativo 1/2010, de 2 de julio.*—El texto refundido de la Ley de Sociedades de Capital, aprobado por el Real Decreto Legislativo 1/2010, de 2 de julio, queda modificado en los siguientes términos:

Uno.   El artículo 160 queda redactado como sigue:

....

Dos.   El artículo 161 queda redactado como sigue:

....

Tres.   El artículo 190 queda redactado como sigue:

....

Cuatro.   El artículo 197 queda redactado como sigue:

....

Cinco.   Se incorpora una nueva Subsección 1.ª en la Sección 3.ª del Capítulo VII del Título V en la que se integra un nuevo artículo 197 bis, pasando las Subsecciones 1.ª y 2.ª a ser 2.ª y 3.ª, respectivamente:

....

Seis.   Se modifica el artículo 20, que queda redactado como sigue:

....

Siete.   Se modifica el artículo 204, que queda redactado en los siguientes términos:

....

Ocho.   Se modifica el artículo 205, que queda redactado en los siguientes términos:

....

Nueve.   Se modifica el artículo 206, que queda redactado en los siguientes términos:

....

Diez.   Se modifica el artículo 217, que queda redactado de la siguiente forma:

....

Once.   Se modifica el artículo 218, que queda redactado de la siguiente forma:

....

Art. único: Se omiten todos los cambios de esta modificación por estar ya incorporados en el T.R.

Doce. Se modifica el artículo 219, que queda redactado de la siguiente forma:

....

Trece. Se modifica el artículo 225, que queda redactado en los siguientes términos:

....

Catorce. Se modifica el artículo 226, que queda redactado en los siguientes términos:

....

Quince. Se modifica el artículo 227, que queda redactado de la siguiente forma:

....

Dieciséis. Se modifica el artículo 228, que queda redactado de la siguiente forma:

....

Diecisiete. Se modifica el artículo 229, que queda redactado de la siguiente forma:

....

Dieciocho. Se modifica el artículo 230, que queda redactado de la siguiente forma:

....

Diecinueve. El artículo 232 queda redactado como sigue:

....

Veinte. El artículo 236 queda redactado de la siguiente manera:

....

Veintiuno. El artículo 239 queda redactado de la siguiente manera:

....

Veintidós. Se introduce un nuevo artículo 241 bis con la siguiente redacción:

Veintitrés. Se añade el siguiente apartado 3 al artículo 245:

....

Veinticuatro. Se modifica el artículo 249, que queda redactado en los siguientes términos:

Veinticinco. Se incorpora un nuevo artículo 249 bis con la siguiente redacción:

....

Veintiséis. Se modifica el artículo 251, que queda redactado en los siguientes términos:

....

Veintisiete. Se modifica el apartado 1 del artículo 262, que queda redactado en los siguientes términos:

....

Veintiocho. Se modifica el apartado 2 del artículo 293, que queda redactado en los siguientes términos:

....

Veintinueve. Se modifica el apartado 2 del artículo 495, que queda redactado en los siguientes términos:

....

Treinta. Se da nueva redacción al artículo 497 que queda redactado en los siguientes términos:

....

Treinta y uno. Se incorpora una nueva Sección 1.ª en el Capítulo VI del Título XIV en la que se integra un nuevo artículo 511 bis, que queda redactado como sigue:

....

Treinta y dos. Las Secciones 1.ª y 2.ª del Capítulo VI del Título XIV se enumeran en adelante como Sección 2.ª y como Sección 3.ª respectivamente.

....

Treinta y tres. Se modifica el artículo 518 que queda redactado de la siguiente manera:

....

Treinta y cuatro. Se modifica el artículo 519 que queda redactado de la siguiente manera:

....

Treinta y cinco. Se modifica el artículo 520, que queda redactado de la siguiente manera:

....

Treinta y seis. Se incluye un nuevo artículo 521 bis, que queda redactado en los siguientes términos:

....

Treinta y siete. Se da nueva redacción al artículo 524, que queda redactado en los siguientes términos:

....

Treinta y ocho. Se añade una nueva Sección 1.ª en el Capítulo VII del Título XIV en la que se integran los artículos 528 y 529, cuyo título es el siguiente:

....

Treinta y nueve. Se incorpora una nueva Sección 2.ª en el Capítulo VII del Título XIV con el siguiente título:

....

Cuarenta. Se incluye un nuevo artículo 529 bis en la Sección 2.ª del Capítulo VII del Título XIV con la siguiente redacción:

....

Cuarenta y uno. Se incluye un nuevo artículo 529 ter en la Sección 2.ª del Capítulo VII del Título XIV con la siguiente redacción:

....

Cuarenta y dos. Se incluye un nuevo artículo 529 quáter en la Sección 2.ª del Capítulo VII del Título XIV con la siguiente redacción:

....

Cuarenta y tres. Se incluye un nuevo artículo 529 quinquies en la Sección 2.ª del Capítulo VII del Título XIV con la siguiente redacción:

....

Cuarenta y cuatro. Se incluye un nuevo artículo 529 sexies en la Sección 2.ª del Capítulo VII del Título XIV con la siguiente redacción:

....

Cuarenta y cinco. Se incluye un nuevo artículo 529 septies en la Sección 2.ª del Capítulo VII del Título XIV con la siguiente redacción:

....

Cuarenta y seis. Se incluye un nuevo artículo 529 octies en la Sección 2.ª del Capítulo VII del Título XIV con la siguiente redacción:

....

Cuarenta y siete. Se incluye un nuevo artículo 529 nonies en la Sección 2.ª del Capítulo VII del Título XIV con la siguiente redacción:

....

Cuarenta y ocho. Se incluye un nuevo artículo 529 decies en la Sección 2.ª del Capítulo VII del Título XIV con la siguiente redacción:

....

Cuarenta y nueve. Se incluye un nuevo artículo 529 undecies en la Sección 2.ª del Capítulo VII del Título XIV con la siguiente redacción:

....

Cincuenta. Se incluye un nuevo artículo 529 duodecies en la Sección 2.ª del Capítulo VII del Título XIV con la siguiente redacción:

....

Cincuenta y uno. Se incluye un nuevo artículo 529 terdecies en la Sección 2.ª del Capítulo VII del Título XIV con la siguiente redacción:

....

Cincuenta y dos. Se incluye un nuevo artículo 529 quaterdecies en la Sección 2.ª del Capítulo VII del Título XIV con la siguiente redacción:

....

Cincuenta y tres. Se incluye un nuevo artículo 529 quindecies en la Sección 2.ª del Capítulo VII del Título XIV con la siguiente redacción:

....

Cincuenta y cuatro. Se incorpora una nueva Sección 3.ª en el Capítulo VII del Título XIV con el siguiente título:

....

Cincuenta y cinco. Se incluye un nuevo artículo 529 sexdecies en la Sección 3.ª del Capítulo VII del Título XIV con la siguiente redacción:

....

Cincuenta y seis. Se incluye un nuevo artículo 529 septendecies en la Sección 3.ª del Capítulo VII del Título XIV con la siguiente redacción:

....

Cincuenta y siete. Se incluye un nuevo artículo 529 octodecies en la Sección 3.ª del Capítulo VII del Título XIV con la siguiente redacción:

....

Cincuenta y ocho. Se incluye un nuevo artículo 529 novodecies en la Sección 3.ª del Capítulo VII del Título XIV con la siguiente redacción:

....

Cincuenta y nueve. Los apartados 2 y 4 del artículo 539 quedan redactados como sigue:
....

Sesenta. Se incorpora una nueva Sección 3.ª en el Capítulo IX del Título XIV con el siguiente título:
....

Sesenta y uno. Se incluye un nuevo artículo 540 en la Sección 3.ª del Capítulo IX del Título XIV con la siguiente redacción:
....

Sesenta y dos. Se incluye un nuevo artículo 541 en la Sección 3.ª del Capítulo IX del Título XIV con la siguiente redacción:
....

Sesenta y tres. La disposición adicional séptima queda redactada como sigue:
....

Sesenta y cuatro. Se añade una disposición adicional octava del siguiente tenor:
....

Sesenta y cinco. Se añade una disposición adicional novena del siguiente tenor:
....

DISPOSICIONES ADICIONALES

1.ª *Referencias a la normativa derogada.*—Las referencias que en el ordenamiento jurídi-co se realicen a las normas derogadas de conformidad con lo previsto en la disposición derogatoria, se entenderán efectuadas a las previsiones correspondientes de esta Ley.

2.ª *Elaboración de un Informe sobre barreras en el acceso a la información y ejercicio del derecho de voto en sociedades cotizadas.*—En el plazo de seis meses desde la aprobación de esta Ley, el Gobierno, a propuesta del Ministerio de Economía y Competitividad y del Ministerio de Sanidad, Servicios Sociales e Igualdad, elaborará un informe sobre las barreras con las que se encuentran las personas con discapacidad o personas mayores para el acceso a la información de las sociedades cotizadas y para el ejercicio de su derecho de voto en las mismas.

DISPOSICIÓN TRANSITORIA

Régimen transitorio.—1. Las modificaciones introducidas por esta Ley en los artículos 217 a 219, 529 ter, 529 nonies, 529 terdecies, 529 quaterdecies, 529 quinquedecies, 529 septendecies y 529 octodecies del Texto Refundido de la Ley de Sociedades de Capital, aprobado por Real Decreto Legislativo 1/2010, de 2 de julio, entrarán en vigor a partir del 1 de enero de 2015 y deberán acordarse en la primera junta general que se celebre con posterioridad a esta fecha.

2. El artículo 529 novodecies del Texto Refundido de la Ley de Sociedades de Capital entrará en vigor a partir del 1 de enero de 2015 y resultará de aplicación a las sociedades anónimas cotizadas en la forma siguiente:

a) En caso de que la primera junta general ordinaria de accionistas que se celebre a partir del 1 de enero de 2015 apruebe con carácter consultivo el informe sobre remuneraciones de los consejeros, se entenderá que la política sobre remuneraciones de la sociedad contenida en el mismo ha resultado igualmente aprobada a efectos de lo dispuesto en el artículo 529 novodecies, resultando el citado artículo de aplicación a dicha sociedad desde ese momento.

b) En caso de que dicha junta general ordinaria no apruebe consultivamente el informe sobre remuneraciones de los consejeros, la política de remuneraciones de los consejeros deberá someterse a la aprobación vinculante de la junta general de accionistas no más tarde del término del ejercicio siguiente, conforme

a lo dispuesto en el artículo 529 novodecies y con efectos a partir del ejercicio posterior.

3. Los consejeros nombrados con anterioridad al 1 de enero de 2014 podrán completar sus mandatos aunque excedieran de la duración máxima prevista en el artículo 529 undecies del Texto Refundido de la Ley de Sociedades de Capital.

DISPOSICIÓN DEROGATORIA

Quedan derogadas todas las disposiciones de igual o inferior rango que se opongan a esta Ley y, en particular, los siguientes preceptos de la Ley 24/1988, de 28 de julio, del Mercado de Valores:

a) El artículo 61 bis.

b) El artículo 61 ter.

c) Las letras *b)* ter y *b)* quáter del artículo 100.

d) La disposición adicional decimoctava.

DISPOSICIONES FINALES

1.ª *Modificación de la Ley 24/1988, de 28 de julio, del Merca-*

Disp. Derog.: V. nota a la siguiente Disp. Final 1.ª

Disp. Final 1.ª: La Ley 24/1988, de 28 de julio, del Mercado de Valores (*B.O.E.* núm. 181, de 29 de julio de 1988; corrección de errores en *B.O.E.* núm. 122, de 23 de mayo de 1989), ha sido derogada y sustituida por el Real Decreto Legislativo 4/2015,

do de Valores.—Se da nueva redacción a la letra b) del artículo 100 de la Ley 24/1988, de 28 de julio, del Mercado de Valores:

«b) La falta de elaboración o de publicación del informe anual de gobierno corporativo o del informe anual sobre remuneraciones de los consejeros a que se refieren, respectivamente, los artículos 540 y 541 del Texto Refundido de la Ley de Sociedades de Capital, aprobado por Real Decreto Legislativo 1/2010, de 2 de julio, o la existencia en dichos informes de omisiones o datos falsos o engañosos; el incumplimiento de las obligaciones establecidas

en los artículos 512 a 517, 525.2, 526, 528, 529, 530, 531, 532, 533, 534, 538, 539, 540 y 541 de dicha Ley; carecer las entidades emisoras de valores admitidos a negociación en mercados secundarios oficiales de una comisión de auditoría y de una comisión de nombramientos y retribuciones en los términos establecidos en los artículos 529 quaterdecies y quindecies de la referida Ley o el incumplimiento de las reglas de composición y de atribución de funciones de dichas comisiones.»

2.ª Modificación de la Ley 15/2010, de 5 de julio, de modifi-

---

de 23 de octubre, por el que se aprueba el Texto Refundido de la Ley del Mercado de Valores (*B.O.E.* núm. 255, de 24 de octubre; corrección de errores en *B.O.E.* núm. 296, de 11 de diciembre). El citado art. 100.*b*) de la derogada Ley 24/1988, aquí modificado, se corresponde con el también Título VIII («Régimen de supervisión, inspección y sanción», arts. 233 a 313) del nuevo Texto Refundido, y los arts. 95 ss. se corresponden con el art. 296.1 del nuevo Texto Refundido, que dispone lo siguiente:

«*Art. 296. Infracciones por incumplimiento de medidas de organización interna y de las exigencias prudenciales debidas.*—Son infracciones graves las siguientes acciones u omisiones:

»1. La falta de elaboración o de publicación del informe anual de gobierno corporativo o del informe anual sobre remuneraciones de los consejeros a que se refieren, respectivamente, los artículos 540 y 541 del texto refundido de la Ley de Sociedades de Capital, aprobado por Real Decreto Legislativo 1/2010, de 2 de julio, y la disposición adicional séptima de esta ley, o la existencia en dichos informes de omisiones o datos falsos o engañosos; el incumplimiento de las obligaciones establecidas en los artículos 512 a 517, 525.2, 526, 528, 529, 530, 531, 532, 533, 534, 538, 539, 540 y 541 de dicha ley; carecer las entidades emisoras de valores admitidos a negociación en mercados secundarios oficiales de una comisión de auditoría y de una comisión de nombramientos y retribuciones en los términos establecidos en los artículos 529 quaterdecies y quindecies de la referida ley o el incumplimiento de las reglas de composición y de atribución de funciones de dichas comisiones de auditoría de las entidades de interés público contempladas en el citado artículo 529 quaterdecies.»

Disp. Final 2.ª: V. Ley 15/2010, de 5 de julio, de modificación de la Ley 3/2004, de 29 de diciembre, por la que se establecen medidas de lucha contra la morosidad en las operaciones comerciales (*B.O.E.* núm. 163, de 6 de julio).

* cación de la Ley 3/2004, de 29 de diciembre, por la que se establecen medidas de lucha contra la morosidad en las operaciones comerciales.*—Se modifica la disposición adicional tercera de la Ley 15/2010, de 5 de julio, de modificación de la Ley 3/2004, de 29 de diciembre, por la que se establecen medidas de lucha contra la morosidad en las operaciones comerciales, que queda redactada como sigue:

«*Disposición adicional tercera. Deber de información.*—1. Todas las sociedades mercantiles incluirán de forma expresa en la memoria de sus cuentas anuales su período medio de pago a proveedores.

2. Las sociedades mercantiles cotizadas publicarán en su página web su período medio de pago a proveedores.

3. Las sociedades mercantiles que no sean cotizadas y no presenten cuentas anuales abreviadas publicarán su período medio de pago a proveedores en su página web, si la tienen.

4. El Instituto de Contabilidad y Auditoría de Cuentas, mediante resolución, indicará las adaptaciones que resulten necesarias, de acuerdo con lo previsto en esta Ley, para que las sociedades mercantiles no encuadradas en el artículo 2.1 de la Ley Orgánica 2/2012, de 27 de abril, de Estabilidad Presupuestaria y Sostenibilidad Financiera, apliquen adecuadamente la metodología de cálculo del período medio de pago a proveedores determinada por el Ministerio de Hacienda y Administraciones Públicas. Dicha resolución requerirá informe previo a su aprobación por parte del Ministerio de Hacienda y Administraciones Públicas.»

3.ª *Título competencial.*— Esta Ley se dicta al amparo de lo dispuesto en el artículo 149.1.6.ª, que atribuye al Estado la competencia exclusiva sobre legislación mercantil, y de lo dispuesto en el 149.1.11.ª de la Constitución Española, que

---

Disp. Final 3.ª: El art. 149.1.6.ª y 11.ª de la Constitución Española (*BOE* núm. 311.1, de 29 de diciembre de 1978) dispone lo siguiente:

«*Art. 149.* 1. El Estado tiene competencia exclusiva sobre las siguientes materias:

»[...]

»6.ª Legislación mercantil, penal y penitenciaria; legislación procesal, sin perjuicio de las necesarias especialidades que en este orden se deriven de las particularidades del derecho sustantivo de las Comunidades Autónomas.

»[...]

»11.ª Sistema monetario: divisas, cambio y convertibilidad; bases de la ordenación de crédito, banca y seguros.»

atribuye al Estado la competencia exclusiva sobre las bases de la ordenación de crédito, banca y seguros.

4.ª   *Entrada en vigor.*—Esta Ley entrará en vigor a los veinte días de su publicación en el *Boletín Oficial del Estado*.

TABLA DE CORRESPONDENCIAS DEL ARTICULADO DEL TEXTO REFUNDIDO DE LA LEY DE SOCIEDADES DE CAPITAL CON EL DE NORMAS DEROGADAS POR ÉSTE*

Ley de Sociedades de Capital	Ley de Sociedades Anónimas	Sociedades de Resp. Limitada	Ley de otras leyes**
1.º	1.º	1.º	151 C. de C.
2.º	3.º	3.º	
3.º	3.º		152 C. de C.
4.º	4.º	4.º	
5.º	Disp. Trans. 1.ª		
6.º	2.º1	2.º1	153 C. de C.
7.º	2.º2 y 3	2.º2 y 3	
8.º	5.º1	6.º1	
9.º	5.º2, 6.º1	6.º2, 7.º1	
10	6.º2	7.º2	
11	9.ºe)	8.º	
12	311	125	
13		126	
14		129	
15		127	
16		128	
17		Disp. Adic. 5.ª	
18	87		42 C. de C.
19	13		
20	7.º1	11.1	
21	12, 14	12.1	
22	8.º	12.2	
23	9.º	13	

* Las correspondencias responden a la publicación original del Texto Refundido, no a sus modificaciones posteriores.
** Significado de las siglas utilizadas:
C. de C. = Código de Comercio.
L.M.E.S.M. = Ley sobre Modificaciones Estructurales de las Sociedades Mercantiles.
L.M.V. = Ley del Mercado de Valores de 1998.
R.R.M. = Reglamento del Registro Mercantil.

Ley de Sociedades de Capital	Ley de Sociedades Anónimas	Sociedades de Resp. Limitada	Ley de otras leyes
24	9.°d)	14.1	
25	9.°c)	14.2	
26	9.°f)		125.2 R.R.M.
27	11	12.3	
28	10	11.2	
29	7.°1		
30	18	14.1	
31	17.1		
32	7.°2, 17.2, 29.3, 30	15	
33	7.°1	11.1	
34	62	28	
35	7.°3		
36	15.1	11.3	
37	15.2	11.3	
38	15.3 y 4	11.3	
39	16.2	11.3	
40	16.1		
41	19		
42	20		
43	21		
44	22		
45	23		
46	24		
47	25		
48	26		
49	27		
50	28		
51	29		
52	30		
53	31		
54	32		
55	33		
56	34	16	
57	35	17	
58	36.1	18.1	
59	47.1 y 2		
60	36.2	18.2	
61	37	19.1	
62	40.1	19.2	
63		20.1 y 2	
64	39.1	20.2	
65	39.2	20.2	

Ley de Sociedades de Capital	Ley de Sociedades Anónimas	Sociedades de Resp. Limitada	Ley de otras leyes
66	39.3	20.2	
67	38.1 y 3		
68	38.4		
69	38 bis		
70	38 ter		
71	38 quáter		
72	41		
73		21.1	
74		21.2 y 3	
75		21.4	
76		21.5	
77	18		
78		4.º	
79	12		
80	38 quáter, 40.2		
81	42		
82	43		
83	44		
84	45		
85	46		
86	9.º l), 36.1	22	
87	9.º l)	23	
88	63.3, 65	24	
89	145	25	
90	47.1, 66.1	5.º 1	
91	48.1		
92	51	5.º 2	
93	48.2		
94	49, 50.1	5.º 1	
95	50.3		
96	50.2		
97	50 bis		
98	90	42 bis	
99	91.1		
100	91.2		
101	91.3		
102	92.1 y 2	42 bis	
103	92.3		
104	55.2	27.1, 2 y 5	
105		27.3 y 4	
106		26	
107		29.1 y 2	

Ley de Sociedades de Capital	Ley de Sociedades Anónimas	Sociedades de Resp. Limitada	Ley de otras leyes
108		30	
109		31	
110		32	
111		33	
112		34	
113	52		
114	53		
115	54		
116	55		
117	59		
118	60, Disp. Adic. 1.ª		
119	61		
120	56		
121	57		
122	58		
123	63, 146		
124	64.1		
125	64.2		
126	66.2	35	
127	67	36.1 y 2	
128	68	36.3	
129	70	36.3	
130	69		
131	71	36.3	
132	72	37	
133	73	38	
134	74.1	39.1	
135		40 ter	
136	74.2		
137	74.3	39.2	
138	74.4	39.3	
139	76	40 ter	
140		40.1, 40 ter	
141		40.2 y 3, 40 ter	
142		40 bis	
143		40.4 y 5	
144	77		
145	78		
146	75		
147	76		
148	79		
149	80		

Ley de Sociedades de Capital	Ley de Sociedades Anónimas	Sociedades de Resp. Limitada	Ley de otras leyes
150	81		
151	82	41	
152	83		
153	84		
154	85		
155	86		
156	88		
157	89	42	
158	87.3		
159	93	43.1	
160		44.1	
161		44.2	
162		10.1	
163	94		
164	95	45.2	
165	96		
166	94	45.1	
167	100.1	45.2 y 3	
168	100.2 y 3	45.3	
169	101.1 y 2	45.2 y 3	
170		45.5	
171		45.4	
172	97.3 y 4		
173	97.1	46.1 y 2	
174		46.4	
175	109.1	47	
176	97.1	46.3	
177	98		186.2 R.R.M.
178	99	48	
179	104.1, 105.1	49.1	
180	104.2		
181	104.2 y 3		
182	97.5		
183		49.2 y 3	
184	106.1 y 2		
185	106.3		
186	107		
187	108		
188	50.2, 105.2	53.4	
189	105.3 a 5		
190		52	
191	110	50	

Ley de Sociedades de Capital	Ley de Sociedades Anónimas	Sociedades de Resp. Limitada	Ley de otras leyes
192	111.1 y 2	54.2	
193	102		
194	103		
195	109		
196		51	
197	112		
198		53.1	
199		53.2	
200		53.3	
201	103.2 y 3		
202	113.1 y 2	54.1 a 3	
203	114.1 y 2	55.1 a 3	
204	115	56	
205	116	56	
206	117	56	
207	115.3, 118	56	
208	122	56	
209	128	62.1	
210	136	57	
211	123.1	57.1	
212	123.2, 125	58.2	143 R.R.M.
213	124	58.3	
214	123.1, 125	58.1 y 4	
215	125		192 R.R.M.
216		59	147.2 R.R.M.
217	130	66.1 y 3	
218	130	66.2	
219	130		
220		67	
221	126.1, 2 y 4	60.1	
222	126.3	60.2	
223	131	68	
224	124, 132		
225	127	61.1	
226	127.1, 127 bis	61.1	
227	127 ter.1		
228	127 ter.2		
229	127 ter.3 y 4		
230	132.2	65.1 y 2	
231	127 ter.5		
232	127 quáter	61.2	
233	128	62.1 y 2	124.2 R.R.M.

Ley de Sociedades de Capital	Ley de Sociedades Anónimas	Sociedades de Resp. Limitada	Ley de otras leyes
234	129	63	
235		64	
236	133.1, 2 y 4	69.1	
237	133.3	69.1	
238	134.1 a 3	69.2	
239	134.4	69.1	
240	134.5	69.1	
241	135	69.1	
242	136	57.1	
243	137		191 R.R.M.
244	138		191 R.R.M.
245	141.1	57.1	
246	140.1		
247	139		
248	140.1 y 2		
249	141	57.1	
250	142		
251	143	70	
252	155		156.3 C. de C.
253	171	84	
254	172	84	
255	173	84	
256	174	84	
257	172.1, 175	84	
258	176.1 y 2	84	
259	199	84	
260	200	84	
261	201	84	
262	202.1 a 4 y 6	84	
263	203	84	
264	204	84	
265	205	84	
266	206	84	
267	207	84	
268	208	84	
269	209	84	
270	210	84	
271	211	84	
272	212.1 y 2	84, 86.1 a 3	
273	213	84	
274	214	84	
275	215.1	85	

Ley de Sociedades de Capital	Ley de Sociedades Anónimas	Sociedades de Resp. Limitada	Ley de otras leyes
276	215.2	84	
277	216	84	
278	217	84	
279	218	84	
280	219	84	
281	220	84	
282	221.1	84	
283	221.1 a 4	84	
284	222	84	
285	144.1, 149.1	71.1, 72.1	
286	144.1.*a*)		
287	144.1.*b*) y *c*)	71.1	
288	103, 144.1.*d*)	53.2.1.°	156.1 C. de C.
289	150.1		
290	144.2, 149.1, 150.2	71.2	
291	145.1	71.1	
292		71.1	
293	148		
294			156.2 C. de C.
295	151	73	
296	152.1 a 3	74.1	
297	153		
298	47.3	198.2.3.ª	4.°3.° R.R.M.
299	154		
300	155.1	74.3	
301	156.1	74.2	
302	156.2		
303	157	74.4	
304	158.1, 159.4	75.1	
305	158.1 y 2	75.2	
306	158.3	75.3	
307		75.4	
308	159.1.*a*) a *c*)	76	
309	160		
310		77	
311	161		
312	162.3		
313	162.2.2.°		
314		78.1	
315	162.1 y 2	78.2	
316	162.3	78.3	
317	163.1 y 2	79.1	

Ley de Sociedades de Capital	Ley de Sociedades Anónimas	Sociedades de Resp. Limitada	Ley de otras leyes
318	164.1 y 2	201.1	3.º1.º R.R.M.
319	165		
320	164.4	79.2	201.1 R.R.M.
321	168.3		
322	168.1	82.1	
323	168.2, 171.2	82.2	
324	168.2		
325	168.3		
326	168.4		
327	163.1		
328	168		
329	164.3	79.2	
330		81.4	
331		80.1 a 3 y 5	
332		80.4	
333		81	
334	166.1		
335	167		
336	166.2		
337	166.3		
338	170.1		
339	170.2 y 3		
340	170.3 a 5		
341	48.3		
342	40.2, 170.6		
343	169.1	83.1	
344	169.2	83.2	
345	169.3	83.3	
346	147	95	15, 62, 99 L.M.E.S.M.
347		96	
348	147.1	97.1	160 R.R.M.
349	147.3	97.2	160 R.R.M.
350		98	
351		98	
352		99	
353	147.2	100.1	
354		100.2	
355		100.3	
356		101, 103.2	
357		103.1	
358		102.1 y 2	

Ley de Sociedades de Capital	Ley de Sociedades Anónimas	Sociedades de Resp. Limitada	Ley de otras leyes
359		102.3	
360	260.1, 261	104.1.*a*) y *f*), 107, 108	
361	260.2	104.2	
362	260.1, 262.3	105.1 y 3	
363	260.1	104.1.*c*) a *e*), *f*) y *g*)	157 C. de C.
364	262.1	105.1	
365	262.2	105.1 y 2	
366	262.3 y 4	105.3 y 4	
367	262.5	105.5	
368	260.1.1.°	104.1.*b*)	
369	263		
370		106	242 R.R.M.
371	264, 266, 271	109	
372	260.2	104.2	
373	265		
374	267	110.1	
375	267.1	114, 116.*a*)	
376	260.2, 268	110.1	
377		110.2 y 3	
378		111.1	
379		112.1 y 2, 116.*e*)	
380	280.*b*) y *c*)	113	
381	269		
382	270		
383	272.*a*)	115.1	
384	272.*c*)	116.*b*)	
385	272.*e*) y *g*)	116.*c*)	
386	272.*b*)	116.*a*)	
387	272.*d*)	116.*d*)	
388	273	115.2	
389		111.2	
390	274.1, 275.2	118	
391	277.1 y 2.1.ª	120	
392	277.2.2.ª	119.1	
393		119.2 y 3	
394	276, 277.2.1.ª		
395		121	
396	278	122	
397	279	114, 123.2	
398		123.1	
399		123.2	

Ley de Sociedades de Capital	Ley de Sociedades Anónimas	Sociedades de Resp. Limitada	Ley de otras leyes
400		123.3	
401	282.1 y 2		152 C. de C.
402		9.º	
403	283.2		
404	284.1 y 3		
405	282.1, 284.2		
406	283.1		
407	285		
408	286		
409	287		
410	288.1 y 2		
411	284.2, 289.1 y 2		
412	290		
413	291		
414	292.1 y 2		
415	292.3		
416	293.1		
417	293.2		
418	294		
419	295		
420	296		
421	297		
422	298		
423	299		
424	300		
425	301		
426	302		
427	303		
428	304		
429	305		
430	306		
431	307		
432	308		
433	309		
434		130	
435		131	
436		132.1 a 3	
437		133.1	
438		133.2	
439		134.2	
440		134.3 a 5	
441		134.6 a 8	

Ley de Sociedades de Capital	Ley de Sociedades Anónimas	Sociedades de Resp. Limitada	Ley de otras leyes
442		134.9 a 11	
443		135	
444		136	
445		137	
446		138	
447		139.1 y 2	
448		139.3 y 4	
449		139.5	
450		140.1	
451		140.3 y 4	
452		140.2	
453		142	
454		144	
455	312		
456	314.4		
457	314.1 a 3		
458	312		
459	313.1		
460	313.2		
461	315.1.*a*)		
462	315.1.*b*)		
463	315.2		
464	316		
465	317		
466	318		
467	319		
468	320		
469	321		
470	322		
471	323		
472	324		
473	325		
474	326.1		
475	326.2		
476	327		
477	328		
478	329		
479	330		
480	331.1		
481	331.1		
482	331.1		
483	331.1		

Ley de Sociedades de Capital	Ley de Sociedades Anónimas	Sociedades de Resp. Limitada	Ley de otras leyes
484	332		
485	333.1		
486	333.2		
487	333.3		
488	333.4		
489	334		
490	335		
491	336		
492	337		
493	338.1		
494	338.2		
495			111.1 y 2 L.M.V.
496	Disp. Adic. 1.ª5.º		
497	Disp. Adic. 1.ª6.º		
498	50.3		
499	50.3, 91.1		
500	92 bis		
501	92 ter		
502	70.3, 71		
503	158.1		
504	159.1		
505	159.1		
506	159.1 y 2		
507	Disp. Adic. 1.ª4.º		
508	162.4 y 5		
509	75.2		
510			111 bis L.M.V.
511	293.3		
512			113.1 L.M.V.
513			113.2 L.M.V.
514*			114.1 y 4 L.M.V.
515	105.2		
516			115.1 L.M.V.
517			115.2 L.M.V.
518			112.1 L.M.V.

* A partir de este art. 514, la numeración y el contenido de los preceptos se han visto modificados por la Ley 25/2011, de 1 de agosto, de reforma parcial de la Ley de Sociedades de Capital y de incorporación de la Directiva 2007/36/CE del Parlamento Europeo y del Consejo, de 11 de julio, sobre el ejercicio de determinados derechos de los accionistas de sociedades cotizadas (*B.O.E.* núm. 184, de 2 de agosto).

Ley de Sociedades de Capital	Ley de Sociedades Anónimas	Sociedades de Resp. Limitada	Ley de otras leyes
519			112.2 L.M.V.
520			112.3 L.M.V.
521			112.2 L.M.V.
522			112.4 L.M.V.
523			112.5 L.M.V.
524	175.3, 176.3		
525	200		
526	202.5		
527	112.1		
528			114.2 y 3, 117 L.M.V.
Disp. Adic. 1.ª		Disp. Adic. 3.ª	
Disp. Adic. 2.ª		Disp. Adic. 4.ª	
Disp. Adic. 3.ª		Disp. Adic. 8.ª	
Disp. Adic. 4.ª		Disp. Adic. 9.ª	
Disp. Adic. 5.ª		Disp. Adic. 10.ª1	
Disp. Adic. 6.ª		Disp. Adic. 13.ª	
Disp. Final 1.ª		Disp. Final 3.ª	
Disp. Final 2.ª	Disp. Final 1.ª a 3.ª		

ÍNDICE ANALÍTICO

A

C

D

E

N

O

P

R

S

T

TRANSMISIÓN DE LAS ACCIONES

TRANSMISIÓN DE LAS PARTICIPACIONES

NOTAS